Hajo Banzhaf

Das Arbeitsbuch
zum Tarot

Diederichs

Alle 78 abgebildeten Karten entstammen dem Rider
Tarot von Arthur Edward Waite (mit freundlicher
Genehmigung der Firma AGM AG Müller, Neuhau-
sen/Schweiz).

CIP-Titelaufnahme der Deutschen Bibliothek
Banzhaf, Hajo:
Das Arbeitsbuch zum Tarot / Hajo Banzhaf.
4. Aufl. – München: Diederichs, 1990
ISBN 3-424-00948-2 kart.
ISBN 3-424-00957-1 mit Rider-Waite-Deck

Vierte Auflage 1990
© Eugen Diederichs Verlag, München 1988
Alle Rechte vorbehalten

Umschlagentwurf: Hans Rüttinger, Uehlfeld
Produktion: Tillmann Roeder, Buchendorf
Satz: VerlagsSatz Kort GmbH, München
Druck und Bindung: Huber KG, Dießen

ISBN 3-424-00948-2
ISBN 3-424-00957-1 mit Rider-Waite-Deck

Printed in Germany

Inhaltsverzeichnis

Die auf dem Buchumschlag dargestellte Legesituation ergab sich, als der Grafiker den Autor anrief, um Ideen für die Gestaltung des Titels zu bekommen. Was lag näher, als die Karten anhand des in diesem Buch vorgestellten neuen Legesystems »Der Weg« zu befragen, wie der Grafiker bei seinem Auftrag vorgehen sollte. Und dies war die Antwort:

Platz 1: **Die Sonne (XIX).**

Im Bereich unserer partnerschaftlichen Beziehungen verweist diese Karte auf wahrhaft sonnige Zeiten und bedeutet Wärme, Unbekümmertheit, große Unternehmungslust und herzhaft erfrischendes Genießen. Als Ereignis kann sie auch einen glücklichen Urlaub anzeigen. Auf einer tieferen Ebene zeigt die Sonne hier ihre eigentliche großartige Natur: Sie ist die Kraft, die grenzenlos gibt, ohne sich selbst zu verschenken. Sie ist der Inbegriff warmer Großzügigkeit, das helle Licht, das dunkle Wolken vertreibt. Im partnerschaftlichen Bereich heißt das: großzügiges Umsorgen und Verwöhnen, einander Verstehen und zutiefste Bejahung der Beziehung.

Platz 2: **Bube der Münzen.**

Entweder haben Sie die wertvolle Chance erkannt, die vor Ihnen liegt, oder Sie haben bisher nur auf einen Anstoß von außen gewartet, der Ihnen in Ihrer Angelegenheit weiterhilft. Sie haben dann nach einer konkreten Möglichkeit Ausschau gehalten, die sich Ihnen bieten könnte, um Ihr Vorhaben in die Tat umzusetzen.

Platz 7: **Königin der Münzen.**

Betrachten Sie die Angelegenheit zurückhaltend und mit Besonnenheit. Wahrscheinlich braucht es zunächst noch Zeit und Sie müssen erst weitere Fakten zusammentragen, bis Sie zu einer klaren Haltung kommen und dann danach handeln.

Platz 3: **Ritter der Kelche.**

Sie sind von dieser Angelegenheit innerlich berührt und sehen Ihrem Vorhaben liebevoll und gutgelaunt entgegen. Wenn die Karte auf Platz 1 keine Warnung enthält, haben Sie auch nichts zu befürchten.

Platz 6: **Die Welt (XXI).**

Freuen Sie sich. Sie stehen kurz vor dem großen Höhepunkt. Zaudern Sie nicht, Ihr Weg führt Sie direkt an die Stelle, an die Sie »gehören«, an der Sie glücklich sein werden. Gehen Sie offen und befreit an Ihr Vorhaben. Es wird Ihnen gelingen.

Platz 4: **Königin der Stäbe.**

Sie sind selbstbewußt und unternehmungslustig aufgetreten, vielleicht auch feurig und voller Ideale. Wenn die Karten auf Platz 2 und 3 diesem Auftreten entsprechen, sollten Sie es lediglich um die Bedeutung der Karte auf Platz 7 ergänzen. Haben Sie aber nur aufgetrumpft, müssen Sie sich umstellen.

Platz 5: **Die Mäßigkeit (XIV).**

Zeigen Sie Ihr harmonisches Wesen, ihre Freude und Gelassenheit. Nehmen Sie sich Zeit. Vermeiden Sie in Ihrem Auftreten jede Form von Übertreibung, Dramatik oder Künstelei. Gehen Sie einfach, ehrlich und feinfühlig vor. Die wohltuende Ruhe, die Sie ausstrahlen können, gibt Ihnen und anderen Kraft.

Vorwort

Mit diesem Buch möchte ich ein neues Legesystem vorstellen, das sich von der gängigen Form der Tarotspiele insofern wohltuend abhebt, als es die Verantwortung für zukünftige Entwicklungen beim Frager beläßt, statt ihn vor den vermeintlich unausweichlichen Schiedsspruch eines Orakels zu stellen.

Das Spiel »Der Weg«, um das es hier geht, gibt eine Antwort auf die Frage: »Wie soll ich mich zukünftig verhalten?«, die sich sowohl auf zwischenmenschliche Kontakte, berufliche Schritte, alte Gewohnheiten und finanzielle Entscheidungen, als auch auf schlichte Alltagsfragen beziehen kann. Im Unterschied zu anderen Spielen steht hier weniger »das, was kommen wird« im Vordergrund, als vielmehr ein Vorschlag, der uns zeigt, was wir in der Situation, in der wir sind, tun können. Damit hat dieses Spiel einen anregenden Charakter, der auch nachdenklich-kritischen Menschen zusagen kann, zumal seine Aussage sich nicht in dunkle Worte hüllt, die erst in ferner Zukunft relevant und überprüfbar werden, sondern weil es einen plausiblen Vorschlag für die unmittelbare Gegenwart gibt.

Dieses Spiel setzt keinerlei Vorkenntnisse voraus. Aus den 78 Karten des Tarotdecks werden 7 Karten gezogen und auf die 7 Plätze des Spielplans gelegt. Die Bedeutung, die jede Karte an dem speziellen Platz hat, kann dann in diesem Buch nachgeschlagen werden. Die so ermittelten Einzelaussagen zu einer Gesamtaussage zu vereinen, bleibt die Aufgabe des Fragers. So reizvoll die Aufgabe wäre, alle denkbaren Kartenkombinationen in ihrer Zusammenschau zu beschreiben, sie ist unlösbar: Die Anzahl aller erdenklichen Kombinationen dieses Spiels ist unvorstellbar groß.

Allein die Kombinationsmöglichkeiten der 7 aus den 78 gezogenen Karten ist 2×10^{111} (das ergibt eine Zwei mit 111 Nullen). Bei dem Versuch, zusätzlich noch den Faktor zu berücksichtigen, daß diese 7 Karten auf 7 bestimmte Plätze gelegt werden, streiken auch sehr leistungsfähige Computer und melden »overflow«. Insofern muß ich die Zusammenschau dem Leser selbst überlassen. Da sich aber alle Aussagen auf die unmittelbare Gegenwart des Fragers beziehen, wird es auch dem Laien nicht allzu schwerfallen, die Gesamtaussage der Karten selbst zu erfassen.

Wesentliche Parallelen zu anderen Systemen, wie der Welt der Mythen, dem altchinesischen I Ging und der Astrologie, habe ich in dem vorliegenden Buch den Karten vorangestellt. Darüber hinaus ist die jeweilige Alltagsbedeutung jeder Karte allgemein und auf den Ebenen Beruf, Bewußtsein und Partnerschaft beschrieben. Für ein tieferes Verständnis der Karten und ihrer Aussagen wäre es natürlich hilfreich, sich auch mit ihrer Symbolik und ihrer bildhaften Sprache zu befassen, wie ich das in meinem Tarot-Handbuch[1] getan habe.

Einführung

Wenn aber der Verkehrte die rechten Mittel gebraucht,
so wirkt das rechte Mittel verkehrt.

CHINESISCHE WEISHEIT

Ursprung, Name und Aufbau des Tarot

1. Ursprung

Die Herkunft der Tarot-Karten liegt im Dunkeln. Wiederentdeckt wurden sie im 18. Jahrhundert von Antoine Court de Gébelin (1725 – 1784), der sie in seinem umfangreichen Werk »Monde Primitif« (1775 – 1784) erstmals beschreibt als »das einzige Buch, das uns aus den verlorenen Schätzen der ägyptischen Bibliothek erhalten blieb«. Seitdem ist seine Vermutung vielfach aufgegriffen worden, wonach vor allem das Volk Israel als Bindeglied zwischen dem alten Ägypten und dem Abendland fungiert hat. Diese Hypothese wird gerne untermauert mit den Entsprechungen, die sich aus den 22 Karten der Großen Arkana und der kabbalistischen Bedeutung der 22 Buchstaben des hebräischen Alphabets ergeben. Insbesondere der große französische Okkultist Alphonse-Louis Constant (1810 – 1875), besser bekannt unter seinem Pseudonym Eliphas Lévi (Zahed), versichert uns in seinem Hauptwerk »Dogma und Ritual der Hohen Magie« (1856), daß es sich bei dem Tarot um das Buch handele, das die Hebräer Henoch zuschrieben, die Ägypter dem Hermes Trismegistos und die Griechen ihrem sagenhaften Städtegründer Kadmos. Andere wiederum vermuten einen indischen Ursprung dieses Spiels, weil wesentliche Symbole der Karten auch Attribute indischer Gottheiten sind. So weist Roger Tilley in seinem Buch »Playing Cards« (1973) auf die interessante Parallele hin, daß die vier Hauptsymbole der Kleinen Arkana (Stäbe, Schwerter, Münzen und Kelche) auch der Obergottheit Ardhanari zugeordnet sind, dessen linke Seite Shiva und dessen rechte Seite die himmlische Shakti darstellt.

Alle Spuren aber verlieren sich im 13. Jahrhundert. Zwar wird 1240 auf der Synode zu Worcester ein »Spiel des Königs und der Königin« erwähnt, es bleibt aber offen, ob es sich dabei um ein Kartenspiel handelte. Erstmals benannt werden die Karten unter ihrem alten Namen »Naibi« 1299 im »Trattato del governo della familia di Pipozzo di Sandro«. Aus dem 14. Jahrhundert gibt es dann verschiedene Belege, aus denen hervorgeht, daß Kartenspiele verboten wurden, so zum Beispiel ein Dekret, das Karl V. von Frankreich im Jahre 1369 unterzeichnete. Bekannt ist ferner eine lateinische Aufzeichnung in der Sammlung des Britischen Museums in London, die von Bruder Johannes, einem Mönch aus Bre-

feld in der Schweiz, stammt; er schreibt: »Ein gewisses Spiel, das ein Kartenspiel genannt wird, kam zu uns im Jahr des Herrn 1377. In diesem Spiel wird der jetzige Zustand der Welt in vollkommener Weise in Bildern beschrieben. Aber zu welcher Zeit, wo und durch wen es erfunden wurde, ist mir gänzlich unbekannt.« Im weiteren beschreibt er ein Kartenspiel, das sich aus mindestens 52 Karten zusammensetzt, die in 4 Serien unterschieden sind.

Eine einleuchtende Theorie vermutet nur für die 22 Karten der Großen Arkana einen älteren Ursprung und legt die Entstehung der 56 Karten der Kleinen Arkana in das Mittelalter. Dabei werden die 4 Serien dieser Kleinen Arkana als Symbole der 4 mittelalterlichen Stände verstanden: Schwerter = Ritter, Kelche = Klerus, Münzen = Kaufleute und Stäbe = Bauern.

Je nach Ursprungstheorie wird gerne vermutet, daß die Kreuzritter (ägyptischer Ursprung) oder die Zigeuner (indischer Ursprung) die Karten nach Europa brachten. Beide Hypothesen sind kaum mit den obigen Daten zu vereinbaren. Die Zeit der Kreuzzüge liegt zu weit zurück, und selbst der dieses Geistesgut pflegende Templerorden war bereits am 13. Oktober 1307 durch Philipp IV. zerschlagen worden. Andererseits tauchen die Zigeuner erst ab 1400 in Europa auf, so daß sie lediglich als Verbreiter, nicht aber als Quelle der Karten in Frage kommen.

Gleichgültig, ob die Karten selbst »nur« 500 Jahre alt sind oder auf eine viel ältere Zeit zurückgehen: Es ist unzweifelhaft, daß die Symbole und Bilder, die uns vor allem die 22 Großen Arkana zeigen, archetypische Gestalten der abendländischen Seele sind, die auch schon in der Frühgeschichte der Menschheit lebendig waren.

2. Name

Die Karten wurden zunächst unter der Bezeichnung »Naibi« erwähnt, aus dem sich »Naibis« und »Naipes« ableitet, einem Namen, der sich für die Karten angeblich noch in Kastillien erhalten hat und der auf »Nabab« zurückgeführt wird, was im Sanskrit Vizekönig, Statthalter und Gouverneur heißt. Ihr heutiger Name entspricht den Bezeichnungen »Tarocchino«, »Tarocco« oder »Tarocchi«, die schon früh in Italien auftauchten und die einige auf den Taro, einen Nebenfluß des Po, zurückführen. Andere sehen dagegen in den vielen Kombinationsmöglichkeiten der vier Buchstaben einen Hinweis auf den geheimnisvollen Ursprung des Spiels. So formte der amerikanische Okkultist Paul Foster Case (1884–1954) aus diesem Tetragrammaton den Satz: »ROTA TARO ORAT TORA ATOR«, was übersetzt wird als: »Das Rad des Tarot verkündet das Gesetz der Athor[2]«, und nicht zuletzt verblüfft die Entsprechung, die der Name Taro mit der Tora, dem jüdischen Gesetz, den 5 Büchern Moses hat.

3. Aufbau des Spiels

Die frühen Kartenspiele bestanden aus einer unterschiedlichen Anzahl von Karten. Im Florentiner Spiel gab es 41 Trumpfkarten und 56 Nichttrümpfe, das Spiel aus Bologna zählte 62 Karten, und das sehr schöne Deck von Andrea Mantegna aus Mantua bestand aus 50 Karten. Es gab Spiele, die aus 12 Serien à 12 Karten bestanden oder aus 8 Serien à 12 Karten. Erst um 1600 beschreibt der Italiener Garzoni ein Spiel, das der Struktur des heutigen Tarot mit 22 Großen Arkana und 56 Kleinen Arkana entspricht. In dieser Form wurde es das venetianische Deck oder das Tarot von Marseille genannt.

Die Großen Arkana stellen auf 22 Karten (0 = Der Narr bis XXI = Die Welt) Bilder dar, die uns aus Mythen und anderen Überlieferungen überraschend vertraut erscheinen. Die übrigen Karten der 56 Kleinen Arkana unterteilen sich in 4 Serien, wie wir sie auch in den heutigen Spielkarten kennen, die sich wie folgt entsprechen: Stäbe = Kreuz, Schwerter = Pik, Kelche = Herz und Münzen = Karo. Jede dieser Serien besteht aus 14 Karten, die sich in 10 Zahlenkarten (von Eins = As bis Zehn) und 4 Hofkarten (König, Königin, Ritter und Bube) unterteilen.

Um die letzte Jahrhundertwende fanden die Tarotkarten nicht nur ein immer stärker werdendes Interesse, sondern erhielten durch Arthur Edward Waite (1857–1941) eine entscheidende Bereicherung: Waite, gebürtiger Amerikaner, in England aufgewachsen, war ein großer Kenner des Okkultismus. Er wurde Mitglied und später Großmeister in dem »Hermetischen Orden der Goldenen Dämmerung«, einem einflußreichen magischen Orden, der 1888 unter anderem von Samuel McGregor Mathers, Dr. Wynn Westcott und Dr. William Woodman gegründet worden war. Weitere bekannte Mitglieder dieses Ordens waren der Dichter William Butler Yeats und der berühmte Magier Aleister Crowley. Waite ist geistiger Vater eines neuen Tarotdecks, das von einem Ordensmitglied, der Künstlerin Pamela Coleman Smith, gezeichnet wurde. Ihre Initialen PCS sind auf allen 78 Karten zu sehen. Während in den bisherigen Tarotspielen lediglich die Großen Arkana, die Hofkarten und manchmal die 4 Asse illustriert waren, zeigt das von Waite konzipierte Deck auch auf den übrigen 36 Karten Bildmotive, die zur Deutung inspirieren. Dank dieser Bereicherung ist sein Tarot das heute weitverbreitetste Spiel, das auch Grundlage dieses Buches ist.

Leitfaden für den Laien

Selbst wenn Sie die Tarotkarten heute zum allererstenmal in der Hand haben, können Sie gleich beginnen, sich die Karten zu legen. Dabei gehen Sie folgendermaßen vor:

1. Stellen Sie sich eine Frage, die im Kern lautet: »Wie soll ich mich verhalten?« Zum Beispiel: »Wie soll ich mich meinem Vorgesetzten gegenüber verhalten?« oder »Was kann ich tun, um einen neuen Arbeitsplatz (Wohnung, Lebensgefährten usw.) zu finden?« oder »Wie kann ich das und das Problem lösen?« Die Frage sollte also nicht lauten: »Werde ich jemals der großen Liebe begegnen?«, sondern »Was kann ich tun, um der großen Liebe zu begegnen?«

2. Mischen Sie alle 78 Karten gründlich, und breiten Sie sie verdeckt – wie einen großen Fächer – vor sich aus.

3. Ohne sich weiter auf Ihre Frage zu konzentrieren, ziehen Sie jetzt mit Ihrer linken Hand nacheinander 7 Karten Ihrer Wahl aus dem Spiel und legen diese verdeckt eine über die andere. Es bleibt Ihnen überlassen, ob Sie sich bei der Auswahl der Karten Zeit lassen, Ihre Hand solange über den Karten hin und her bewegen, bis Sie ein Kribbeln spüren oder spontan 7 Karten herausgreifen. Sie können dabei die Augen offen oder geschlossen halten. Ziehen Sie die Karten einfach in der Art, die Ihnen am meisten zusagt, aber achten Sie darauf, daß Sie die Reihenfolge der gezogenen Karten nicht durcheinander bringen.

4. Decken Sie jetzt eine Karte nach der anderen in der gezogenen Reihenfolge auf, das heißt, beginnen Sie mit der untersten der sieben Karten, und legen Sie sie wie folgt aus:

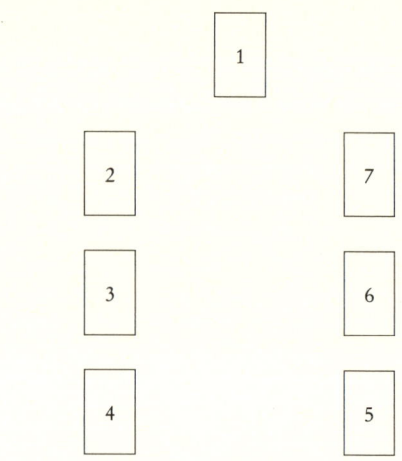

5. Sie können jetzt die Bedeutungen nachschlagen, die jede Karte auf ihrem Platz hat, und diese zu einer Gesamtaussage verbinden. Um die Besprechung der einzelnen Karte im Buch zu finden, prüfen Sie zunächst, in welchen der 5 Hauptabschnitte sie gehört:

a) Die Karten der *Großen Arkana* sind daran zu erkennen, daß sie oben eine Zahl *und* unten einen Namen tragen (z.B. 0 = Der Narr, I = Der Magier usw.). Diese Karten finden Sie im ersten Abschnitt des Deutungsteils, der am rechten Seitenrand die jeweilige Zahl wiedergibt (0 bis XXI).

b) Die Karten der *Kleinen Arkana* erkennen Sie daran, daß sie entweder einen Namen *oder* eine Zahl tragen. Hier müssen Sie feststellen, in welche der folgenden vier Serien die Karte gehört:

Stäbe   Schwerter   Münzen   Kelche

Die jeweiligen Abschnitte sind am Buchrand durch diese Symbole gekennzeichnet. Innerhalb dieser Abschnitte sind zunächst die Zahlenkarten besprochen (wobei das As der Zahl Eins entspricht) und anschließend die sogenannten Hofkarten in der Reihenfolge Bube, Ritter, Königin und König.

6. Der jeweils in Betracht kommende Teil des Deutungstextes ergibt sich aus dem Platz, an dem die Karte liegt. Für die oberste Karte (Platz 1) finden Sie die Deutung immer auf der *linken Buchseite*. Hier müssen Sie aus den vier Textblöcken denjenigen auswählen, der dem Hintergrund Ihrer Frage entspricht. Sie finden dort für jede Karte die drei Rubriken *Beruf, Bewußtsein und Beziehung*. Sollte Ihre Frage keinem dieser drei Bereiche angehören, erfahren Sie die Bedeutung im einführenden ersten Teil der jeweiligen Kartenbesprechung. Diese erste Karte sagt Ihnen, worum es bei Ihrer Fragestellung geht, welche Aussichten Sie haben und was Sie erwarten dürfen.

Die übrigen sechs Karten zeigen Ihnen, wie Sie bisher vorgegangen sind (die Plätze 2, 3 und 4) und wie Sie sich zukünftig verhalten sollen (die Plätze 5, 6 und 7). Da die sich links und rechts gegenüberliegenden Karten jeweils einer Verhaltensebene entsprechen (2 und 7 = Bewußtsein, 3 und 6 = Gefühle, 4 und 5 = äußeres Auftreten), ist es ratsam, die Bedeutung dieser Karten in dieser Gegenüberstellung nachzuschlagen. Sie finden diese Deutungstexte immer auf der **rechten Buchseite** unter der jeweiligen Karte.

7. Wenn Sie alle 7 Deutungstexte nachgeschlagen haben, versuchen Sie diese zu einer Gesamtaussage zu verbinden. Stoßen Sie sich dabei nicht an scheinbaren Widersprüchen, sondern versuchen Sie deren tiefere Bedeutung zu erfassen. Die Karten spiegeln häufig eine Diskrepanz zwischen Fühlen (die Plätze 3 und 6) und Denken (die Plätze 2 und 7) und zeigen nicht selten, daß wir anders auftreten (die Plätze 4 und 5), als uns innerlich zu Mute ist.

8. Notieren Sie sich Ihre Frage mit den dazu gezogenen Karten, um die Aussage 2 bis 3 Wochen später noch einmal nachzuvollziehen. Gerade dabei wird Ihnen die eigene Sprechweise der Karten immer vertrauter. Ihre Beobachtungen und speziellen Erfahrungen, die über den Deutungstext dieses Buches hinausgehen, sollten Sie in Stichworten in den freien Rubriken der Kartenbesprechung festhalten. Dadurch bekommt dieses Arbeitsbuch und Ihre Kartendeutung einen immer persönlicheren Charakter.

Wenn Ihnen mit der Zeit die Aussagen der Karten vertrauter geworden sind, sollten Sie aus dem letzten Teil des Buches weitere Legemethoden auswählen, um diese nach und nach mit in Ihre Tarot-Praxis aufzunehmen. Mit etwas Übung wird es Ihnen bald gelingen, die Bedeutung der Karten auch in diesen anderen Legesystemen zu erfassen.

Leitfaden für den Tarotkundigen

Die Tarotkarten lassen sich in vielerlei Hinsicht befragen:

1. In der klassischen Orakelart nach Tendenzen. Dazu eignet sich insbesondere das Keltische Kreuz (S. 177) und das Geheimnis der Hohenpriesterin (S. 184).

2. Zur Beschreibung eines gegenwärtigen Zustandes. Dies gilt vor allem für das Beziehungsspiel (S. 180) und das Partnerspiel (S. 179), aber in gewisser Weise auch für den astrologischen Kreis*.

3. Zur Selbsterfahrung. Dazu gibt es zahlreiche Spiele wie der blinde Fleck (S. 178), Inannas Abstieg in die Unterwelt* und das Planetenspiel*.

4. Um Vorschläge zu erhalten. Das geht in allgemeiner Art mit dem Kreuz (S. 177) und gezielt mit dem Entscheidungsspiel (S. 181), aber in der aussagestärksten Form durch das hier vorgestellte Spiel »Der Weg«:

»Der Weg« zeigt dem Frager

a) das Thema, um das es geht.

b) wie er sich in der Frageangelegenheit bislang verhalten hat,

c) wie er sich (statt dessen) zukünftig verhalten soll.

Aus den gemischten, verdeckt und fächerartig ausgebreiteten 78 Karten zieht der Frager 7 Karten, die wie folgt aufgedeckt und ausgelegt werden:

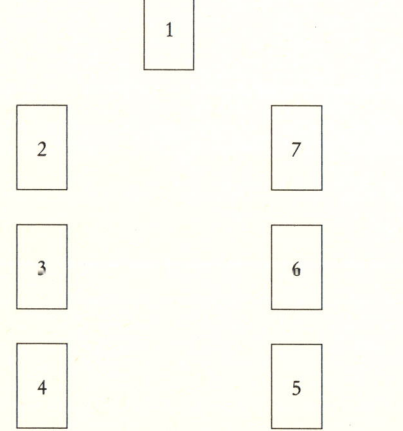

Dabei haben die Plätze folgende Bedeutung:

1 Darum geht es. Das sind die Chancen und Risiken im Zusammenhang mit der Frage.

Linke Säule = Bisheriges Verhalten:

2 Bewußte Einstellung, Gedanken, Vernunftgründe. Vorstellungen, Absichten, Verhaltensweisen, die der Frager »im Kopf« hat. Das rationale Verhalten.

3 Unbewußte Einstellung, Wünsche, Sehnsüchte, die der Frager »im Herzen« trägt. Hoffen und Bangen. Das emotionale Verhalten.

4 Äußere Haltung. Das Auftreten des Fragers und damit eventuell seine Fassade.

Rechte Säule = Vorschlag für zukünftiges Verhalten: Bedeutungen entsprechend den Feldern 2–4.

7 Bewußte Einstellung. Vorschlag für die rationale Vorgehensweise.

6 Unbewußte Einstellung. Vorschlag für die emotionale Haltung.

5 Äußere Haltung. So soll der Frager auftreten.

Dieses Buch gibt Ihnen Deutungsvorschläge für alle 78 Tarotkarten. Da die Karte auf Platz 1 für die Gesamtaussage richtungsbestimmend ist, wird sie auf der jeweils linken Buchseite in vier Hauptabschnitten beschrieben. Je nach Fragerichtung kommt der Text *Beruf, Bewußtsein, Beziehung oder der allgemeine Teil* für die Deutung in Betracht. Für die speziellen Bedeutungen, die die Karten auf den übrigen Plätzen (2–7) bekommen, stehen die Deutungsvorschläge unter den entsprechenden Ziffern auf der jeweils rechten Buchseite der Kartenbesprechung. Unter diesen Texten steht Ihnen genügend Platz zur Verfügung, um Ihre eigenen Interpretationen zu notieren.

Wie Sie vielleicht aus meinen früheren Büchern wissen, habe ich die von Arthur Edward Waite eingeführte Umnumerierung der Karten *Gerechtigkeit* und *Kraft* für meinen Gebrauch rückgängig gemacht, weil mir die alte Zählung folgerichtiger erscheint, bei der die Gerechtigkeit an Platz 8 und die Kraft an Platz 11 der Großen Arkana steht.

* Siehe Hajo Banzhaf, Tarot-Spiele, München 1988 (Heinrich Hubendubel)

Ich stütze mich dabei vor allem auf die Zahlen-mystik, aber auch auf den schlüssigen Aufbau der archetypischen Reise des Helden, den die 22 Trumpfkarten spiegeln. Waite, der sich zu sei-ner – wie er es nennt – »Berichtigung« nicht wei-ter äußert, hat diesem Verständniszugang eine geringere Bedeutung beigemessen und ist bei seinem Aufbau wohl von den Lehren der Albin-genser, Waldenser, Katharer, dem Orden der Tempelritter oder anderer gnostischer Strömun-gen geleitet worden. Alle diese Bewegungen waren um die letzte Jahrtausendwende bedeut-sam, und es scheint, daß Waite hier den Ursprung der Tarotkarten sah.

Diese Umnumerierung führt aber nur dort zu praktischen Konsequenzen, wo die Zahl zur Deu-tung herangezogen wird, wie das vor allem bei der Ermittlung der Quintessenz der Fall ist. Diese Quintessenz gibt bei den oben unter 1 bis 3 beschriebenen Spielarten einen abschließenden Vorschlag für den Frager, wie er in der Fragean-gelegenheit vorgehen soll. Wenn jedoch ein Spiel der Gruppe 4 gewählt wird, das in sich selbst ein Vorschlagsspiel ist, erübrigt sich natürlich die Ermittlung der Quintessenz. Aus diesem Grunde und um keine unnötige Verwirrung für den Laien aufkommen zu lassen, habe ich in diesem Buch die Zählfolge von A. E. Waite beibehalten.

Eine weitere wichtige Vorbemerkung gilt den *Hofkarten*, die in der traditionellen Deutung über-wiegend als Personen gedeutet werden. Sie sind das Lieblingskind der Jahrmarktskartenleger, füh-ren aber jeden anspruchsvollen Kartendeuter gele-gentlich in Verlegenheit. In meinem Tarot-Hand-buch habe ich ausführlich dargelegt, wie ich diese Karten deute, und möchte hier daher nur einen kurzen Überblick geben:

Ich sehe nur in *Königen und Königinnen* Karten, die auf Männer und Frauen hinweisen. Die best-mögliche Charakterisierung dieser Personen geschieht mit Hilfe der vier Elemente, die den vier Hauptsymbolen der Kleinen Arkana wie folgt entsprechen:

Stäbe = Feuer, Schwerter = Luft, Münzen = Erde und Kelche = Wasser.

Da es sich bei dem hier vorgestellten Spiel »Der Weg« jedoch um Aussagen handelt, die sich allein auf die Verhaltensweise des Fragers beziehen, deute ich Könige und Königinnen entgegen mei-nem sonstigen Verständnis in diesem Fall nicht als Personenkarten, sondern als die männliche bzw. weibliche Ausprägung des jeweiligen Ele-ments. Die in vielen Kursen mit Spiel »Der Weg« gemachte Erfahrung hat gezeigt, daß diese Art der Deutung am aussagekräftigsten ist. Lediglich auf Platz 5 (zukünftiges Verhalten) kann eine der bei-den Hofkarten gelegentlich die Bedeutung haben, daß sich der Frager mit seinem Anliegen an einen als König oder Königin beschriebenen Menschen wenden soll.

Für die im Anhang aufgeführten Spiele muß jedoch der Deutungstext dieser Karten so umin-terpretiert werden, daß dadurch das Bild eines Mannes oder einer Frau deutlich wird.

Ritter und Buben verstehe ich grundsätzlich nicht als Personenkarten. Für mich drücken Ritter Stimmungen aus, die durch das jeweils zugeord-nete mythologische Bild deutlich werden. Buben dagegen verstehe ich immer als Chancen, die unseren Weg kreuzen, von außen an uns heran-treten. Im Unterschied dazu zeigen Asse Chan-cen, die in uns oder in unserem Vorhaben liegen.

Deutungsteil

0 Der Narr

Astrologische Entsprechung

Uranus/Merkur im Sinne von Aufgeschlossenheit, Neugier, Spontaneität und Verrücktheiten, in Verbindung mit Neptun als Ausdruck des Geführtwerdens

Der NARR

Mythologisches Bild

Parzifal, der im Narrengewand auszog und am Ende seiner langen Suche zum Gralskönig wurde

I Ging Entsprechung

25 Wu Wang / Die Unschuld
(Das Unerwartete)

Der Narr zeigt das Kind in uns. Er steht für spontanen Neubeginn und vorurteilsfreie Offenheit. Er ist Ausdruck spielerischer Unbekümmertheit, lebensfroher Sorglosigkeit und zeigt, daß wir einen neuen Lebensbereich staunend und ohne feste Erwartungen, und oft auch ohne Vorkenntnisse, betreten. Dabei kann er sowohl für ein kindliches Gemüt stehen und demzufolge Leichtsinn, törichte Naivität, Verspieltheit, aber auch Dummheiten anzeigen oder aber die Schlichtheit weiser und demutsvoller Einsicht, zu der wir am Ende einer langen, oft mühevollen Suche gelangen können. Der Narr kann den Schalk und den Flegel in der Art Till Eulenspiegels verkörpern, aber auch den einzig ehrlichen Berater am Hofe als Alter ego des Königs. In jedem Fall lebt er ganz in der Gegenwart, ist Ausdruck von Offenheit und spontaner Ehrlichkeit, stets bereit, neue Erfahrungen zu machen. Ob diese Haltung jedoch unserer Weigerung entspringt, je erwachsen zu werden, oder die lebenskluge Einsicht geistiger Reife ist, kann nur außerhalb der Karte beurteilt werden. Der Narr weist immer auf erfrischende Erfahrungen hin, die zwar manchmal chaotische Züge tragen, aber, selbst wenn wir »auf die Nase fallen«, keine wirkliche Gefahr bedeuten.

Im beruflichen Erleben zeigt der Narr, daß wir einen neuen Erfahrungsbereich betreten, zu dem wir zwar keine einschlägigen Vorkenntnisse mitbringen, wohl aber eine große Bereitschaft und Neugierde, zu lernen und uns vorbehaltlos mit unserer neuen Aufgabenstellung vertraut zu machen. Auf einer Ereignisebene kann er auch fehlerhaftes, teilweise törichtes Verhalten anzeigen oder Verantwortungslosigkeit. Seine tiefe Bedeutung aber liegt in der weisen Einsicht, daß die gängigen Vorstellungen von Sicherheit und Erfolg nur irreführende Versprechungen und matter Glanz sind, die uns nicht den Schlüssel zu wahrer Erfüllung und Zufriedenheit geben.

Auf der Ebene unseres Bewußtseins verkörpert der Narr das Staunen, mit dem nach Platon alle Erkenntnis beginnt. Er kann Ausdruck kindlicher Unbeschwertheit und geistiger Unreife sein oder Inbegriff tiefster Einsicht und wahrer Lebensklugheit. Zwar ist die Weisheit des Narren Sinnbild höchster Reife, aber das heißt natürlich nicht, daß jeder Narr ein Weiser ist. Der Bibelspruch: »Wenn Ihr nicht umkehrt und werdet wie die Kinder, könnt Ihr nicht in das Himmelreich kommen.« (Matth. 18,3) bedeutet kaum, daß wir unser kindhaftes Weltbild gegenüber den Zweifeln und Einsichten unserer Reifejahre behaupten sollen; Ziel des Entwicklungsprozesses ist vielmehr ein ähnlich schlichtes Bewußtsein wie das der Kindheitstage. Oskar Adler verdeutlicht diesen langen Weg der Erfahrung am Bild des afrikanischen Flusses Niger, der einer der längsten Flüsse der Welt ist, aber relativ nahe seiner Mündung entspringt[3]. Auch wenn wir wissen, daß das Ziel nahe der Quelle liegt, gibt es keine Abkürzungen, die uns die mühevollen Umwege ersparen.

Im Bereich unserer persönlichen Beziehungen zeigt der Narr vor allem seine fröhliche, lebenslustige Seite. Zwar kann er auch hier für Verantwortungslosigkeit und einer zur Unzuverlässigkeit tendierenden Unbekümmertheit stehen; in aller Regel aber steht er für die lebendige, freudig und unkompliziert gelebte Gemeinschaft, in der wir uns vorbehaltlos begegnen, immer bereit, den anderen neu zu entdecken und ihn mit seinen vielen Gesichtern zu erleben und liebzugewinnen. Auf einer Ereignisebene kann diese Karte den Neubeginn einer erfrischenden Beziehung darstellen oder eine belebende Auftriebsphase innerhalb einer bestehenden Verbindung, die in manchen Fällen durch ein Kind ausgelöst werden kann.

Platz 2

Sie haben die Angelegenheit bislang sorglos betrachtet und waren auf der Suche nach einer neuen Erfahrung. Wahrscheinlich haben Sie einfach darauf vertraut, daß sich die Sache von selbst klären wird. Prüfen Sie, ob Ihnen die Karten auf Platz 1 und 7 nicht sagen, daß Sie zu unbekümmert und leichtfertig, vielleicht sogar naiv und töricht waren.

Platz 7

Machen Sie sich bewußt, daß Sie einen völlig neuen Erfahrungsbereich betreten, dem Sie vorurteilsfrei begegnen sollten. Wenn Sie ansonsten dazu neigen, ein hohes Bild von sich zu haben, sollten Sie sich den Gefallen tun und dieses eine Mal davon ausgehen, daß Sie keine oder zumindest nur wenig Ahnung haben.

0

Platz 3

Sie spüren den Reiz des Neuen und sind auf der Suche nach mehr Lebendigkeit und Abwechslung. Ihre Offenheit und Vorurteilslosigkeit ist dabei sehr hilfreich. Es könnte aber auch sein, daß Sie etwas zu sprunghaft, leichtsinnig oder blauäugig an Ihr Vorhaben gehen. Oder saß Ihnen vielleicht der Schalk im Nacken?

Platz 6

Betreten Sie voller Staunen und Neugier den Bereich des Unbekannten. Seien Sie offen für alles, was Ihnen hier begegnet. Lassen Sie sich beeindrucken und beeinflussen. Gehen Sie spontan und unbekümmert an Ihr Vorhaben. Lauschen Sie auf die Stimme Ihrer Instinkte, und vertrauen Sie darauf, daß Sie geführt werden.

Platz 4

Sie haben bislang zumindest unkonventionell, wenn nicht leichtfertig, unerfahren oder abenteuerlustig gewirkt. Wenn Ihre Aufgaben mit Ernst betrieben werden muß, waren Sie bisher zu verspielt. Vielleicht aber ist gerade Ihre Unvoreingenommenheit oder Ihre Spontaneität eine wichtige Voraussetzung für das Vorhaben.

Platz 5

Zeigen Sie Ihre spontane Bereitschaft, sich auf etwas Neues einzustellen und daß Sie in dieser Angelegenheit zwar unerfahren, aber jederzeit bereit sind zu lernen und zu improvisieren. Bluffen Sie nicht, indem Sie den versierten »alten Hasen« spielen. Zeigen Sie ruhig, daß Sie aufgeregt sind oder Lampenfieber haben. Sie werden dadurch Sympathie, Verständnis und Unterstützung gewinnen.

I Der Magier

Astrologische Entsprechung

Sonne im Sinne von Kraft und Ausstrahlung, Merkur im Hinblick auf Wendigkeit, Geschicklichkeit

Der MAGIER

Mythologisches Bild

Der Schöpfer; oder Daidalos, der geniale Erfinder, Baumeister und Handwerker der Antike

I Ging Entsprechung

1 Kiën / Die schöpferische Kraft

Der Magier bedeutet Klugheit, Geschicklichkeit, Selbstbewußtsein und eine aktive Lebensgestaltung. Er steht für eine Zeit, in der wir auch schwierige Probleme meistern und Herausforderungen mit einem geschärften Bewußtsein und wacher Lebensklugheit erfolgreich begegnen. Obwohl diese Karte die Stärke der Bewußtseinskräfte darstellt, drückt sie damit nicht aus, daß das Gespür und andere unbewußte Kräfte vernachlässigt werden dürfen. Im Gegenteil: Die außerordentliche Einflußkraft und Wirksamkeit, die durch den Magier angezeigt sind, beruhen auf dem Geheimnis tiefer Harmonie zwischen Bewußtem und Unbewußtem. Nur die dadurch entstehende innere Gewißheit kann Berge versetzen.

Im beruflichen Umfeld zeigt der Magier, daß wir Initiativen ergreifen, uns unserer Einflußkraft bewußt werden und diese gezielt einsetzen. Je nach der Zielrichtung dieser Energie können wir damit wirtschaftlich erfolgreich sein, Beförderungen erlangen oder schwierige Aufgaben wie Examina oder berufliche Projekte zu einem erfolgreichen Abschluß bringen. Als Vorgesetzter können wir das Arbeitsklima verbessern und durch positive Motivation den Erfolg des ganzen Unternehmens steigern. Bei Verhandlungen, Projekten, Prüfungen oder anderen Aufgabenstellungen, die wir bislang vor uns hergeschoben haben, weil sie uns zu schwierig erschienen oder aus anderen Gründen Sorgen bereiteten, ist es nun an der Zeit, unter Berücksichtigung der Karten auf Platz 5 bis 7, den gordischen Knoten zu zerschlagen. Auch diese Problemfälle lassen sich jetzt erfolgreich bewältigen.

Auf der Ebene unseres Bewußtseins steht diese Karte für die Macht unserer Gedanken und bedeutet, daß wir kraft innerer Überzeugung und Geschicklichkeit Dinge bewirken können, die wir bislang außerhalb unserer Möglichkeiten sahen. Darüber hinaus zeigt der Magier, daß wir den Blick für das Große und Ganze gewinnen, der uns über unsere alltägliche Optik hinaushebt. Auf einer tiefen Ebene heißt diese Karte, daß wir selbstverantwortlich, bewußt und entschieden unser Schicksal gestalten und unsere Lebensaufgaben meistern.

In persönlichen Beziehungen verweist diese Karte auf eine Phase starker Faszination und hoher Anziehungskraft. Die durch den Magier ausgedrückte Kraft kann – richtig genutzt – jede Form von Hemmungen, Schwierigkeiten und anderen belastenden Problemen meistern. Richtig genutzt heißt hier: zum Wohle aller, nicht etwa zu bloß einseitigem Vorteil. Der Magier drückt das Wissen um Einheit und um die tragenden Kräfte der Beziehung aus.

Platz 2

Sie sind von dem Fragethema fasziniert und haben Ihre Sache bislang entschieden und voller Überzeugung vertreten. Wenn Sie dennoch Grund haben, Ihr Verhalten in Frage zu stellen, sollten Sie überlegen, ob Sie Ihre Überzeugungskraft vielleicht zu direkt, zu gerissen oder zu demagogisch eingesetzt haben. Es könnte sein, daß Sie etwas zuviel des Guten gemacht haben.

Platz 7

Entwickeln Sie ein klares Konzept und überzeugende Strategien. Nutzen Sie Ihre Geschicklichkeit und Ihre Initiativkraft. Machen Sie sich frei von Meinungen anderer, und kommen Sie zu einer eigenen eindeutigen Überzeugung. Sie werden Ihre Aufgabe bald geistig beherrschen und dann erleben, wie leicht Ihnen alles von der Hand geht.

Platz 3

Sie waren bislang von Ihrem Vorhaben fasziniert und haben dadurch eine starke Ausstrahlungskraft. Sie hatten das Gefühl, diese Angelegenheit problemlos meistern zu können. Ob diese Einschätzung richtig war, zeigt Ihnen die Karte auf Platz 6.

Platz 6

Zeigen Sie die Kraft Ihrer Gefühle, und erleben Sie Ihre seelische Stärke. Gehen Sie mit tiefer Gewißheit und Zuversicht an Ihr Vorhaben. Sie werden die Angelegenheit geschickt und überzeugend meistern.

Platz 4

Ihr bestimmtes Auftreten und Ihre aktive Vorgehensweise hat andere fasziniert. Sie haben eine starke Ausstrahlung und wirken selbstsicher und versiert. Vielleicht waren Sie aber auch zu intensiv oder gar bedrohlich für andere?

Platz 5

Treten Sie entschieden und eindeutig auf. Seien Sie initiativ, und schieben Sie die Bewältigung von Problemen nicht weiter auf. Zeigen Sie Ihre Geschicklichkeit und Ihr Talent. Machen Sie sich selbständig, setzen Sie Impulse, beginnen Sie jetzt. Treten Sie selbstsicher auf, und seien Sie ein Wegweiser für andere. Der Erfolg ist Ihnen gewiß.

II Die Hohepriesterin

Die HOHEPRIESTERIN

Astrologische Entsprechung

Der Mond als Ausdruck unseres lunaren Bewußtseins, des Gespürs und der Macht unserer unbewußten Kräfte

Mythologisches Bild

Die Himmelskönigin als All-Geberin, Matriarchin, Creatrix, Initiatrix mit ihren vielen Namen: Eurynome, Maya, Nut; oder in ihrer polaren Erscheinung als Isis – Nephtys, Eva – Lilith, Inanna – Ereschkigal, Demeter – Persephone

I Ging Entsprechung

2 Kun / Die natürliche Antwort

Die Hohepriesterin steht für unsere unbewußten Kräfte, für unser Feingespür, unser Ahnungsvermögen und eine oft unerklärliche, aber tief verwurzelte Gewißheit. Sie ist der Schlüssel zu der geheimnisvollen Wahrheit, die sich dem Zugriff des logisch denkenden Verstandes entzieht. Sie weiß, daß die Wahrheit, die wir aussprechen können, niemals die ewige Wahrheit ist. Mit ihrer lichten Seite ist sie Ausdruck von Geduld, Verständnis, Nachsicht, Güte und der Bereitschaft zu verzeihen, und setzt als Helferin, Heilerin oder Seherin die Macht der unbewußten Kräfte zum Wohle anderer ein. Ihre Schattenseite dagegen entspricht dem Archetyp der »dunklen Schwester«, der Hexe, die die Macht ihrer Seelenkräfte nutzt, um andere zu verführen, zu lähmen oder zu schädigen. In der Tarotdeutung wurde aber immer ihre freundliche, hilfreiche Seite hervorgehoben. Sie gilt traditionell als eine der drei Schutzkarten[2], was der Vorstellung der christlichen Mythologie entspricht, wonach der Held, der unter dem Schutz der Jungfrau steht, unverletzlich ist.

Im beruflichen Erleben zeigt die Hohepriesterin entweder, daß unser Tätigkeitsbereich den Themen dieser Karte entspricht, wie das im weiten Feld der Therapie oder der Esoterik der Fall ist; oder sie kennzeichnet die Haltung, die wir in unserem Berufsleben einnehmen. Das bedeutet, daß wir mit Geduld und Offenheit unseren alltäglichen Aufgaben begegnen, bereit sind, neue Impulse und Anregungen aufzunehmen und die jeweils letzte Entscheidung bei beruflichen Schritten von unserer inneren Stimme abhängig machen. Dort, wo diese Haltung in wohlbesonnener Weise gelebt wird, bringt sie das beglückende Gefühl mit sich, geführt zu werden. Wenn sie dagegen ausufert, bekommt unser Verhalten für andere etwas Launisches, Unberechenbares oder gar einen bedrohlichen Aspekt.

Auf der Ebene unseres Bewußtseins steht diese Karte für eine Zeit, in der wir unsere Aufmerksamkeit auf das Unbewußte und die Bilder der Seele richten und uns schöpferischen Phantasien und Träumen überlassen oder aber zu den Schätzen der Tiefe hinabsteigen, um den Schleier zu lüften, mit dem die Hohepriesterin ihr geheimes Wissen verhüllt, das längst gefundene »alte Wahre«, das immer wieder neu ent-deckt werden muß. Auf dieser Reise versagt unser dualistisch trennender Verstand bei der Unterscheidung von Gut und Böse. Die »Weisheit des Schoßes« birgt das Geheimnis der allem innewohnenden Polarität, die uns gleichzeitig mit Faszination und Schrecken in das Gesicht der weißen und der schwarzen Isis blicken läßt, ohne daß wir je sicher sein können, ob wir dem Guten oder dem Bösen, der heilenden oder der zerstörerischen Kraft begegnen. Dieser Archetyp des Weiblichen wurde in seiner ganzen Faszination und Gefährlichkeit beschrieben von Autoren wie Rider Haggard[5] und Gustav Meyrink[6].

In unseren persönlichen Verbindungen zeigt sich die Hohepriesterin vor allem von ihrer lichten Seite. Sie steht für Verständnis, tiefe Zuneigung, Nähe und Seelenverwandtschaft, Feingefühl und Fürsorglichkeit im Umgang miteinander und nicht zuletzt für die Gewißheit, daß ein unsichtbares Band uns mit dem Partner vereint. In Zeiten, in denen wir allein leben, heißt diese Karte, daß wir in dieser Lebensform tiefe Zufriedenheit finden oder uns geduldig bereit und offen halten für eine neue Begegnung, wobei wir aber nur auf unsere innere Stimme hören und uns zu nichts drängen oder drängen lassen.

Platz 2

Sie haben die Angelegenheit bislang geduldig und abwartend betrachtet und auf eine günstige Gelegenheit gewartet. Wahrscheinlich sind Sie noch unentschieden, wie Sie weiter vorgehen wollen, und warten auf ein klares Zeichen. Prüfen Sie anhand der Karten auf Platz 1 und 7, ob jetzt die Zeit zum Handeln gekommen ist.

Platz 7

Machen Sie sich klar, daß Sie in dieser Angelegenheit nichts erzwingen können und hektisches Hin und Her Ihnen nur schaden kann. Sie brauchen Geduld und die Bereitschaft, die Dinge wachsen und auf sich zukommen zu lassen. Gehen Sie behutsam vor, und warten Sie, bis Ihnen eine innere Stimme sagt, was zu tun ist.

Platz 3

Sie waren bislang nachsichtig, nachgebend, verzeihend und vielleicht barmherzig und fürsorglich. Sie waren bereit und offen, einen Impuls aufzunehmen, oder haben darauf gewartet, daß Ihre innere Stimme Ihnen sagt, was Sie tun sollen. Vielleicht haben Sie sich aber auch nur vor verantwortlichem Handeln gedrückt und werden nun von der Karte auf Platz 6 aufgefordert, aktiv zu werden.

Platz 6

Öffnen Sie sich der Welt des Irrationalen. Achten Sie auf Ihr Feingespür und auf das, was Ihnen die Intuition eingibt. Sie werden erleben, daß Sie bei Ihrem Vorhaben andere durchschauen und Ihnen von unerklärlicher Seite aus eine tiefe Gewißheit zufließt. Vertrauen Sie Ihrem Gespür, und lassen Sie sich nur davon leiten.

Platz 4

Sie haben einen passiven, sehr zurückhaltenden Eindruck gemacht und gezeigt, daß die Stunde Ihres Handelns noch nicht gekommen ist. Sie haben feinfühlig, vielleicht sogar medial gewirkt oder aber entrückt, weltfremd und versponnen.

Platz 5

Zeigen Sie sich verständnisvoll, nachsichtig, nachgebend und bereit, zunächst die weitere Entwicklung abzuwarten, bevor Sie reagieren oder wichtige Entscheidungen treffen. Machen Sie deutlich, daß Sie mit einer erfreulichen Entwicklung rechnen, aber nichts überstürzen werden. Zeigen Sie Ihre medialen Fähigkeiten oder Ihre heilenden und helfenden Kräfte.

III Die Herrscherin

Astrologische Entsprechung

Venus im Stier im Sinne von Fruchtbarkeit und Wachstum

Die HERRSCHERIN

Mythologisches Bild

Die große Muttergöttin mit all ihren Namen: Inanna, Ischtar, Anat, Astarte, Aphrodite und Demeter und Mutter Erde als Gaia oder Rhea

I Ging Entsprechung

48 Dsing / Der Brunnen

Die Herrscherin verkörpert die unerschöpfliche Kraft der Natur, mit der sie immer neues Leben hervorbringt. Sie steht damit für Lebendigkeit, Fruchtbarkeit, Wachstum und die Geburt des Neuen. Sie ist die unversiegbare Quelle alles Lebens, die unser kreatives Potential und unsere Fähigkeit anzeigt, Impulse aufzunehmen und daraus Neues entstehen zu lassen. Das heißt auf der körperlichen Ebene Wachstum und Fruchtbarkeit, auf der seelischen Ebene künstlerische Schaffenskraft, auf der Ebene des Verstandes Ideen- und Erfindungsreichtum und im Bereich des Bewußtseins Erkenntniszuwachs. Die ständige Geburt des Neuen bedeutet sowohl die fortwährende Veränderung unseres Lebens wie auch die Notwendigkeit, die Schmerzen dieser Geburten zu ertragen.

Im beruflichen Umfeld zeigt diese Karte, daß wir uns in einer Phase befinden, wo große Energien freigesetzt werden. Das heißt Kreativität für den Künstler, Schriftsteller, Musiker oder den Werbefachmann, neue, überraschende Ideen für den Techniker, Ingenieur oder Designer; der Wille zu Veränderungen, Neuerungen, Wachstum und größerer Lebendigkeit in anderen Berufszweigen. Die Herrscherin kann hier auch bedeuten, daß wir uns selbst auf veränderte Arbeitsbedingungen einstellen müssen, daß etwas Neues eintritt und uns aus der Routine reißt. Das kann ein neuer Lehrer, Vorgesetzter oder Mitarbeiter sein, oder auch eine Veränderung des Aufgabenbereiches. In manchen Fällen wird durch diese Karte der Beginn einer neuen Laufbahn oder einer neuen Position angezeigt. Auch wenn die Geburt schmerzt, ist die Veränderung, die die Herrscherin ankündigt, in aller Regel ein Gewinn.

Auf der Ebene des Bewußtseins geht es um neue Einsichten und Erkenntnisse. Sie können angenehmer wie auch unliebsamer Natur sein. Bereichernd sind sie in jedem Fall. Sie richten unser Augenmerk auf den ständigen Fluß des Lebens und lehren uns, daß nichts beständig ist, daß aber aus allem, was vergeht, auch wieder Neues entsteht. Auf einer tiefen Ebene kann die Herrscherin die Auseinandersetzung mit den beiden Aspekten des Mutterbildes bedeuten: der lichten, fürsorglichen und bedingungslos gewährenden Lebensquelle und der dunklen Seite, die Jung als »Mater saeva cupidinum«, die wilde Mutter der Begierden beschrieben hat[7].

Im Bereich der Partnerschaft steht diese Karte ebenfalls für Veränderungen und Neuerungen und kann sowohl Zuwachs im familiären Sinne bedeuten als auch jede andere Form von Veränderung in der Beziehung. In allen Fällen zeigt sie Lebendigkeit und überwiegend erfreuliche Entwicklungen. Sie kann ferner eine Phase mütterlicher Liebe ausdrücken oder für den Acker stehen, auf dem eine neue, lebendige Beziehung wächst.

Platz 2

Sie haben sich sehr einfallsreich gezeigt und sind dabei offen und bereit, Impulse aufzunehmen und sie Gestalt werden zu lassen. Sie sehen, daß Veränderungen und Neuerungen notwendig sind. Achten Sie darauf, nicht zu übertreiben und daß Ihnen die Dinge nicht über den Kopf wachsen. Die Herrscherin kann auch den Wildwuchs bedeuten!

Platz 7

Lassen Sie Ihre kreativen Seiten lebendig werden, und seien Sie für Anregungen, die andere Ihnen geben, offen. Nehmen Sie diese Gedanken und Ideen auf, malen Sie sich alles plastisch aus, und lassen Sie diese Impulse Gestalt annehmen. Erkennen Sie die wertvollen Veränderungen, die Ihr Fragethema mit sich bringt, und daß ein fruchtbares Feld vor Ihnen liegt.

Platz 3

Sie haben sich vom Wunsch nach Vermehrung, Wandlung oder Neuerung leiten lassen. Sie sehnen sich nach Wachstum und sind kreativ. Es könnte sein, daß Sie dabei zu gierig waren, sich in der Fülle der Möglichkeiten verloren oder verzettelt haben und daß Sie von der Entwicklung überrollt werden.

Platz 6

Entfalten Sie Ihre schöpferische Kraft, Ihre Unternehmungslust, Ihre Lebendigkeit. Gehen Sie mit innerer Frische an Ihr Vorhaben. Öffnen Sie Ihr weites Herz, und geben Sie Ihrem Schaffensdrang, Ihren Wünschen, Träumen und Phantasien den Platz, den sie brauchen, um sich in Üppigkeit zu entfalten und nach und nach tatsächlich Gestalt anzunehmen.

Platz 4

Sie sind kreativ und lebendig aufgetreten. Sie haben bewiesen, daß Sie Veränderungen und Erneuerungen befürworten, oder Sie haben sich von Ihrer mütterlichen Seite gezeigt. Die Karte auf Platz 5 kann Ihnen zeigen, ob Sie dabei das rechte Maß gewahrt haben.

Platz 5

Zeigen Sie, daß Sie fruchtbar sind und bereit, sich auf Veränderungen einzustellen und Impulse und Anregungen aufzunehmen. Zeigen Sie, daß Sie kreativ und ideenreich sind, daß Sie einen starken Lebenswillen besitzen und Ihre ganze Vitalität in die Sache einbringen.

III

IV Der Herrscher

Der HERRSCHER

Astrologische Entsprechung

Sonne in Steinbock im Sinne von Verantwortung, Ordnung, Sicherheit, Struktur, Kontinuität und Beharrlichkeit

Mythologisches Bild

Die Erzväter Abraham, Isaak und Jakob

I Ging Entsprechung

7 Schï/Das Heer

Der Herrscher steht für das strukturgebende Element, für unser Verlangen nach Stabilität, Sicherheit und Kontinuität. Er zeigt unser Streben nach Unabhängigkeit von den Bedingtheiten der Natur, in all ihrer Unberechenbarkeit. Damit entspricht er unserem Zivilisationsdrang, mit dem wir Häuser, Heizungen und Klimaanlagen bauen, um uns vor Hitze, Kälte und Nässe zu schützen, Autos und Flugzeuge, um Entfernungen bequemer und schneller als zu Fuß zu überwinden, und Schulen, um den Bildungsstand zu sichern. Daß hier oft genug des Guten zuviel getan wird, sollte uns nicht davon abhalten, die positiven Seiten dieser vielfach argwöhnisch betrachteten Karte gebührend zu schätzen. Der Herrscher zeigt sowohl unseren Sinn für Ordnung, Nüchternheit, Disziplin, Veranwortung und pragmatische Handlungsweise als auch deren Übertreibungen in Form von Starrheit, Leblosigkeit, Perfektionismus, Herrschsucht und eiserner Machtentfaltung.

Im beruflichen Umfeld heißt diese Karte, daß es uns vor allem darum geht, Ordnung zu schaffen und lange gehegte Wünsche, Vorsätze und Pläne zu verwirklichen. Der Herrscher bedeutet klare Konzepte, Disziplin, Beharrlichkeit, Entschlossenheit und den Willen, selbst Verantwortung zu übernehmen. Dabei geht es um harte Arbeit, bei der uns nichts oder zumindest nur wenig geschenkt wird und deren Gelingen damit ganz von unserer Tüchtigkeit abhängt.

Auf der Ebene unseres Bewußtseins zeigt der Herrscher, daß wir unseren Realitätssinn schärfen und pragmatisch vorgehen, methodisch und nüchtern. In dieser Zeit bekommt ein bis dahin vielleicht chaotisches Konzept Struktur und Transparenz. Wünsche und Pläne gewinnen mehr und mehr an Gestalt und können nach kritischer Prüfung verwirklicht werden. Auf einer tieferen Ebene kann diese Karte die Auseinandersetzung mit den verschiedenen Seiten des Vaterbildes bedeuten: In seiner Rolle als Versorger und Garant von Sicherheit oder als derjenige, der Disziplin und Unterwerfung fordert und in seiner Distanz kalt und unerreichbar ist.

In unseren persönlichen Beziehungen zeigt diese Karte eine Zeit, in der wir unsere Verbindungen festigen und ihnen einen verläßlichen, beständigen Rahmen geben können. Die nüchterne, kritische Seite des Herrschers kann dabei allerdings auch einen desillusioinierenden Charakter annehmen. Darüberhinaus beinhaltet die strenge, auf größtmögliche Sicherheit ausgerichtete Tendenz dieser Karte die Gefahr einer zu großen Starrheit oder Einengung im Beziehungsleben.

Platz 2

Sie sind nüchtern, pragmatisch und methodisch vorgegangen. Sie haben ein klares Konzept entwickelt und möchten Ihre Wünsche und Vorstellungen nun Wirklichkeit werden lassen. Wenn Ihnen das bisher noch nicht zufriedenstellend gelungen ist, sind Sie vielleicht zu kritisch gewesen oder waren zu sehr auf Ihre Sicherheit bedacht.

Platz 7

Schärfen Sie Ihren Tatsachensinn, und gehen Sie diszipliniert und methodisch vor. Bringen Sie zunächst Ordnung in Ihr Konzept, so daß der rote Faden klar erkennbar wird. Lassen Sie sich nicht zu wilden Spekulationen und allzu kühnen Hoffnungen verleiten, bleiben Sie sachlich, und halten Sie sich konsequent an das Machbare.

Platz 3

Sie sind sehr beherrscht und stehen Ihrem Vorhaben realistisch und sachlich gegenüber. Ihre kritische Betrachtung müßte Ihnen inzwischen klargemacht haben, wie groß die Chancen und Risiken sind. Achten Sie darauf, daß Ihr nüchterner Blick Sie nicht zum phantasielosen Perfektionisten macht, und prüfen Sie die Richtigkeit Ihrer Einstellung anhand der Karte auf Platz 1. Vielleicht sollten Sie innerlich etwas elastischer werden.

Platz 6

Sie müssen beherrscht und pragmatisch vorgehen. Seien Sie konstruktiv, aber prüfen Sie Ihre Wünsche und Vorstellungen auf die wirkliche Machbarkeit. Wenn Ihnen auch die Karte auf Platz 1 das Vorhaben als aussichtsreich erscheinen läßt, sollten Sie eisern und konsequent an der Verwirklichung arbeiten. Andernfalls müssen Sie wohl Abstriche hinnehmen.

Platz 4

Sie wirken beherrscht, vielleicht sogar eisern und verschlossen. Sie haben sich bisher sehr realistisch gezeigt und Ihr Vorhaben beharrlich verfolgt. Es könnte sein, daß Sie dabei zu autoritär, zu hart oder zu förmlich aufgetreten sind.

Platz 5

Zeigen Sie Ihre praktische Intelligenz und Ihre Verantwortungsbereitschaft. Treten Sie diszipliniert und sachlich auf. Gehen Sie souverän und methodisch vor, indem Sie zunächst Klarheit und Ordnung schaffen, widersprüchliche Meinungen oder Strömungen integrieren und dann mit elastischer Beharrlichkeit Ihren Plan verwirklichen.

V Der Hohepriester

Der HIEROPHANT

Astrologische Entsprechung
Sonne in Schütze als der Verkünder und Lehrer religiöser Werte

Mythologisches Bild
Cheiron, der weise Kentaur und Menschenfreund: Lehrer und Erzieher vieler Heroen

I Ging Entsprechung
45 Tsui / Die Sammlung

Der Hohepriester steht für die Welt des Glaubens und einem der Glaubensgewißheit entspringenden tiefen Vertrauen. In alter Zeit galt er als eine der drei Schutzkarten des Tarot[8], die den Verlauf einer Angelegenheit grundsätzlich günstig stimmten. Dies Verständnis hat viel für sich, da die durch ihn ausgedrückten Vertrauenskräfte sich sowohl auf unser Selbstvertrauen beziehen als auch auf das Vertrauen in einen tiefen Sinn unseres persönlichen Lebens und dem sich daraus ergebenden Vertrauen in unsere Zukunft. Darüber hinaus zeigt diese Karte den Weg der Ethik und Tugend und steht für die aus unseren moralischen Grundwerten entstehenden persönlichen Vorsätze.

Im beruflichen Umfeld bedeutet diese Karte, daß wir uns mit Sinnfragen auseinandersetzen, die weit über die beruflichen Alltagsthemen von Sicherheit, Erfolg, Verdienst und Anerkennung hinausgehen. Der Hohepriester steht für die Suche nach tieferen Inhalten, nach erfüllenden Aufgaben, nach wahrer Berufung. Daneben kann diese Karte auch auf Einzelsituationen verweisen, in denen wir aufgefordert sind, in unserem Geschäftsgebaren unseren moralischen Vorsätzen treu zu bleiben und uns nicht in unsaubere Machenschaften zu verstricken.

Auf der Ebene unseres Bewußtseins zeigt der Hohepriester, daß wir uns mit Fragen der Sinnfindung befassen und unsere Glaubensgrundsätze und Wertvorstellungen einer Prüfung unterziehen. Dabei interessieren uns weniger objektive Befunde. Im Gegenteil: Der Hohepriester verkörpert gerade die Ebene unserer höchst subjektiven persönlichen Glaubenserfahrung, die sich einer allgemeinen Nachprüfbarkeit entzieht, ohne dadurch an Bedeutung oder Richtigkeit zu verlieren. Die Karte steht außerdem für eine wesentliche Schärfung unserer moralischen Urteilskraft,

mit der wir nach den Kriterien »gut und böse« unterscheiden, und für tiefe, lebensverändernde und religiöse Erfahrungen.

In unseren persönlichen Beziehungen zeigt der Hohepriester, daß wir uns in einer Phase befinden, in der gegenseitiges Vertrauen und Zuneigung wächst, in der wir an Beziehungsidealen wachsen und in der moralische Werte als und persönliche Tugenden für unser partnerschaftliches Verhalten bestimmend werden. Auf einer Ereignisebene steht diese Karte für unseren Wunsch oder unsere Absicht, zu heiraten.

Platz 2

Sie haben die Angelegenheit bislang von einem reichlich idealistischen und strikt moralischen Aspekt aus betrachtet und großes Vertrauen in die Entwicklung gesetzt. Wenn Sie trotzdem Anlaß haben, Ihre Einstellung zu überprüfen, sollten Sie sich fragen, ob Sie vielleicht etwas zu subjektiv, zu erhaben oder zu gutgläubig eingestellt waren.

Platz 7

Setzen Sie die ganze Kraft Ihres Vertrauens in das Gelingen Ihres Vorhabens. Sie dürfen einer erfreulichen Entwicklung gewiß sein, wenn Sie Ihren moralischen Grundsätzen treu bleiben und auch nicht gegen die allgemeinen ethischen Wertvorstellungen verstoßen.

Platz 3

Sie haben sich von der Kraft Ihres Glaubens leiten lassen und sind ehrlich und gutwillig eingestellt. Schauen Sie, welche innere Haltung Ihnen die Karte auf Platz 6 vorschlägt. Vielleicht waren Ihre Gefühle nicht ganz echt und Ihre Haltung nur scheinheilig?

Platz 6

Fragen Sie sich, ob Sie zu Ihrem Vorhaben berufen sind. Lassen Sie Ihren Glauben zu einer gelassenen, tief inneren Gewißheit reifen. Mit dieser Haltung werden Sie Ihr Ziel erreichen, wenn Sie dabei ehrlich bleiben und sich in Ihren Idealen und moralischen Grundsätzen nicht erschüttern lassen.

V

Platz 4

Sie sind bislang würdig, respektabel und vertrauensvoll aufgetreten und haben keinen Zweifel an Ihren guten Absichten aufkommen lassen. Vielleicht war diese Haltung nur gespielt, und man hat Ihr pastorales, salbungsvolles Auftreten argwöhnisch zurückgewiesen?

Platz 5

Treten Sie vertrauensvoll auf. Das heißt: Schenken Sie Vertrauen, und gewinnen Sie damit das Vertrauen anderer. Stehen Sie zu Ihren Idealen, zeigen Sie Ihre Überzeugung und moralische Stärke, und wenn es die Situation verlangt, seien Sie vorbildlich und voller Teilnahme, wie ein guter Lehrer.

VI Die Liebenden

Die LIEBENDEN

Astrologische Entsprechung

Venus/Jupiter als Ausdruck größter Liebe und Venus/Mars als die mit Liebe getroffene Entscheidung

Mythologisches Bild

Die vom Morgenstern verkörperte Liebesgöttin Aphrodite, Inanna und Venus und ihre bogenschießende männliche Entsprechung Eros, Amor und Cupidus; oder Paris, der sich zwischen Hera, Athene und Aphrodite entscheiden muß

I Ging Entsprechung

8 Bi / Das Zusammenhalten

Diese Karte verbindet zwei Themen. Sie weist auf eine große Liebeserfahrung hin, führt uns aber auch die Erkenntnis vor Augen, daß mit diesem Schritt eine notwendige Entscheidung verbunden ist: die Absage an den bisherigen Lebensrahmen (das Elternhaus, das Junggesellendasein, die vielen Liebeleien) und das klare Bekenntnis zu der einen Liebe. Nur dieser Schritt führt zu der überwältigenden Erfahrung, die »Die Liebenden« zeigen. Diese Karte wurde deshalb früher »Die Entscheidung« genannt. Sie kann auch auf notwendige Entscheidungen hinweisen, die wenig oder gar nichts mit Liebe zu tun haben. In solchen Fällen bedeutet sie, daß wir uns aus vollem Herzen entscheiden sollen, ohne Groll und ohne uns alle Türchen offen zu halten. Welchen der beiden Themenkreise die Karte betont, läßt sich nur vor dem Hintergrund der gestellten Frage feststellen. In jedem Fall bedeutet sie das große, vorbehaltlose »Ja«.

Im beruflichen Umfeld liegt der Schwerpunkt der Karte im Entscheidungsbereich. Sie zeigt, daß wir unter Berücksichtigung und Abwägung aller gegebenen Fakten zu einer klaren Einstellung kommen sollen, die für unser weiteres Verhalten bestimmend und richtungsweisend ist. Das können Entscheidungen sein, mit denen wir unsere berufliche Zielrichtung verändern oder mit denen wir uns für eine neue Stelle, einen neuen Aufgabenbereich oder ein bestimmtes Projekt entscheiden. Die Karte weist nicht unbedingt auf Neues hin. Sie kann ebenso bedeuten, daß wir innere Vorbehalte aufgeben und uns klar und vorbehaltlos zu unserem derzeitigen Beruf bekennen.

Auf der Ebene unseres Bewußtseins zeigen »Die Liebenden«, daß wir uns unserer Möglichkeiten bewußt werden und erkennen, daß wir zu tiefen, uns selbst überwältigenden Erfahrungen nur gelangen, wenn wir uns bewußt beschränken und

uns rückhaltlos zu einer einmal getroffenen Wahl bekennen. Dabei wird uns deutlich, welch großem Selbstbetrug die sogenannte »multiple-choice-society«[9] aufsitzt, wenn sie glaubt, ihre Glückserwartungen durch das Offenhalten möglichst vieler Alternativen erfüllen zu können und obendrein immer hofft, daß das Beste noch kommt. Die Enttäuschung auf den Gesichtern ist nicht etwa Beweis dafür, daß es an der »richtigen« Möglichkeit mangelte, sondern Ausdruck eines unbefriedigten, weil oberflächlich-halbherzigen Lebens, in dem der Mut und der Wille zu einer klaren Festlegung fehlte. Nur wenn wir uns zu einer kompromißlosen Entscheidung durchringen und dazu stehen, finden wir den Weg zu einem tiefen und beglückenden Erleben.

Im Bereich unserer persönlichen Beziehungen steht diese Karte für eine große Liebe, die uns zutiefst berührt und durchströmt. Sie hat weniger mit Verliebtheit zu tun, von der Erich Fromm zu Recht sagt, daß diese bestenfalls ein Maßstab unserer vorhergegangenen Einsamkeit sei[10]. Die Karte kann auf eine neue Verbindung hinweisen oder bedeuten, daß unser großes Glück in der bestehenden Partnerschaft hier und jetzt zu finden ist. Der wichtige Entscheidungscharakter dieser Karte macht deutlich, daß sich uns diese Quellen beglückender Erfahrung nur erschließen, wenn wir uns freiwillig »beschränken« und von Herzen bejahen, diesen Weg mit einem bestimmten Menschen zu gehen. Sicherlich wäre jeder zu diesem Schritt bereit, wenn ihm die Traumfrau oder der Märchenprinz doch nur begegnete. Diese Karte fordert uns auf, den Selbstbetrug zu beenden und zu erkennen, daß solche Traumfigur nicht fertig und vollkommen vor uns steht, sondern vielleicht in unserem Partner steckt, darauf hoffend und wartend, endlich entdeckt zu werden. Der Weg, der zu dem anderen Menschen führt, heißt: Die Entscheidung.

Platz 2

Sie haben die Angelegenheit bislang von einer liebevollen Warte aus betrachtet oder mit der großen Liebe gerechnet. Schauen Sie sich die Aussichten an, die Ihnen die Karte auf Platz 1 vor Augen führt. Wenn Sie bereit sind, diesen Weg zu gehen, sollten Sie alle Bedenken fallen lassen und sich eindeutig dazu entscheiden.

Platz 7

Erkennen Sie, daß die Situation von Ihnen eine klare Entscheidung verlangt und daß darin der Schlüssel zu tiefer Erfüllung liegt. Wenn das Entscheiden nicht gerade zu Ihren Stärken gehört, sollten Sie wissen, daß es immer noch besser ist, eine falsche als keine Entscheidung zu treffen.

Platz 3

Sie haben sich Erfüllung oder die große Liebe versprochen. Zumindest sind Sie mit dem Herzen bei der Sache gewesen. Vielleicht haben Sie schon gespürt, daß damit für Sie eine wichtige Entscheidung verbunden ist. Die Karten auf Platz 1 und 6 können Ihnen dazu aufschlußreiche Hinweise geben.

Platz 6

Sie stehen an einem Scheideweg, und die Richtung, die Sie jetzt einschlagen, kann für Ihr weiteres Leben bestimmend sein. Nutzen Sie diese große Chance, treffen Sie eine mutige Entscheidung. Vertrauen Sie darauf, daß Ihre Entscheidung schon allein dadurch richtig wird, indem Sie sich vorbehaltlos zu ihr bekennen und sie nicht ständig wieder in Frage stellen. Sagen Sie aus vollem Herzen: »Ja.«

Platz 4

Sie haben Ihr tiefes Interesse, vielleicht auch Ihre tiefen Gefühle gezeigt. Haben Sie auch überzeugend zum Ausdruck gebracht, daß Sie bereit sind, vorbehaltlos auf Alternativen zu verzichten und Ihr bisheriges Umfeld oder Ihre alte Lebensweise aufzugeben?

Platz 5

Gehen Sie voller Liebe an Ihr Vorhaben. Sagen Sie uneingeschränkt: »Ja!« Zeigen Sie Ihre Gefühle und daß Sie sich entschieden haben, alles andere hinter sich zu lassen, um von nun an nur für dies Eine offen zu sein. Zeigen Sie, daß Sie mutig und entschlossen sind, sich nicht von Krisen oder Enttäuschungen verunsichern zu lassen, sondern gerade dann um so entschiedener für Ihr Vorhaben eintreten.

VI

VII Der Wagen

Astrologische Entsprechung
Widder als der Aufbruch der Kräfte

Der WAGEN

Mythologisches Bild
Der Aufbruch des Sonnenhelden, aber auch sein Absturz; die Götter- und Heldensöhne Phaeton, Ikarus und auch Bellerophon, der das geflügelte Roß Pegasos reitet

I Ging Entsprechung
4 Mong / Die Jugendtorheit

Der Wagen steht für den großen Sprung nach vorn. Er zeigt, daß wir uns aus vertrautem Umfeld lösen und eigene Wege gehen. Dabei sind Freiheitsdrang, Ehrgeiz, die Suche nach dem verlorenen Paradies oder schlicht unser Geltungsbedürfnis die treibenden Kräfte. Der Wagen ist die einzige Tarotkarte, die den Aufbruch voller Zuversicht und Freude zeigt. In allen anderen Fällen ist der Abschied von Gefühlen der Schwere und der Angst gekennzeichnet. Hier jedoch geht es um forsches, unverzagtes Vorwärtsdrängen, um Unternehmungslust und große Risikobereitschaft. Die Karte zeigt hohe Geschicklichkeit an (das Lenken des Wagens), gleichzeitig aber auch Unerfahrenheit (das Betreten einer unbekannten Welt). Deshalb muß sie auch als eine Warnung verstanden werden, die eigenen Kräfte nicht zu überschätzen, nicht zu selbstsicher und euphorisch aufzutreten. Statt dessen sollten wir rechtzeitig zur Einsicht gelangen, daß wir noch viel zu lernen haben.

Im beruflichen Leben zeigt der Wagen, daß wir einen erheblichen Schritt nach vorne getan haben, eventuell sogar den beherzten Schritt in die Selbständigkeit. Er zeigt unser Streben nach Erfolg, unsere Durchsetzungskraft und -bereitschaft, unsere Unverzagtheit und Risikofreude. Damit steht er sowohl für den zuversichtlichen Beginn einer neuen Laufbahn wie auch für die Übernahme größerer Aufgaben und Verantwortung. Er zeigt, daß wir auf der Erfolgsspur sind, warnt uns aber gleichzeitig vor Rücksichtslosigkeit und Selbstüberschätzung.

Auf der Ebene des Bewußtseins steht der Wagen für ein noch junges, aber starkes Selbstbewußtsein, für die Loslösung von übernommenem Gedankengut, den Ausbau eines eigenen, uns gemäßen Weltbildes und für den kühnen Schritt, auch schwierigste Problemstellungen zu durchdringen. Dabei geht es häufig darum, innere Widersprüche, wie die Kluft zwischen Fühlen und Denken, Wille und Trieb, Wunsch und Wirklichkeit, zu überwinden.

In unseren persönlichen Beziehungen kann die Karte auf den Beginn einer neuen Verbindung hinweisen, die manchmal die allzu leichtfertige Ablösung aus einer alten, vertrauten Umgebung mit sich bringt. Sie kann aber auch bedeuten, daß innerhalb einer gewachsenen Beziehung ein »frischer Wind weht«, der sowohl alte Ermüdungserscheinungen beseitigt wie auch manche gewohnte Routine und Selbstverständlichkeit umwirft.

Platz 2

Sie haben einen forschen Standpunkt bezogen und sind zuversichtlich an die Sache herangegangen. Sie sehen sich in einer Aufbruchssituation und möchten die alten Dinge hinter sich lassen. Vielleicht waren Sie etwas zu schnell und unbedacht und haben Ihre Fähigkeiten überschätzt?

Platz 7

Gehen Sie entschlossen und zielstrebig an die Lösung Ihres Problems. Machen Sie sich frei von alten, nur zu vertrauten Sichtweisen, vor allem von Meinungen anderer, und versuchen Sie die Angelegenheit in einem neuen, Ihnen gemäßen Licht zu sehen. Erkennen Sie, daß Sie neue Wege gehen müssen.

Platz 3

Sie sind mit viel Mut und Risikofreude, manchmal auch etwas verwegen und riskant vorgegangen. Dabei ist Ihre Zuversicht sehr viel wert. Wahrscheinlich aber wird die Karte auf Platz 6 Sie auffordern, Ihr inneres Tempo, Ihre Euphorie etwas zu zügeln.

Platz 6

Fassen Sie sich ein Herz. Lösen Sie sich von alten Gewohnheiten und vertrauter Umgebung. Krempeln Sie alles um, gehen Sie zielstrebig und unverzagt Ihren eigenen Weg. Alle Widrigkeiten, inneren Konflikte, divergierenden Interessen und Standpunkte werden Sie mit der Zeit überwinden. Freuen Sie sich auf das Neue und Unbekannte, das Sie erwartet.

VII

Platz 4

Sie sind kämpferisch, ehrgeizig und erfolgsbewußt aufgetreten, Sie haben forsch und selbstsicher gewirkt. Sie haben alten Ballast abgeworfen. Vielleicht haben Sie etwas zu kräftig aufgetrumpft und durch ziemlich rücksichtslose Art andere provoziert?

Platz 5

Treten Sie überzeugt und selbstbewußt auf. Zeigen Sie Ihre Durchsetzungskraft und Gradlinigkeit. Geben Sie klar zu erkennen, daß Sie besonnen genug sind, Hindernisse als solche zu sehen und mit Rückschlägen zu rechnen. Zeigen Sie aber auch, daß Sie letztlich nichts mehr davon abbringt, den eingeschlagenen Weg zu Ende zu gehen.

VIII Die Kraft

Astrologische Entsprechung

Löwe im Sinne von Lebensbejahung,
Vitalität, Stolz, Lust und Leidenschaft

I Ging Entsprechung

26 Da Tschu / Des Großen
Zähmungskraft

Mythologisches Bild

Die nackt auf Löwen reitenden Göttinnen: Hebe, Gemahlin des hethitischen Sturmgottes; Heba, Gattin des Herakles. Oder die große babylonische Göttin Ischtar, die den Himmelsstier an die Leine nimmt, um ihn gegen Urduk, die Stadt des Gilgamesch, zu führen; die ohne Waffen den Löwen bezwingende griechische Nymphe Kyrene

Die Karte Kraft hat eine gewisse Verwandtschaft mit der Karte des Magiers (I). Ähnlich wie dort beruht auch hier die außerordentliche Stärke auf dem Geheimnis einer tiefen inneren Harmonie. Ist die große Einflußkraft des Magiers im harmonischen Einklang von bewußten und unbewußten Kräften begründet, so sind die Lebenskraft, der Mut und die Leidenschaft dieser Karte Ausdruck der Versöhnung des zivilisierten Menschen mit seiner animalischen Natur. Im Mythos wird dies eindrucksvoll geschildert in der Freundschaft zwischen Gilgamesch und seinem zuvor erbitterten Gegner Enkidu. Diese Karte macht deutlich, daß es nicht das Ziel sein kann, unsere Instinktnatur hinter einer blassen Tugend zu verbergen, sondern vielmehr den in uns lebenden, teils furchterregenden archaischen Kräften offen zu begegnen, um sie durch liebevolle Annahme und sanfte Gewalt allmählich zu zähmen. Auf diese Weise stehen uns nicht nur diese Urkräfte zur Verfügung, sondern auch alle Kraftreserven, die wir bislang verbraucht haben, um diese Instinkte zu unterdrücken.

Im beruflichen Erleben heißt diese Karte, daß wir uns voller Energie und mit wahrer Leidenschaft unseren Aufgaben widmen. Sie zeigt den Mut und die Unternehmungslust, die wir aufbringen können, wenn wir körperlich auf der Höhe sind, in unserem Vorhaben aufgehen und dabei freudig spüren, wie unsere Kräfte uns durchströmen. Damit zeigt die Karte eine Phase außerordentlicher Schaffenskraft, großer Motivation und im gleichen Maße auch Freude und Gelingen.

Auf der Ebene unseres Bewußtseins ist die Kraft ein Hinweis auf eine bedeutsame Wandlung, die sich aus ihrer alchemistischen Symbolik erklärt. Dort gilt der rote Löwe als das Mittel, mit dem niedere Stoffe in Gold verwandelt werden. Auf den Menschen übertragen heißt das, daß es unsere Aufgabe ist, die als niedere Instinkte gebrandmarkten Kräfte nicht zu verdammen oder zu verleugnen, sondern die Feindschaft zwischen unserem zivilisierten Bewußtsein und unserer animalischen Natur im eindrucksvollen dreifachen Sinne des Wortes »aufzuheben«: 1. Als »außer Kraft setzen« der Feindschaft, 2. als das »Bewahren« dieser Kräfte, um sie lebendig zu erhalten, und 3. als das »Hinaufheben« auf eine höhere Ebene, auf der sie sich nicht mehr als Gegensätze bekämpfen, sondern sich zu einer gemeinsamen, unschlagbaren Kraft verbünden.

Im Bereich unserer persönlichen Beziehungen kommt vor allem der Leidenschaftsaspekt dieser Karte zum Ausdruck. Sie zeigt damit Beziehungen, die von großer Lebendigkeit, von heißem Temperament und manches Mal auch von dramatischen Auftritten gekennzeichnet sind. Verbindungen dieser Art sind in aller Regel ein Hort der Kraft, aus denen wir viel Energie für unser Alltagsleben gewinnen, und nur in seltenen Fällen von der destruktiven Dramatik der Beziehung zwischen Carmen und ihrem Verehrer Don José.

Platz 2

Sie sind sich Ihrer Kraft bewußt und wissen auch, daß Sie für Ihr Vorhaben viel Energie, Mut und auch Risikofreude brauchen. Sie gehen davon aus, daß es Ihnen gelingen wird, wenn Sie sich mit ganzer Kraft dafür einsetzen. Nur wenn auf Platz 7 der Tod (XIII) oder die 10 der Schwerter liegt, sollten Sie von Ihrem Plan ablassen. Alle anderen Karten zeigen Ihnen dort, worauf Sie Ihre Kraft als nächstes richten sollen.

Platz 7

Erkennen Sie, daß Sie ein Feld der Kraft betreten, das zum einen Ihre ganze Aufmerksamkeit und Einsatzfreude verlangt, Ihnen andererseits aber auch viel Energie, Lebendigkeit und große innere Spannkraft gibt. Gehen Sie im Bewußtsein Ihrer Stärke kühn und wagemutig an Ihr Vorhaben, und wenn auch die Karten auf Platz 1, 5 und 6 ermutigend sind, dürfen Sie sich auf ein echtes Abenteuer einlassen.

Platz 3

Sie sind von Ihrem Vorhaben innerlich erregt und mit wahrer Leidenschaft bei der Sache. Sie möchten mutig Ihre ganze Kraft und Impulsivität beweisen, Ihren Enthusiasmus und Ihre Lust ausleben. Die Karte auf Platz 6 kann Ihnen zeigen, wie Sie die große Kraft Ihrer Gefühle am besten einsetzen können.

Platz 6

Lassen Sie in dieser Angelegenheit Ihre Leidenschaften zu einem großen Feuer entfachen. Gehen Sie kraftvoll und wahrhaft löwenherzig an Ihr Vorhaben. Genießen Sie die Lust, die es Ihnen bereitet, Ihre Stärke zu spüren. Seien Sie dort, wo es der Augenblick verlangt, wild und unbezähmbar.

VIII

Platz 4

Sie haben Ihre Stärke gezeigt und wirken stolz, mutig, unternehmungslustig, vielleicht auch stark erregt oder unbesiegbar. Wenn dies der Ausdruck Ihrer inneren Haltung ist, kann Sie nichts daran hindern, zum Ziel zu gelangen. Haben Sie aber nur den Starken gespielt, sollten Sie Ihr Auftreten schnell im Sinne der Karte auf Platz 5 verändern.

Platz 5

Zeigen Sie Ihren Mut, Ihre Willenskraft, Ihren Stolz und daß Sie in dieser Angelegenheit bereit sind, wie eine Löwin zu kämpfen. Gehen Sie mit Lust und Leidenschaft an Ihr Vorhaben, und vertrauen Sie darauf, daß Sie diesmal unbesiegbar sind.

IX Der Eremit

Der EREMIT

Astrologische Entsprechung

Saturn in Wassermann als das Streben
nach Weisheit und das Bewahren der
Unabhängigkeit

Mythologisches Bild

Nestor, der weise Ratgeber des
Agamemnon und anderer Heroen
im trojanischen Krieg

I Ging Entsprechung

52 Gen / Das Stillehalten, der Berg

Der Eremit ist die Karte der Zurückgezogenheit und der inneren Einkehr. Sie kennzeichnet introvertierte Lebensphasen, in denen wir uns gegen Fremdeinflüsse abschirmen, um abseits von Geschäftigkeit und vielen Menschen zur Ruhe und vor allem zu uns selbst zu kommen. Damit steht der Eremit für bedeutsame Erfahrungen, in denen wir erkennen können, wer wir sind, was wir wollen und wie wir dahin kommen. Er vereinigt in sich zwei wertvolle Extreme: die Tiefe des Erlebens und die Höhe der Erkenntnis. Zu Unrecht wird diese Karte von vielen Menschen gefürchtet. Nur dort, wo seine Qualitäten mißverstanden werden, kommt es zu Ängsten der Einsamkeit, der Verlassenheit. Wer dem Ruf des Eremiten bereitwillig folgt, wird sich bereichert finden an Klarheit, Kraft und der beglückenden Erfahrung, mit sich allein sein zu können.

Im beruflichen Erleben steht der Eremit für eine Zeit der Selbstbesinnung, in der wir uns darüber Klarheit verschaffen, was wir beruflich wirklich erreichen wollen. Das kann zu einer völligen Umbewertung aller bisherigen Vorstellungen über Erfolg, Anerkennung, Prestige, Engagement, Geld und Aufgabenbereiche führen. In jedem Fall führen uns diese Erkenntnisse ein wesentliches Stück näher zu unseren wirklichen Bedürfnissen und unserer wahren Berufung. Mit der Klarheit und Eindeutigkeit dieser Erkenntnis geht neben großer Charakterfestigkeit eine tiefe innere Gewißheit einher, dank derer wir diese neugewonnenen Ziele auch Stück für Stück in die Tat umsetzen. In manchen Fällen steht der Eremit für das Berufsbild selbst und zeigt, daß Ernsthaftigkeit, Ruhe, Bedächtigkeit und Alleinsein in einem wirtschaftlich bescheidenen Rahmen zu größerer innerer Zufriedenheit führen können als das erfolgreiche Mitspielen in der Konsumgesellschaft.

Auf der Ebene unseres Bewußtseins bedeutet diese Karte, daß wir uns zurückziehen, um frei und unbeeinflußt von Meinungen anderer uns selbst näher zu kommen. Der Eremit steht damit häufig für Zeiten, in denen wir für wenige Tage oder einen ganzen Urlaub lang die Abgeschiedenheit suchen, um konzentriert an einer Aufgabe oder einem Problem zu arbeiten oder in ruhevoller Wachheit abzuwarten, bis sich die rechten Erkenntnisse von selbst einstellen. Diese Zeiten der Stille werden oft wirkungsvoll begleitet von Askese, Fasten, Meditation, Schweigen oder spirituellen Übungen. Das Ergebnis solcher Erfahrungen ist ein großer Zuwachs an Lebensweisheit, Mut, Kraft und Eindeutigkeit.

In unseren persönlichen Verbindungen ist diese Karte ambivalent, weil sie auch für die Vereinsamung innerhalb einer Beziehung stehen kann. Ihre Hauptbedeutung liegt auch hier in der tiefen Erkenntnis und der Gewißheit darüber, was uns im Beziehungsleben wirklich wichtig ist. Sie führt häufig zu reiferen Formen der Liebe, zu freiwilliger Selbstbeschränkung zu Gunsten einer tiefer erlebten Zweisamkeit. Sie kann ebenso für die weise Einsicht stehen, daß eine der besten Voraussetzungen für eine intensive Beziehung in der Fähigkeit beider Partner liegt, auch allein sein zu können.

Platz 2

Sie haben die Angelegenheit bislang ernst und bedächtig betrachtet und versucht, zu einer eindeutigen Haltung zu kommen. Vielleicht waren Sie auch reserviert und schweigsam. Die richtige Erkenntnis über Ihre weitere Vorgehensweise müßten Sie eigentlich jetzt haben. Trotzdem kann Ihnen die Karte auf Platz 7 noch eine Anregung geben.

Platz 7

Machen Sie sich frei von Meinungen und Wertvorstellungen anderer, und kommen Sie zu Ihrer eigenen Sicht der Dinge. Gehen Sie konzentriert und gründlich vor, und lassen Sie keinen Zweifel an Ihrer Ernsthaftigkeit aufkommen. Vielleicht hilft es Ihnen dabei, sich für eine Weile zurückzuziehen. Bleiben Sie reserviert und charakterfest.

Platz 3

Sie sind besonnen und zurückhaltend. Vielleicht haben Sie auch enthaltsam und bescheiden gelebt. Entweder konnten Sie diese Zeit innerer Einkehr mit Freude am Alleinsein genießen, oder Sie haben unter der Einsamkeit gelitten und sich in selbstzweiflerisches Grübeln zurückgezogen.

Platz 6

Ziehen Sie sich zurück, und gehen Sie in sich. Sie müssen den Dingen auf den Grund gehen, um zu klarer, innerer Gewißheit über Ihr Vorgehen zu gelangen. Grenzen Sie sich ab, damit Sie nicht von Wünschen und Vorstellungen anderer beeinflußt werden. Suchen Sie die Stille, die wie kaum etwas anderes das Gefühl unendlicher Räume in uns weckt und dabei zu völlig neuen Sichtweisen führen kann.

Platz 4

Sie sind bedachtsam und bescheiden aufgetreten. Sie haben gezeigt, daß Sie mit Ernsthaftigkeit und Konzentration Ihr Vorhaben verfolgen. Vielleicht haben Sie auch durch Lebensklugheit überzeugt. Oder Sie wirkten vereinsamt, vielleicht sogar verbittert oder zeigten sich als Sonderling, als seltsamer Eigenbrötler.

Platz 5

Seien Sie glaubwürdig und zeigen Sie, daß Sie in dieser Angelegenheit mit Ernst und Selbstdisziplin Ihren eigenen Weg gehen. Wenn Sie sich Ihres Weges noch nicht sicher sind, sollten Sie sich zurückziehen und die innere Einkehr suchen. Seien Sie genügsam, fasten und meditieren Sie, bis Ihre innere Stimme Ihnen die Richtung weist.

IX

X Das Schicksalsrad

RAD des SCHICKSALS

Astrologische Entsprechung
Saturn in seiner Funktion als Herr der Zeit und als Lehrmeister

Mythologisches Bild
Die Schicksalsgöttin Tyche oder Fortuna (von vortumna = »die, die das Jahr [Rad] umdreht«)

I Ging Entsprechung
50 Ding/Der Tiegel

Je nach der Art, wie wir unserem Schicksal gegenübertreten, erleben wir das Schicksalsrad entweder als Ausdruck unserer Macht- und Hilflosigkeit oder als Hinweis auf eine Lebenserfahrung, an der wir wachsen und reifen können. Auf der Ereignisebene zeigt das Rad in der Tat häufig Situationen, auf die wir zunächst keinen Einfluß haben. Der Abschwung des Rades heißt dann, daß unsere Vorhaben einfach nicht gelingen wollen. Das Wetter, der Straßenverkehr, ein Fluglotsenstreik, die Tücke des Objekts oder eine andere »höhere Gewalt« machen unsere Pläne zunichte. Das Rad der Zeit zeigt uns dann, daß es (noch) nicht an der Zeit ist, unser Vorhaben zu verwirklichen. Die Karten auf den übrigen Plätzen können in diesem Fall wertvolle Hinweise dafür geben, wie wir zur anderen, aufsteigenden Seite des Rades gelangen können. Sie steht für glückliche, angenehme, auch überraschende Wendungen.

Im beruflichen Erleben zeigt die Karte in der Regel ebenfalls zunächst Machtlosigkeit und nicht selten die Eintönigkeit gleichförmiger Routine. Aber gerade hier verlangt das tiefere Verständnis der Karte Einsicht in die zugrunde liegende Bedeutung. Das Joch, das wir spüren, macht uns mürbe und schafft damit in uns die Bereitschaft, unser Schicksal selbst in die Hand zu nehmen. Damit weist das Rad auf große Wandlungen hin, die uns bevorstehen und zu deren Verwirklichung wir schicksalhaft gezwungen werden. Je bereitwilliger wir dieses Schicksal annehmen, um so mehr können wir es gestalten, es als unsere wirkliche Berufung erfahren und dabei auch der hilfreichen, förderlichen Seite des Rades begegnen. Zeigen die übrigen Karten, daß wir uns bereits auf der aufsteigenden Seite des Rades befinden, dürfen wir die Gunst der Stunde nutzen und Erfolg, Beförderung und andere Vorteile erlangen. Weisen sie aber auf die andere, die

absteigende Seite, müssen wir uns für ein gründliches Verständnis unserer Situation öffnen, um hinter einem scheinbaren Mißerfolg, einem Verlust oder einer Kündigung zu erkennen, auf welchen Weg uns unser Schicksal führen will.

Auf der Ebene unseres Bewußtseins bedeutet das Schicksalsrad, daß wir aufgefordert sind, Verständnis für Notwendigkeiten zu entwickeln, uns damit auseinanderzusetzen, daß das Rad der Zeit uns immer wieder zwingt, uns zu entwickeln, zu wachsen. Ohne diese Gesetzmäßigkeit, die nur scheinbar außerhalb unserer selbst liegt, würden wir leicht in Bequemlichkeit verharren. Das Schicksalsrad aber konfrontiert uns immer wieder mit Erfahrungen, die wir bewältigen müssen, um an ihnen zu reifen.

In unseren persönlichen Beziehungen sehen wir uns bei dieser Karte häufig dem Status quo ausgeliefert. Sei es, daß wir keinen Lebensgefährten haben oder in einer problematischen, unbefriedigenden Beziehung leben. Auch hier gilt es zu erkennen, was wir dabei zu lernen haben, bevor wir mit der erfreulichen Wende zur Aufwärtsbewegung rechnen dürfen.

Platz 2

Bisher haben Sie Ihre Situation als etwas betrachtet, worauf Sie wenig Einfluß haben. Wenn überhaupt, haben Sie auf die Gunst der Stunde gehofft, die Ihnen ein Gelingen ermöglichen könnte. Wenn Sie ein tieferes Schicksalsverständnis haben, sahen Sie vielleicht, daß es bislang nicht an der Zeit war, Ihr Vorhaben zu verwirklichen, weil Sie noch Zeit brauchten, um zu höherer Einsicht zu gelangen.

Platz 7

Machen Sie sich bewußt, daß die Situation, vor der Sie stehen, Sie auf den Weg Ihres Schicksals führt. Versuchen Sie nichts zu erzwingen. Sie dürfen aber auch nicht resignieren. Tiefes Verständnis für die Bedeutung dieser Erfahrung ist der sicherste Weg, zu glücklicher Wendung und neuem Wachstum zu gelangen. Bei alltäglichen Fragen heißt diese Karte: Erkennen Sie, daß es noch nicht an der Zeit ist zu handeln.

Platz 3

Sie haben das Gefühl, den Höhen und Tiefen Ihres Erlebens ausgeliefert zu sein, und setzen Ihr Hoffen und Bangen ganz auf die Macht des Schicksals. Vielleicht spüren Sie bereits, daß hinter diesem vordergründigen Gefühl ein tiefes Wissen um die Bedeutung Ihrer Situation liegt. Die Karten auf Platz 1 und 6 können Ihnen sagen, ob es jetzt nicht an der Zeit ist, Ihren weiteren Weg aktiver und selbstbestimmender zu gestalten.

Platz 6

Erfühlen und erfahren Sie die Bedeutsamkeit des Erlebens, das Ihnen bevorsteht. Nehmen Sie Ihr Schicksal, Ihre Aufgabe bereitwillig an. Das ist der verläßlichste und kürzeste Weg zur aufsteigenden, glückverheißenden Seite des Rades. Wenn die Karten an den Plätzen 1, 5 und 7 Erfreuliches zeigen, sollten Sie eine Spekulation wagen.

Platz 4

Sie haben mit Ihrem bisherigen Auftreten gezeigt, daß Sie in dieser Angelegenheit nichts tun können und Ihr Wohl und Wehe von Dingen abzuhängen scheint, auf die Sie keinen Einfluß nehmen können. Vielleicht war es für Sie nur bequemer, fatalistisch zu sein, statt die Entwicklung selbstverantwortlich in die Hand zu nehmen?

Platz 5

Zeigen Sie in Ihrem Auftreten, daß Sie gewillt sind, Ihrem Schicksal aufrecht entgegenzutreten. Versuchen Sie nicht, sich durch unnötiges Hin und Her abzulenken. Gehen Sie statt dessen Schritt für Schritt Ihren Weg. Nach C. G. Jung drückt das Rad (als Ursymbol) die Tugenden der Standhaftigkeit, des Gehorsams, Maßhaltens, Gleichmuts und der Demut aus[11].

XI Die Gerechtigkeit

GERECHTIGKEIT

Astrologische Entsprechung

Jupiter/Mars als die Urteilskraft und Venus in Waage im Sinne von Fairneß und Ausgewogenheit

Mythologisches Bild

Die griechischen Horen: Dike (Recht) und Eunomia (Gesetzlichkeit)

I Ging Entsprechung

21 Schï Ho / Das Durchbeißen, die Reform

Die Karte Gerechtigkeit beinhaltet mehrere Themenkreise. Sie steht für die klare, objektive Erkenntnis, für das bewußt und entschieden getroffene Urteil, für Unbestechlichkeit, Ausgewogenheit und Fairneß und zeigt, daß wir zu unserem Recht kommen. Auf der alltäglichen Ebene sagt sie aus, daß wir die Umwelt wie unser Echo erleben und im Guten wie im Schlechten mit den Folgen unseres Tuns konfrontiert werden: Dort, wo wir uns aufrichtig und fair verhalten, werden unsere Handlungen anerkannt und entsprechend honoriert; wo wir aber mit fragwürdigen Mitteln Vorteile erschleichen wollen, werden wir scheitern. Damit drückt diese Karte auch ein hohes Maß an Selbstverantwortlichkeit aus. Sie zeigt, daß uns nichts geschenkt, aber auch nichts vorenthalten wird, daß wir damit für all das, was wir bekommen und erleben, allein und selbst die Verantwortung tragen.

Im beruflichen Umfeld bedeutet »Die Gerechtigkeit«, daß wir uns zum einen über unsere Aufgabenstellungen und Ziele Klarheit verschaffen und aus dieser nüchternen, auch selbstkritischen Erkenntnis heraus zu einem klareren Urteil über unsere weitere Vorgehensweise gelangen. Sie zeigt ferner, daß wir mit einer fairen und ausgewogenen Behandlung oder Beurteilung rechnen dürfen, aber Fehlschläge dort erleben, wo wir versuchen, zu täuschen, zu mogeln oder uns in anderer Form unaufrichtig zeigen. Insofern steht diese Karte auch für faire Geschäftspraktiken und deren angemessene Honorierung.

Auf der Ebene unseres Bewußtseins zeigt die Gerechtigkeit, daß wir uns in einer Phase der Ernüchterung und Versachlichung befinden. Es ist eine Zeit, in der wir aufrichtig bemüht sind, uns ein klares Bild zu verschaffen und eine vorurteilsfreie Meinung zu Problemen zu finden, mit denen wir konfrontiert sind. Dabei sind nicht unsere Gefühle und Empfindungen entscheidend, sondern unser logisch arbeitender Verstand.

Im Bereich unserer persönlichen Beziehungen hebt diese Karte vor allem das Prinzip von Fairneß und Ausgewogenheit hervor. Sie zeigt jedoch nicht unbedingt Entspannung und Gelassenheit an, sondern auch festgefahrene Fronten. Sie kann sowohl Kräfteparität im harmonischen Sinne wie auch das Gleichgewicht des Schreckens ausdrüken. Ihre Hauptbedeutung in diesem Bereich liegt im Bild der ausgewogenen Entsprechung: »Wie man in den Wald hineinruft, so schallt es auch wieder heraus.«

Platz 2

Sie haben bislang um eine klare Erkenntnis, um ein objektives Urteil gerungen. Dabei sind Sie bewußt, nüchtern und sachbezogen vorgegangen. Inzwischen müßten Sie zu einem schlüssigen Ergebnis gekommen sein. Sollten Sie sich dessen aber nicht sicher sein, waren Sie vermutlich nicht selbstkritisch genug.

Platz 7

Erkennen Sie, daß es in dieser Angelegenheit nur auf Ihr eigenes Verhalten ankommt und Sie für das Ergebnis ganz allein die Verantwortung tragen. Gehen Sie unparteiisch und nüchtern vor, bemühen Sie sich um ein vorurteilsloses, ausgewogenes Bild. Formen Sie daraus ein faires und redliches Urteil, das Sie entschlossen und konsequent durchsetzen. Sie werden später ernten, was Sie jetzt säen.

Platz 3

Sie haben auf die Gerechtigkeit vertraut und sich um Ausgewogenheit und Fairneß bemüht. Vielleicht aber haben Sie die Gerechtigkeit auch gefürchtet und spüren Ihr schlechtes Gewissen. In Ihrem Innersten wissen Sie genau, daß Sie nicht mogeln dürfen; Sie schaden sich damit letztlich selbst.

Platz 6

Machen Sie sich frei von Vorurteilen, und gehen Sie streng und selbstkritisch auch mit sich selbst ins Gericht. Wenn Sie spüren, daß Sie möglicherweise mit unangenehmen Folgen aus früherem Fehlverhalten konfrontiert werden, sollten Sie diese Gefühle nicht verdrängen. Fassen Sie statt dessen den Stier bei den Hörnern, und klären Sie den Sachverhalt auf. Seien Sie besonnen und auf Fairneß bedacht, versuchen Sie niemanden zu übervorteilen.

Platz 4

Sie haben nüchtern und aufrichtig gewirkt und den Eindruck erweckt, daß Ihnen viel an einer ausgewogenen und ehrenvollen Lösung liegt. Wenn die Karten auf Platz 2 und 3 dieses Auftreten rechtfertigen, sollten Sie sich von niemandem darin beirren lassen. Andernfalls scheint es sich eher um Selbstgerechtigkeit und Prinzipienreiterei zu handeln.

Platz 5

Treten Sie gewissenhaft, besonnen und ehrlich auf. Zeigen Sie, daß Sie unbestechlich sind und daß Sie sich nicht zu vorschnellen Entschlüssen und Urteilen hinreißen lassen. Setzen Sie Ihre ganze Kraft zu Gunsten einer redlichen, angemessenen Lösung ein. Das bedeutet auch, daß Sie sich nicht selbst verraten oder unter Ihrem Preis verkaufen.

XI

XII Der Hängende oder der Gehängte

Der GEHÄNGTE

Astrologische Entsprechung

Fische im Sinne des Opfers und der Erleuchtung. Sonne im 12. Haus als das Gefangensein und die Lebensumkehr auf Grund tiefer Einsicht

Mythologisches Bild

Alle angeschmiedeten oder gehängten Heroen: Prometheus am Kaukasus, Odin an der Weltesche Yggdrasil, Attis an der Kiefer und Schemchasai am südlichen Himmel als das Sternbild Orion. Aber auch Jonas im Bauch des Fisches

I Ging Entsprechung

12 Pi / Die Stockung

Der Gehängte bedeutet vordergründig gesehen, daß wir festsitzen und in der Klemme stecken. Bei gründlicher Betrachtung jedoch liegen in der äußeren Unbeweglichkeit dieser erzwungenen Ruhe sowohl Notwendigkeit wie Gelegenheit, durch tiefgründiges Erfassen zu gewandelter Weltsicht und zu einer Lebensumkehr zu gelangen. Die Passivität, zu der wir in solchen Phasen verurteilt sind, wird am besten am Bild einer Krankheit deutlich, die in der Tat auch oft durch diese Karte angezeigt wird. Zu dem vom Gehängten ausgedrückten Erleben sagt C. G. Jung: »Hängenbleiben kann (...) sogar ein positiv zu bewertendes ›hanging on‹ sein, welches zwar einerseits eine scheinbar unüberwindliche Schwierigkeit bedeutet, andererseits aber eben deshalb jene einzigartige Situation darstellt, welche die größte Anstrengung erfordert und darum den ganzen Menschen auf den Plan ruft.«[12]

Im beruflichen Erleben bedeutet diese Karte zunächst Stagnation und damit erhebliche Verzögerung, wenn nicht Verhinderung unserer Vorhaben. Projekte geraten ins Stocken, Beförderungen werden nicht ausgesprochen, die Suche nach einem neuen Tätigkeitsbereich erweist sich als vergeblich, wichtige Planungen können nicht verwirklicht werden. Bei all dem kommt der Stillstand nur selten als eine plötzliche Überraschung. Es sind anfangs eher lästige, verzögernde Kleinigkeiten, über die wir uns zwar ärgern, die wir jedoch nicht wichtig nehmen. Ihre Summe erst läßt die Entwicklung immer langsamer werden und bringt sie schließlich zum Stillstand. Weder Beharrlichkeit noch aggressiv forciertes Handeln erweisen sich als ergiebig. Der einzige Ausweg aus der Lage ist die tiefe Einsicht, daß wir uns verirrt haben. Erst in Verbindung mit unserer Bereitschaft umzudenken und umzulernen lösen sich die Schwierigkeiten. Dabei sind es häufig die erwähnten Kleinigkeiten, die wir übersahen, die uns zur richtigen Einsicht führen können.

Auf der Ebene des Bewußtseins drückt diese Karte ebenfalls eine Krise aus. Wir haben uns in eine feste Vorstellung verrannt und müssen nun erkennen, daß wir nicht weiterkommen. Gerade in diesem Bereich aber liegt auch die ganze Größe der Karte. Häufig ist es zum Beispiel eine Krankheit oder auch eine Phase langer Arbeitslosigkeit, die uns so lange mürbe macht, bis wir bereit sind umzudenken und zu einer neuen Weltsicht oder zu einer völlig neuen Umgebung und einem neuen Betätigungsbereich zu kommen. Wenn wir zwar erkennen, daß wir in der Klemme stecken, aber nicht sehen, was wir falsch gemacht haben oder aufgeben müssen, hilft nur Ruhe und geduldiges Hinsehen. Wenn wir das Problem lange genug einfach angeschaut haben, meldet sich unweigerlich eine Erkenntnis, die uns klarmacht, was wir bislang übersehen haben.

In unseren persönlichen Beziehungen zeigt diese Karte oft ihre bedrückendste Seite. Wir sitzen in unserer jeweiligen, durchweg als unangenehm empfundenen Situation fest. Sei es, daß wir ohne feste Verbindung leben und uns vergebens darum bemühen, zu einer vertrauensvollen Partnerschaft zu gelangen, sei es, daß wir uns in eine schwierige Verbindung verstrickt haben und vergeblich versuchen, auszubrechen. In jedem Fall heißt es auch hier: Wir müssen umdenken und zunächst zu verstehen suchen, was wir falsch gemacht oder gesehen haben, bevor sich die Zwickmühle dann wie von selber löst.

Platz 2

Es ist Ihnen bewußt, daß Sie festsitzen und daß sich die Verwirklichung Ihrer Pläne schon erheblich verzögert hat. Haben Sie dabei bemerkt, daß Sie völlig umdenken und eine Einsicht akzeptieren müssen, die Sie bislang auf keinen Fall wahrhaben wollten? Eine wichtige Anregung dazu kann Ihnen die Karte auf Platz 7 geben.

Platz 7

Sie müssen erkennen, daß Sie in die Klemme geraten, wenn Sie Ihre bisherige Sichtweise nicht auf den Kopf stellen. Sie waren vielleicht zu voreilig. In jedem Fall haben Sie etwas Wichtiges übersehen. Nehmen Sie sich Zeit, und stellen Sie sich auf eine langwierige Entwicklung ein. Ob sich die Angelegenheit letztlich positiv entwickeln wird, hängt ganz von Ihrer Bereitwilligkeit ab, feste Vorstellungen aufzugeben und sich neu zu orientieren. Am besten nutzen Sie die nun fällige Pause zur Meditation. Einen wichtigen Hinweis auf die mögliche Entwicklung gibt Ihnen die Karte auf Platz 1.

Platz 3

Sie fühlen sich gefangen oder wehrlos und spüren, daß Sie blockiert sind und Ihr Vorhaben nicht vorankommt. Vielleicht fühlen Sie sich schon sehr matt und erschöpft. Sie können sich aus dieser Gefangenschaft nur befreien, wenn Sie einem Gefühl nachgeben, das Sie bislang hartnäckig unterdrückt haben. Einen wichtigen Ausweg zeigt Ihnen die Karte auf Platz 6.

Platz 6

Es ist Zeit für eine Lebensumkehr. Den Weg, den Sie bislang beschritten haben, dürfen Sie nicht weitergehen. Er ist eine Sackgasse, an deren Ende Sie vergebens einen Ausgang suchen. Bremsen Sie Ihre Impulse, bevor es zu spät ist und Sie selbst in der Falle stecken. Üben Sie sich in Geduld, Sie können jetzt nichts erzwingen. Machen Sie aus der Not eine Tugend, und nutzen Sie die fällige Pause, um innerlich zur Ruhe zu kommen. Dabei wird Ihnen ganz von selbst klar, was Sie tun müssen.

XII

Platz 4

Man sieht, daß Sie erschöpft, abgekämpft oder krank sind. Ihr bisheriges Auftreten führte nur zu Fehlschlägen, die Sie vielleicht schon etwas abgestumpft und apathisch gemacht haben. Lassen Sie sich trotz alledem nicht »hängen«. Der Gehängte weist Ihnen vielmehr den Weg zu tiefer Selbsterkenntnis, zu der Sie sich jetzt die Zeit nehmen sollten.

Platz 5

Zeigen Sie, daß Sie festsitzen, daß Sie müde oder krank sind. Zeigen Sie, daß Sie nun bereit sind zu warten, bis sich die Umstände und Ihre Einstellung geändert haben, und daß Sie grundsätzlich auch bereit sind, ganz von Ihrem Vorhaben zu lassen. Bringen Sie ein Opfer. Geben Sie etwas, das Ihnen in dieser Angelegenheit bislang sehr wichtig war. Das kann ein Zugeständnis sein, das Aufgeben einer alten Gewohnheit oder auch ein materielles Opfer. Vielleicht sagt Ihnen die Karte auf Platz 1 genauer, worum es sich handelt.

XIII Der Tod

Astrologische Entsprechung

Saturn im 8. Haus. Der Planet der Grenze, der Trennung und des Abschieds im Feld des Stirb und Werde

Mythologisches Bild

Die Brüder Thanatos (Tod) und Hypnos (Schlaf), Söhne der Nacht (Nyx)

I Ging Entsprechung

59 Huan / Die Auflösung

Der Tod bedeutet den Abschied, das große Loslassen, das Ende. Damit ist er wohl auch ein Wegbereiter für das Neue, das Kommende; die Karte selbst jedoch stellt uns zunächst das Ende vor Augen. Dabei kann es gut sein, daß es sich um ein von uns lang ersehntes, befreiendes Ende handelt, aber natürlich machen wir mit dem Thema dieser Karte auch unsere schmerzhaftesten Erfahrungen. Im Gegensatz zur 10 der Schwerter, die das willkürliche und damit auch vorzeitige Ende anzeigt, steht diese Karte immer für das natürliche Ende und heißt, daß es an der Zeit ist, etwas loszulassen. Zu Unrecht gehört der Tod zu den gefürchtetsten Karten. Die ewigen Schönfärber, die ihn nicht verstehen, deuten ihn nur als den Künder des Neuen und wollen uns um das tiefe Erleben des Abschieds bringen und um die damit verbundenen lebensbejahenden Erfahrungen. »Wir haben das Leben vom Sterben getrennt, und das Intervall zwischen beiden ist Furcht«, sagt Krishnamurti, und: »Sie können nicht leben, ohne zu sterben.«[13]

Im beruflichen Umfeld bedeutet der Tod in aller Regel das Ende unserer bisherigen Tätigkeit. Er fordert uns auf, von unseren Aufgaben oder unserer Position Abschied zu nehmen und uns innerlich leerzumachen, damit wir bereit sind für das andere, das uns erwartet. Wir sollten unser Augenmerk in dieser Situation nicht voreilig auf die Zukunft richten, sondern in Ruhe und Frieden mit der Vergangenheit abschließen und uns an dieser Stelle fragen, ob wir erfüllt haben, was man von uns erwartet hat. Nur so können wir mit diesem Gefühl der Erfüllung Abschied nehmen.

Auf der Ebene unseres Bewußtseins heißt diese Karte, daß wir am Ende eines Entwicklungsprozesses angekommen sind und nun unser altes Weltbild oder auch unsere alte Identität aufgeben müssen. Dabei handelt es sich häufig um Einstellungen, Ansichten und Überzeugungen, die nicht wirklich unserem eigenen Wesen entstammen, sondern in früherer Zeit von Eltern, Erziehern oder anderen Vorbildern entlehnt und oftmals kritiklos übernommen wurden. Es geht aber auch um selbstgefertigte Profile und wirkungsvoll aufgesetzte Masken, die nun abgerissen werden, damit das wahre Gesicht ans Licht kommt und sich entfalten kann. Auf tiefer Ebene bedeutet diese Karte, daß wir ein neues Bild vom Tod gewinnen, vielleicht in der Art, wie C. G. Jung es beschreibt: »Der Tod ist nämlich, psychologisch richtig gesehen, nicht ein Ende, sondern ein Ziel, und darum beginnt das Leben zum Tode, sobald die Mittagshöhe überschritten ist«[14].

In unseren persönlichen Beziehungen bedeutet der Tod, daß eine Entwicklungsphase dem Ende zugeht, womit häufig auch der Abschied von einem Weggefährten angezeigt ist. Selbst wenn diese Erfahrung sehr schmerzhaft ist, können wir ihr nicht entfliehen. Wir dürfen nicht versuchen, uns vor dem Abschied zu drücken oder ihn fluchtartig zu gestalten; denn wer auf der Flucht ist, wird schnell verflucht. Statt dessen sollten wir unserem Gefährten danken für die gemeinsam verbrachte Zeit und ihm in Freundschaft unser Lebewohl auf seinen weiteren Weg mitgeben.

Platz 2

Sie haben die Angelegenheit in Gedanken bereits beendet und abgeschlossen. Sie haben verstanden, daß es an der Zeit war, sich zu lösen. Die Karte auf Platz 1 zeigt Ihnen, ob Sie sich bereits dem Neuen zuwenden dürfen, und die Karte auf Platz 7 sagt, wie Sie dabei vorgehen sollen.

Platz 7

Erkennen Sie, daß Sie Abschied nehmen müssen. Trennen Sie sich von Ihren bisherigen Vorstellungen und Betrachtungsweisen. Je klarer und eindeutiger Sie sich lossagen, um so schneller und leichter werden sich neue Erkenntnisse für Sie ergeben, die Ihnen die Augen für die kommenden Entwicklungen öffnen.

Platz 3

Sie haben sich innerlich von der Angelegenheit gelöst und spüren wahrscheinlich noch den Schmerz des Abschieds. Lassen Sie ganz los, und seien Sie dankbar für die zurückliegende Zeit. Die Karte auf Platz 6 sagt Ihnen, ob Sie sich noch gedulden müssen oder sich schon für das Zukünftige öffnen können.

Platz 6

Sie müssen tief in Ihrem Inneren Ihre bisherigen Wünsche und Sehnsüchte loslassen. Nehmen Sie Abschied, und fragen Sie sich dabei, ob Sie erfüllt haben, was von Ihnen erwartet wurde. In diesem Fall sollten Sie trotz Ihrer Schmerzen die Gefühle der Erfüllung und der Dankbarkeit in sich groß werden lassen. Andernfalls müssen Sie prüfen, was Sie noch tun können, um diesen Abschied zu einem klaren und friedlich geklärten Ende werden zu lassen.

Platz 4

Sie haben sich getrennt, um neue Wege zu gehen. Noch aber sind Sie in der Phase des Abschieds. Nehmen Sie sich die Zeit und die Ruhe, die Sie brauchen, um Ihre vergangene Erfahrung wirklich abzuschließen. Die Karte auf Platz 5 kann Ihnen sagen, wie weit Sie damit schon gekommen sind. Die Karte auf Platz 1 gibt Ihnen einen Hinweis, was Sie als nächstes erwarten dürfen.

Platz 5

Es ist an der Zeit, unmißverständlich zu zeigen, daß Sie die Vergangenheit abschließen und neue Wege gehen. Bringen Sie die Angelegenheit zu einem klaren Ende. Lassen Sie los, und öffnen Sie Ihre Hände, damit das Neue Sie bereit und offen findet. Nehmen Sie bewußt Abschied, mit gebührender Dankbarkeit für die zurückliegenden Erfahrungen.

XIII

XIV Die Mäßigkeit

MÄSSIGKEIT

Astrologische Entsprechung

Venus im Sinne von Harmonie,
Ausgeglichenheit

Mythologisches Bild

Nemesis, griechische Göttin des rechten Maßes und Hüterin der göttlichen Ordnung

I Ging Entsprechung

15 Kïen / Die Bescheidenheit

Die Bedeutung der Karte Mäßigkeit wird verständlicher, wenn wir sie »das rechte Maß« nennen. Sie verkörpert den gesunden Gegensatz zu der ihr im Tarotspiel folgenden Karte des Teufels (XV), der die Unmäßigkeit darstellt. Harmonie, Ausgeglichenheit, Gelassenheit und Seelenfriede sind dagegen Merkmale, die die Mäßigkeit charakterisieren. Damit zeigt diese Karte das beglückende Erleben, gesund und in innerem Gleichgewicht zu sein, uns selbst gut zu behandeln und zu mögen und aus dieser Haltung heraus auch im harmonischen Einklang mit unserem Umfeld zu stehen. Vor entsprechendem Fragehintergrund steht diese Karte für Heilung und Genesung.

Im beruflichen Alltag bedeutet das, ausgeglichen und gelassen die uns gestellten Aufgaben zu bewältigen. Die Karte steht sowohl für eine freundliche, harmonische Arbeitsatmosphäre wie auch für einen Arbeitsrhythmus, bei dem wir ruhig und gelöst sind, ohne Unter- oder Überforderung. Aufgaben, die zu anderen Zeiten Streß und Hektik bedeuten, können jetzt entspannt und ruhig gelöst werden. Dieser Zustand hat nichts mit Faulheit, Interesselosigkeit, Schwäche oder gar Nachlässigkeit zu tun. Er ist im Gegenteil die kraftvolle Ruhe, aus der heraus zielgerichtet, sicher und wirkungsvoll gehandelt werden kann (wie das z.B. durch Zen in der Kunst des Bogenschießens gezeigt wird).

Auf der Ebene unseres Bewußtseins steht das rechte Maß für den harmonischen Einklang von Körper, Seele und Geist. Das bedeutet, daß wir mit uns selbst ins reine kommen, mit dem großen Ganzen im Einklang sind, still in uns ruhen, uns mögen und streberhaften Übereifer, quälende Selbstzweifel und schuldvolle Selbstanklage hinter uns gelassen haben. Aus diesem tiefen Erleben

heraus können wir ganz natürlich, ohne Ambitionen und Selbstgefälligkeiten, Frieden schaffen, andere zu ihrem Glück führen und selbst ein ganz gutes Beispiel sein.

In persönlichen Beziehungen zeigt diese Karte eine friedliche Phase glücklichen Einklangs, freundlicher und offener Begegnung und liebevoller Zuneigung. Diese Erfahrung gelingt nur in der Stille. Nicht vordergründig Aktivität, sondern innig erlebte Intimität, nicht äußerer Glanz und Glamour, sondern anmutsvolle Bescheidenheit sind die Qualitäten dieses Erlebens. Die Karte kann auch neue, erfreuliche Verbindungen ankündigen.

Platz 2

Sie haben die Dinge ruhig und gelassen betrachtet und sich durch nichts beirren lassen. Ihr Augenmerk ist auf Ausgeglichenheit gerichtet. Sie sind friedliebend und versöhnlich eingestellt. Bewahren Sie diese Haltung, und ergänzen Sie sie im Sinne der Karte auf Platz 7.

Platz 7

Betrachten Sie die Angelegenheit in Ruhe. Kommen Sie zunächst mit sich ins reine. Lassen Sie allen Hader und Neid, allen selbstquälerischen Zweifel und krankmachenden Ehrgeiz. Schließen Sie Frieden mit sich selbst und anderen. Gehen Sie Ihren Weg stillvergnügt und mit freundlicher Aufmerksamkeit. Sie haben nichts zu befürchten.

Platz 3

Sie haben die Angelegenheit bisher harmonisch erlebt. Sie waren ruhig und gelöst und haben Ihren Seelenfrieden bewahrt. Versuchen Sie, diesen Gleichmut beizubehalten, und lassen Sie sich nicht aus Ihrer Mitte reißen.

Platz 6

Suchen Sie in der Stille den Weg zu Ihrer Mitte, und lassen Sie sich nicht aus der Ruhe bringen. Bilder sind die Nahrung der Seele und Musik das Wasser, nach dem sie dürstet. Nehmen Sie sich die Zeit, und verwöhnen Sie sich damit, bis Sie glücklich und zufrieden sind.

XIV

Platz 4

Sie treten freundlich, entspannt und friedfertig auf. Auch wenn Sie vor die Öffentlichkeit treten, wirken Sie gelöst und fühlen sich im Einklang mit den anderen. Bewahren Sie diese ruhevolle Kraft, und ergänzen Sie sie in der Art der Karte auf Platz 5.

Platz 5

Zeigen Sie Ihr harmonisches Wesen, ihre Freude und Gelassenheit. Nehmen Sie sich Zeit. Vermeiden Sie in Ihrem Auftreten jede Form von Übertreibung, Dramatik oder Künstelei. Gehen Sie einfach, ehrlich und feinfühlig vor. Die wohltuende Ruhe, die Sie ausstrahlen können, gibt Ihnen und anderen Kraft.

XV Der Teufel

Der TEUFEL

Astrologische Entsprechung

Pluto in seiner Ausdrucksform als dunkle Macht

Mythologisches Bild

Der Versucher, der Fürst der Welt, die gefallenen Engel Schemchasai, Azazel, Helel, Samael und der gestürzte Morgenstern Luzifer, der mit Satan identifiziert wird; Judas der Verräter

I Ging Entsprechung

36 Ming I / Die Verfinsterung des Lichts

Von allen Tarotkarten läßt sich der Teufel (seiner Natur entsprechend) am schwersten erfassen, da er für jeden ein eigenes Gesicht trägt. Das Gemeinsame des von ihm gekennzeichneten Erlebens liegt in der Erfahrung von Abhängigkeit, Willenlosigkeit, dem Scheitern guter Vorsätze sowie Handlungsweisen, die gegen unsere Überzeugungen verstoßen. Der Teufel entspricht der dunklen Seite vieler Tarotkarten: Gegenüber dem Magier (I) ist er der Schwarzmagier. Er ist Teil der dunklen Seite der Hohenpriesterin (II), das scheinheilige und dem Materialismus huldigende Gegenprinzip zum Hohenpriester (V), die zu Machtkampf oder seelenloser Lüsternheit verkümmerte Seite der Liebenden (VI), der bestechliche oder selbstgerechte Schatten der Gerechtigkeit (XI). Er verkörpert die ungezügelte Gier der Kraft (VIII), die Maßlosigkeit im Gegensatz zum rechten Maß (XIV), er ist Herrscher über weite Teile der Mondlandschaft (XVIII). Als Versucher erscheint uns der Teufel natürlich zumeist in einer verlockenden Form. Die Karte zeigt, daß wir mit dem Feuer spielen und höllisch (!) aufpassen müssen, uns dabei nicht die Finger zu verbrennen. Auf einer tiefen Ebene bedeutet sie, daß wir im Umfeld der Frage mit unserer eigenen Schattenseite in Berührung kommen.

Im beruflichen Erleben heißt der Teufel, daß unsere moralische Stärke, unsere Überzeugungen und guten Vorsätze in Versuchung geführt werden. Dabei kann es sich um mögliche Geschäfte handeln, an denen wir gut verdienen, weil wir die Gutgläubigkeit oder das Unwissen des Geschäftspartners ausnutzen. Es kann aber auch sein, daß uns Aufgaben gestellt werden, die gegen unsere Prinzipien verstoßen (Waffen, Drogen, Umweltgefährdung usw.), wobei wir befürchten müssen, im Falle der Weigerung gutes Geld oder unseren Arbeitsplatz zu riskieren. Natürlich ist der Teufel auch hier gewitzt und gibt uns genügend »Hilfe«,

unser Gewissen zu beruhigen: Das unsaubere Geschäft bekommt ein weißes Gewand, sieht plötzlich wohltätig aus, und unsere Restbedenken werden mit der Henkersentschuldigung zerstreut »Wenn ich es nicht tue, wird sicher ein anderer das Geschäft machen«.

Auf der Ebene unseres Bewußtseins zeigt diese Karte, daß wir unsere dunklen Seiten kennenlernen. Das sind Erfahrungen, in denen wir uns unserer Unfreiheit und Abhängigkeit bewußt werden. Nur selten geht es dabei um Besessenheit, Macht- und Mordgelüste oder seelische Hörigkeit, die in ihrer Schwärze schon fast wieder faszinierend sein können. In der Regel sind es eher die häßlichen Alltäglichkeiten, das Schäbige, die heimlichen Laster, derer wir uns schämen, gerade weil sie so profan sind und wir sie trotzdem nicht lassen können: notorische Unzuverlässigkeit, unsinnige Alltagslügen, Kleptomanie oder Genußsucht, um nur einige zu nennen. Daneben steht die Karte aber auch für fixe Ideen, denen wir zwanghaft nachjagen, oder kann – völlig unkritisch gelebt – ein Weltbild ausdrücken, bei dem wir Furcht vor dem Bösen »da draußen« haben, ohne zu verstehen, daß wir dabei nur in den Spiegel unserer eigenen Seele schauen.

In unseren persönlichen Beziehungen hat der Teufel wohl seine »reizvollste« Seite. Hier sind seine vielversprechenden Versuchungen, prikkelnd, leidenschaftlich, sensitiv. In jedem Fall ist diese Karte aber auch hier als Warnung zu verstehen, daß wir mit dem Feuer spielen und uns schneller, als wir es ahnen, Schillers Worte erinnern werden: »Der Wahn ist kurz, die Reu ist lang.« Darüber hinaus kann die Karte natürlich auf alle unglücklichen Auswüchse von Beziehungen hinweisen wie seelische Verstrickungen und Hörigkeit, Tyrannei, grausame Lüsternheit und Erpressermentalität.

Platz 2

Sie wissen, daß Sie in dieser Angelegenheit nicht frei sind. Entweder sind Sie sich bewußt, daß Sie in Ihrer bisherigen Situation gebunden oder gar verstrickt sind, oder Sie sind von Ihrem Vorhaben derart fasziniert, daß es Sie magisch anzieht, auch wenn es gegen Ihre Grundsätze verstößt. Es kann auch sein, daß Sie bislang eine fixe Idee verfolgten oder von einem Gedanken besessen waren.

Platz 7

Machen Sie sich bewußt, daß Sie auf eine Erfahrung zugehen, in der Ihre moralische Stärke getestet wird. Glauben Sie bitte nicht, alle Risiken seien Ihnen schon längst bekannt. Der Teufel steckt nicht nur im Detail, er steht auch immer dort, wo wir ihn am wenigsten vermuten.

Platz 3

Sie spüren, daß ein großer Reiz Sie gefangen hält oder daß Sie sich aus anderen Gründen in dieser Angelegenheit gebunden, vielleicht sogar hörig fühlen. Sie haben die Möglichkeit, sich aus dieser Situation zu befreien. Werden Sie sich zunächst über die ganze Tragweite klar, indem Sie auch die noch uneingestandenen Dinge ans Licht holen, und gehen Sie dann konsequent den Weg, den Ihnen die Karten auf Platz 5 bis 7 vorschlagen.

Platz 6

Seien Sie äußerst vorsichtig. Diese Karte zeigt, daß Sie in Versuchung geführt werden. Wenn Sie mit dem Feuer spielen, müssen Sie unbedingt darauf achten, nicht zu weit zu gehen. Sie können dabei sehr leicht der Maßlosigkeit, einer Geschmacksperversion oder einer Abhängigkeit verfallen und vielleicht sogar erpreßbar werden.

Platz 4

Entweder sind Sie als der große Verführer aufgetreten oder Sie haben sich von Ihrer schlechten Seite gezeigt; vielleicht hat man Ihnen angesehen, daß Sie in diese Angelegenheit verstrickt sind und sich nicht frei fühlen, Ihren eigenen Überzeugungen nach zu handeln.

Platz 5

Zeigen Sie Ihre dunklen Seiten. Ihr Vorhaben wird Ihnen genügend Möglichkeiten geben, mit Ihrem Schatten in Berührung zu kommen. Nutzen Sie diese Gelegenheit, um die nicht integrierten Seiten Ihrer Persönlichkeit kennenzulernen, sie anzunehmen und zu erlösen.

XVI Der Turm

Der TURM

Astrologische Entsprechung

Uranus/Saturn als das plötzliche
Aufbrechen von Verkrustungen

Mythologisches Bild

Das Menetekel des Königs Belsazers;
oder die Entmannung des Titanen
Kronos durch seinen Sohn Zeus; der
Turmbau zu Babel, die Posaunen von
Jericho, der Untergang von Sodom
und Gomorrha

I Ging Entsprechung

51 Dschen / Das Erregende,
die Erschütterung

Der Turm zeigt, daß wir uns in einem Bereich
vermeintlicher Sicherheit eingemauert haben, der
plötzlich ins Wanken gerät. Dabei handelt es sich
durchweg um Strukturen und Dimensionen, die
uns zu klein und zu eng geworden sind. Davon
können Überzeugungen und Lebensgrundsätze
ebenso betroffen sein wie unser Sicherheitsdenken in beruflicher und finanzieller Hinsicht,
nicht zuletzt auch persönliche Freundschaften
und andere Partnerbeziehungen. In allen Fällen
steht der Turm für ein Konzept, das uns früher
einmal in wohltuendem Maße Sicherheit, vielleicht auch Geborgenheit gab, dem wir nun aber
entwachsen sind. In der Regel sind es überraschende Erfahrungen, manchmal wahre Geistes-
blitze, die das alte Konzept zusammenbrechen lassen. Da es dabei um die vermeintliche Basis unserer Sicherheit geht, werden diese plötzlichen Veränderungen zunächst häufig als Katastrophen
erlebt. Erst wenn der erste Schock überwunden
ist, spüren wir erleichtert, daß wir von altem Ballast befreit wurden. Dieser Durchbruch kann
durch eigene Erkenntnis wie auch durch ein äußeres Ereignis ausgelöst werden. Das I Ging sagt
dazu: »Das Gewitter mit Donner und Blitz überwindet die störende Spannung in der Natur.«

Im beruflichen Erleben zeigt der Turm, daß wir
aus zu engen Verhältnissen oder einem zu starren
Sicherheitsstreben herausgerissen werden, um uns
in einem lebendigeren Umfeld freier zu entfalten.
Das Umwälzende dieser Karte drückt sich dabei
in aller Regel in einer Kündigung aus, die wir entweder selbst aussprechen oder die man uns
ankündigt. Die Karte kann auch den Zusammenbruch eines Unternehmens anzeigen oder, in
weniger gravierenden Fällen, das überraschende
Scheitern fester Erwartungen. So bedrohlich uns
das unmittelbare Erleben auch erscheinen mag,
sobald wir uns aus den Trümmern befreit haben,
spüren wir mit erleichtertem Aufatmen, daß wir

einem, wenn auch vertrauten, Gefängnis entkommen sind.

Auf der Ebene unseres Bewußtseins zeigt diese
Karte jähe, zum Teil erschütternde Erkenntnisse,
die bisherige festgefügte Vorstellungen, Überzeugungen, vielleicht sogar unser ganzes Weltbild
wanken lassen oder umwerfen. Dabei handelt es
sich oft zunächst um unliebsame Einsichten, die
wir eventuell schon länger als (»böse«) Ahnungen
in uns getragen haben, aber erfolgreich unterdrük-
ken konnten. Jetzt, wo sie mit Gewalt in unser
Bewußtsein dringen, sprengen sie unsere starren,
vielleicht auch zwanghaften Vorstellungen und
hinterlassen von unseren bisherigen Sicherheits-
konzepten nur einen Scherbenhaufen. Häufig
wird uns erst im Rückblick klar, daß diese Phase
ein Durchbruch zu einer wirklich eigenen und
lebendigen Sicht der Dinge war; ein Einbruch in
die Freiheit, wie ihn Krishnamurti in seinem
gleichnamigen Buch eindringlich schildert[15]. Der
Turm kann ferner für ein revolutionäres Bewußtsein stehen und nicht zuletzt für das »Heureka-
Erlebnis«, die plötzliche Erkenntnis der richtigen
Lösung für ein lange unbewältigtes Problem.

Im Bereich unserer persönlichen Beziehungen
hat die Sprengkraft dieser Karte oft, aber nicht
notwendigerweise, etwas Zerstörendes. Sie zeigt
entweder den Umbruch, wenn wir uns zu sehr
festgeklammert haben oder aus falschem Sicherheitsstreben an einer Beziehung festhielten, die
dadurch letztlich nur noch ein Gefängnis war. Sie
kann aber auch bedeuten, daß wir uns hinter
Kälte, Starrheit und Unnahbarkeit eingemauert
hatten und uns nun plötzlich zutiefst berührt –
wenn auch angstvoll – einer Beziehung öffnen.

Platz 2

Sie hatten in jüngster Zeit Erkenntnisse, die Ihre bisherigen Betrachtungsweisen umgeworfen haben. Vielleicht sind Sie durch diese Bewußtseinsänderung noch völlig verwirrt und verunsichert. Versuchen Sie in diesem Erleben den wesentlichen Durchbruch zu erkennen, der Sie zu einer befreiten Sicht führen kann. Die Karte auf Platz 1 zeigt Ihnen, was sich an neuer Perspektive für Sie auftut, und die Karte auf Platz 7 kann Ihnen zeigen, ob das Unwetter inzwischen vorüber ist.

Platz 7

Machen Sie sich klar, daß Ihre bisherigen Strategien falsch waren, daß Sie im »Turm des falschen Bewußtseins« gefangen sind. Sie haben eine zu starre, zu engstirnige Einstellung oder sind zu sehr auf Ihre Sicherheit bedacht. Öffnen Sie sich dem Blitz der Erkenntnis, der Sie aus Ihren alten Strukturen befreien wird. Geben Sie plötzlichen Erkenntnissen und außergewöhnlichen Ideen in sich Raum, auch und gerade wenn Sie Ihnen umwerfend erscheinen. Trauern Sie Ihren alten Vorstellungen nicht nach, wenn diese zerbrechen. Sie werden zu einer neuen, erfrischten Haltung kommen.

Platz 3

Sie sind innerlich sehr erregt. Sie haben Panikgefühle, weil Ihre Schutzmauern, vielleicht sogar Ihre letzte Rückzugsmöglichkeit zusammengebrochen sind und Sie sich nun wehrlos und vogelfrei den Ereignissen ausgeliefert fühlen. Vertrauen Sie darauf, daß alles, was Sie jetzt verständlicherweise noch mit Erschütterung erleben, ein großer Durchbruch zu Freiheit ist. Die Karten auf Platz 1 und 6 können Ihnen zeigen, ob Sie schon bald dieses neue Lebensgefühl genießen werden.

Platz 6

Sie waren bislang nicht richtig dabei, Sie haben nicht mitgespielt, sondern sich hinter hohen Mauern versteckt und abgegrenzt. Jetzt ist es an der Zeit, alles zu riskieren. Sie sollten darauf gefaßt sein, daß die Ereignisse Sie zutiefst verunsichern werden und vieles, was Ihnen bislang Halt und Sicherheit gab, zusammenbricht. Aber Sie dürfen gewiß sein, daß hinter eingestürzten Mauern und Fassaden die Fülle des Lebens auf Sie wartet. Sie werden sehen, daß Ihr vermeintlicher Schutz ein Gefängnis war, aus dessen Kälte Sie nun durch die Trümmer zu wahrer und warmer Lebendigkeit kommen.

Platz 4

Der Boden unter Ihnen hat nachgegeben. Vielleicht hatten Sie den Eindruck, daß dieser Durchbruch Sie nach unten reißt. Sie werden sehen, daß es statt dessen ein Durchbruch nach vorne in eine ganz neue Richtung war, auch wenn es jetzt noch wie eine Katastrophe oder das große Scheitern aussieht. Wenn Ihnen diese Aussage befremdlich erscheint, sind Sie wahrscheinlich selbst der Blitz gewesen, der für andere eingeschlagen hat und dort verkarstete Strukturen zerschlug. Schauen Sie in beiden Fällen auf die 5. Karte, die Ihnen zeigen wird, ob Sie jetzt in ruhigere Fahrwasser kommen.

Platz 5

Lassen Sie die Bombe platzen. Sprengen Sie die Grenzen: Ihre eigenen und nötigenfalls auch die anderer. Lassen Sie sich nicht länger von eigenem Sicherheitsstreben oder von Schutzmauern anderer zurückhalten. Greifen Sie energisch durch, werden Sie zum Revolutionär. Gehen Sie dabei alle Risiken ein. Was immer Sie dabei verlieren, wird Sie nicht nachhaltig reuen. Sie tauschen es nur gegen größere Lebendigkeit und intensive Freiheit.

XVI

XVII Der Stern

Der STERN

Astrologische Entsprechung

Jupiter im 11. Haus im Sinne von
Zuversicht und Weitblick

Mythologisches Bild

Binah oder Sophia als das Prinzip der
höheren Vernunft oder die Sieben
Säulen der Weisheit – die Orakel-
priesterinnen der Isis

I Ging Entsprechung

61 Dschung Fu / Die innere Wahrheit

Der Stern ist die Karte der Hoffnung, der Weisheit und des Einblicks in höhere Zusammenhänge. Er zeigt, daß wir Dinge planen oder beginnen,
die weit in die Zukunft reichen und in deren positiven Verlauf wir berechtigte Hoffnungen setzen
dürfen. Dabei sind wir uns häufig in diesem Früh-
stadium der weittragenden Wirkung unseres Handelns noch gar nicht bewußt. Erst der Rückblick
macht uns klar, welche entscheidenden Weichen
in den Zeiten gestellt wurden, die durch den Stern
gekennzeichnet sind. Ähnlich wie bei der Saat
bedarf es einiger Zeit, um die fruchtbare Auswir-
kung der Handlung zu erkennen. In der traditionellen Deutung wurde der Stern als eine der drei
Schutzkarten[16] angesehen, die erfreuliches Gelingen verkünden.

Im beruflichen Umfeld heißt diese Karte, daß
wir am Anfang einer aussichtsreichen Tätigkeit
stehen. Damit können der Neubeginn einer aussichtsreichen Laufbahn oder andere zukunfts-
trächtige Vorhaben angezeigt sein. Projekte, Verhandlungen und Geschäftsanbahnungen, die
durch diese Karte gekennzeichnet sind, erweisen
sich als zukunftsreich und erfolgversprechend.

Auf der Ebene unseres Bewußtseins zeigt der
Stern, daß wir unsere Zukunft planen. Dabei geht
es um tiefe Einsichten in größere Zusammenhänge, durch die wir über die Enge unseres unmittel-
baren Gesichtskreises hinauswachsen. Es ist, als
nähmen wir eine Vogelperspektive ein, durch die
sich hochgetürmte Hindernisse überschauen lassen und die uns weite Ausblicke auf eine erfreuliche Zukunft eröffnet.

Im Bereich unserer persönlichen Beziehungen
zeigt der Stern verheißungsvolle Begegnungen
und glückverprechende Verbindungen an, die
anregend sind und Zukunft haben. Partnerschaf-
ten, die von dieser Karte gekennzeichnet werden,
stehen unter einem guten Stern.

Platz 2

Sie haben die Angelegenheit mit Zuversicht betrachtet und ihr weitreichende Chancen eingeräumt. Sie gehen davon aus, daß die Schritte, die Sie unternommen haben, aussichtsreich sind und für Sie auch in weiter Zukunft große Bedeutung haben. Ihr Weitblick ist sehr förderlich. Ob Sie diesen Optimismus auch weiterhin pflegen sollen, zeigt Ihnen die Karte auf Platz 7.

Platz 7

Öffnen Sie Ihre Augen, und werfen Sie einen Blick in die Zukunft. Machen Sie sich klar, daß Ihr Vorhaben weitreichende, angenehme Folgen hat, die Sie jetzt vielleicht noch nicht erkennen. Lösen Sie sich aus der Enge Ihrer bisherigen Betrachtungsweise, und verschaffen Sie sich einen großen Überblick. Er wird Ihnen Zuversicht geben.

Platz 3

Sie haben innerlich volles Vertrauen in die positive Entwicklung Ihres Vorhabens gesetzt. Mit der Kraft dieser Zuversicht ist Ihnen sicherlich schon manches gelungen. Prüfen Sie trotzdem die Karte auf Platz 1, die Sie warnen würde, wenn Sie sich falsche Hoffnungen machten.

Platz 6

Sie dürfen Ihre ganze Zuversicht und all Ihren Optimismus entfalten. Ihr Vorhaben wird gelingen und weit in die Zukunft reichen. Lassen Sie sich davon beflügeln. Entwickeln Sie ein Feingespür für die notwendigen Zeitabläufe, damit nicht unangebrachte Ungeduld die erfreuliche Entwicklung trübt.

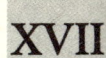

XVII

Platz 4

Sie sind optimistisch aufgetreten, haben sich umsichtig gezeigt und auch erkennen lassen, daß Sie am Erfolg Ihres Vorhabens nicht zweifeln. Ihre Ausstrahlung hilft Ihnen dabei. Trotzdem könnte Ihnen die Karte auf Platz 5 eine andere Vorgehensweise nahelegen.

Platz 5

Zeigen Sie Ihre Zuversicht und Ihren Glauben an die Zukunft. Gehen Sie voller Hoffnung Ihren Weg, und glauben Sie in dieser Angelegenheit an Ihren guten Stern. Verschaffen Sie sich eine möglichst große Übersicht, und beginnen Sie weitreichend zu planen. Ihr Vorhaben wird gelingen.

XVIII Der Mond

Der MOND

Astrologische Entsprechung

Mond in Skorpion als das dunkle
Wissen um die Abgründe der Seele
oder Sonne im 8. Haus als der Abstieg
in die Unterwelt

Mythologisches Bild

Das Labyrinth des Königs Minos
auf Kreta oder die Hadesreisen von
Orpheus, Odysseus, Herakles, Psyche
und Aeneas

I Ging Entsprechung

29 Kan / Das Abgründige, das Wasser

Die Mondkarte führt uns in den geheimnisvollen Bereich des Dunklen und der Nacht und in die Bilderwelt der Seele, zu unseren Ahnungen, Sehnsüchten, Träumen. Die helle Seite des Mondes bedeutet romantisches Träumen, lebhafte Phantasie und starkes Empfindungsvermögen. Die Karte zeigt aber eher die dunkle Seite, die Abgründe unserer Seele. Sie steht für Ängste, Unsicherheit, Alpträume, dunkle Ahnungen und zeigt das Grauen vor dem Unsichtbaren, Nichtfaßlichen. Diese Angst spüren wir, wenn wir nachts durch einen einsamen Wald gehen, den wir bei Tage unbesorgt durchqueren, der uns aber im Dunkeln das Fürchten lehrt. Oder es ist die Angst vor den Dämonen der Alten, die in unserer aufgeklärten Zeit neue Namen erhielten: Bakterien, Viren, Millirem, Becquerel, verbleite Luft, saurer Regen.

Im beruflichen Erleben bedeutet die Mondkarte Angst und Unsicherheit am Arbeitsplatz, tiefsitzende Befürchtungen, in Prüfungen zu versagen, keine Anstellung zu bekommen oder nicht den für uns richtigen Beruf zu finden. Dabei hat sie immer einen stark irrationalen Aspekt: Auch wenn wir uns in aller Ruhe klarmachen, daß es keinen wirklichen Grund zur Furcht gibt, bleibt die Angst. Das klamme Gefühl, Lampenfieber oder bedrückende Ahnungen lassen sich nur streckenweise mildern, aber nicht wegzaubern. Ihre Wurzeln liegen tiefer, und das Symptom, an das sie sich klammern, ist nicht Ursache, sondern Auslöser. Eine Bewältigung dieser Ängste ist deshalb nicht durch Vermeidung einer bestimmten Situation möglich. Unsere Angst würde sogleich ein neues Symptom finden, um sich daran aufzurichten. Nur der Weg in die eigene Tiefe, der Weg durch die Angst bietet die Aussicht, diese Gefühle an ihrer Wurzel zu heilen.

Auf der Ebene unseres Bewußtseins zeigt diese Karte eine große Chance und eine ebenso große

Gefahr. Es geht um eine Reise in die Tiefe, von der die Mythen eindrucksvoll als Nekyia, die Hadesfahrt, oder als Abstieg in die Unterwelt erzählen. Sie wissen die Schreckensbilder unserer Seele als »die Brut der Nacht« am anschaulichsten zu beschreiben. Jenen Ungeheuern zu begegnen und sie zu überwinden ist die schwerste Station auf jeder Heldenreise und damit auch die größte Herausforderung in unserem Leben. Die Gefahr, von der sie sprechen, lauert im Labyrinth, in dem wir uns verirren, im Zauberwald, in dem uns vermeintlich wohlgesonnene Gestalten verleiten, unseren Namen zu vergessen, oder in der verbotenen Speise der Unterwelt. Diese Bilder finden ihre bedenklichen Entsprechungen zum Beispiel dort, wo Therapie und Selbsterfahrung nicht mehr betrieben werden, um dem Alltagsleben besser gewachsen zu sein, sondern zu einem Selbstzweck werden, weil die Scheinwelt einer therapeutischen Gruppe erträglicher ist als die reale Welt. Eine andere große Gefahr ist das verniedlichte Spiel mit den Mächten des Unbewußten, das nicht nur große Geister mit dem Preis der geistigen Umnachtung bezahlen mußten. Die Stationen und Anstrengungen dieser Reise zeigt das Mythenspiel: Inannas Abstieg in die Unterwelt[17].

Im Bereich unserer persönlichen Beziehungen zeigt diese Karte am ehesten ihren verträumten, romantischen Charakter, der sehnsuchtsvolle Gefühle, Träume und Luftschlösser entstehen läßt. Daneben hat sie aber auch hier die Bedeutung von Unsicherheit und Ängsten. Sie kann für Beziehungen stehen, in denen wir mit Eifersucht, Verletzbarkeit oder Verlassenheitsängsten zu kämpfen haben. Damit zeigt sie die große Chance, diese frühkindlichen Erfahrungen bewußt zu machen und zu heilen. Sie kann natürlich auch bedeuten, daß die von ihr gekennzeichnete Verbindung ein Traum ist, zumeist aber ein Alptraum.

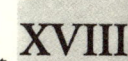

Platz 2

Sie sind irritiert und stehen Ihrem Vorhaben unsicher und angstvoll gegenüber oder haben sich kein klares Bild von der Angelegenheit machen können und befürchten, daß etwas Unerwartetes geschehen könnte. Die Karte auf Platz 1 sagt Ihnen, was Sie wirklich zu erwarten haben, Platz 5, was Sie tun können, und Platz 6, wie Sie Ihre Gefühle beruhigen sollten.

Platz 3

Sie machen sich Hoffnungen, aber wahrscheinlich viel mehr Ängste und Sorgen. Versuchen Sie diese »Schwächen« nicht zu überspielen, sondern stehen Sie dazu. Das ist der erste Schritt, sie zu lösen und daran zu wachsen. Die Karte auf Platz 6 kann Ihnen zeigen, wie Sie am besten dabei vorgehen.

Platz 4

Sie haben angstvoll, unsicher, besorgt und grüblerisch gewirkt oder aber romantisch, verträumt und sehnsuchtsvoll. In jedem Fall haben Sie Ihre Gefühle gezeigt, eventuell sogar mehr, als Ihnen selbst bewußt war.

Platz 7

Ergründen Sie die Tiefen Ihrer Seele. Sie werden dort erkennen, wo die Wurzeln Ihrer Unsicherheiten und Ängste liegen. Sie haben dabei die große Chance, sich selbst zu erfahren und Ihre Lebensängste aufzulösen. Sie können es auch mit der paradoxen Intention[18] versuchen, indem Sie aus Ihrem Angstsymptom einen Vorsatz machen. (Wenn Sie z. B. Angst haben zu erröten, gehen Sie in die Situation mit dem festen Vorsatz, so rot zu werden wie nie zuvor. Strengen Sie sich aus Leibeskräften an, den anderen zu zeigen, daß Sie wirklich feuerrot werden können.) Sie werden sich wundern, wo Ihre Angst geblieben ist.

Platz 6

Gehen Sie den Weg der Angst. Diese Angst ist nicht etwa ein Hinweis, daß Sie Ihr Vorhaben aufgeben sollten, sondern im Gegenteil ein verläßlicher Wegweiser, der Sie an das Ziel führt. Weichen Sie nicht aus, wenn das Grauen Sie erfaßt. Versuchen Sie auch nicht, dieses Gefühl zu unterdrücken oder zu bekämpfen. Halten Sie durch, und sagen Sie »Ja« zu Ihrer Angst. Sie wird sich auflösen.

XVIII

Platz 5

Zeigen Sie Ihre Unsicherheit, Ihre Ängste und Sorgen, und stehen Sie zu Ihren Gefühlen. Versuchen Sie nicht zu bluffen oder etwas zu überspielen. Haben Sie die Größe, auch Ihre Schwächen zu zeigen. Sie werden dadurch Sympathie und Verständnis gewinnen.

XIX Die Sonne

Astrologische Entsprechung

Sonne im 5. Haus im Sinne von Lebensfreude, Kreativität und spielerischem Vergnügen

Die SONNE

Mythologisches Bild

Die großen Sonnengötter Ra, Helios, Sol und die Mächte des Lichts; oder die Begegnung und Aussöhnung der ungleichen Brüder: Gilgamesch und Enkidu oder Parzifal und Feirefis

I Ging Entsprechung

24 Fu / Die Wiederkehr, die Wendezeit

Die Sonnenkarte ist Ausdruck von großer Lebensfreude, Vitalität, Wärme und Zuversicht. Sie steht auch für die erhellenden Kräfte des Bewußtseins, mit denen wir zur Klarheit gelangen und Sorgen, Irritationen und unheimliche Ängste überwinden. Darüber hinaus ist sie Sinnbild jugendlicher Frische und des Gefühls, wie neugeboren zu sein. Sie kennzeichnet die Sonnenseite des Lebens. Auf einer tieferen Ebene fordert sie uns auf, die Dunkelheit in uns zu überwinden, unsere Sonnennatur zu entfalten, unseren dunklen Bruder oder unsere dunkle Schwester zu erlösen und ans Licht zu bringen.

Im beruflichen Erleben bedeutet die Sonne, daß uns unsere Arbeit Spaß macht und wir mit Erfolg, großer Kreativität und Schaffenskraft unseren Aufgaben nachkommen. Zum anderen zeigt sie Wärme und ein gesundes Selbstbewußtsein gegenüber Vorgesetzten, Mitarbeitern und Geschäftspartnern sowie eine gute Ausstrahlung und eine überzeugende Klarheit, mit der wir unser Anliegen und unsere Ideen vertreten.

Auf der Ebene unseres Bewußtseins kommt dieser Karte ihre wohl größte Bedeutung zu. Sie zeigt das Erwachen, Aufblühen und Reifen unserer sonnenhaften Natur, die mit dem wahren Selbst gleichgesetzt werden darf. Dazu gehören alle Eigenschaften, die mit diesem Begriff in Verbindung stehen: Selbstvertrauen, Selbstsicherheit, Selbsterkenntnis, Selbstbewußtsein, Selbständigkeit und letztlich auch deren reife Überwindung in Form weiser Selbstlosigkeit. Letztere darf nicht verwechselt werden mit einem Helfersyndrom, das in seiner Gier »gebraucht zu werden« nur Ausdruck von Selbstaufgabe und Selbstflucht ist. Diesen Durchbruch zum Selbst macht Dürckheim an »Josef Müller« mit der verblüffenden Frage deutlich: »Wie kommt der Josef durch den Müller durch?« Der Familienname »Müller« steht hier für das unpersönliche Welt-Ich, der Vorname »Josef« für das Wesen, das wahre Selbst. Stellen Sie sich die Frage mit Ihrem eigenen Namen, und spüren Sie die Wirkung.[19]

Im Bereich unserer partnerschaftlichen Beziehungen verweist diese Karte auf wahrhaft sonnige Zeiten und bedeutet Wärme, Unbekümmertheit, große Unternehmungslust und herzhaft erfrischendes Genießen. Als Ereignis kann sie auch einen glücklichen Urlaub anzeigen. Auf einer tieferen Ebene zeigt die Sonne hier ihre eigentliche großartige Natur: Sie ist die Kraft, die grenzenlos gibt, ohne sich selbst zu verschenken. Sie ist der Inbegriff warmer Großzügigkeit, das helle Licht, das dunkle Wolken vertreibt. Im partnerschaftlichen Bereich heißt das: großzügiges Umsorgen und Verwöhnen, einander Verstehen und zutiefste Bejahung der Beziehung.

Platz 2

Sie haben die Angelegenheit bislang positiv und zuversichtlich betrachtet. Sie gehen davon aus, daß Sie alle möglichen Hindernisse in dieser Angelegenheit überwinden können. Nur wenn an den Plätzen 1 oder 7 der Tod (XIII) oder die 10 der Schwerter liegt, sollten Sie umdenken. In allen anderen Fällen ist Ihre Zuversicht berechtigt und führt Sie (letztlich) an Ihr Ziel.

Platz 7

Stellen Sie Ihr Anliegen in das richtige Licht. Machen Sie sich selbst frei von Sorgen, Zweifeln und dunklen Befürchtungen. Sagen Sie vorbehaltlos »Ja« zu Ihrem Vorhaben, und nichts wird Sie mehr hindern können, Ihr Ziel zu erreichen.

Platz 3

Sie haben sonnige Zeiten erlebt oder haben selbst ein sonniges Gemüt und nehmen Ihre Situation mit Humor. Sie sind lebenslustig und optimistisch. Es bereitet Ihnen Freude, großherzig zu sein und andere zu verwöhnen. Bewahren Sie diese Haltung, und ergänzen Sie diese im Sinne der Karte auf Platz 6.

Platz 6

Gehen Sie offenherzig auf die Angelegenheit zu. Seien Sie großmütig, verständnisvoll und bereit zu verzeihen und zu vergessen. Stellen Sie sich vor, daß es in der vergangenen Nacht einen erfrischenden Regen gab und nun ein sonniger, neuer Morgen anbricht. Wenn Sie mit dieser Zuversicht Ihr Vorhaben beginnen, wird es glücklich verlaufen.

XIX

Platz 4

Sie haben unbesorgt, kraftvoll und siegessicher gewirkt. Dabei haben Sie sich großzügig und nobel verhalten. Wenn Ihre innere Einstellung diese Haltung rechtfertigt, sollten Sie daran nichts ändern. Andernfalls haben Sie wohl nur geblufft, um als Mann oder Frau von Welt zu glänzen.

Platz 5

Vertreten Sie Ihr Anliegen selbstbewußt und überzeugt. Seien Sie dabei verständnisvoll und wohlwollend. Zeigen Sie ein großes Herz, gehen Sie mit gutem Beispiel voran, und wenn es die Situation verlangt, seien Sie versöhnlich und bereit zu verzeihen.

XX Das Gericht

Astrologische Entsprechung

Jupiter/Uranus in harmonischer Verbindung zur Sonne oder das Zeichen Wassermann als Ausdruck der Befreiung und Erlösung

Mythologisches Bild

Die Hebung des Schatzes; die Befreiung der schönen Gefangenen; das Finden des lebensbringenden Elixiers; sowie die auferstandenen oder der Unterwelt entronnenen Götter und Heroen: Inanna, Osiris, Orpheus, Odysseus, Herakles, Psyche und Aeneas

I Ging Entsprechung

40 Hië / Die Befreiung

Die Karte das Gericht wird leicht falsch verstanden, wenn wir uns von ihrem Namen leiten lassen. Gericht, insbesondere das hier gemeinte Jüngste Gericht, wird in erster Linie mit Bestrafung, Verdammnis und daher mit Angst und Schrecken in Verbindung gebracht. Die Bedeutung einer Karte kann aber immer nur dem Bild und den dahinterliegenden seelischen und mythologischen Bildern entnommen werden. Die hier dargestellte Auferstehung zeigt das ergreifende Erlebnis der Erlösung und der Befreiung dessen, was zuvor verschüttet oder gefangen war, sie zeigt, daß das Wahre, das Göttliche dem dunklen Kerker entsteigt und ans Licht kommt. Damit hat diese Karte eine durch und durch beglückende Bedeutung. Sie zeigt den entscheidenden Schritt zur Selbstwerdung, den gelungenen Prozeß alchimistischer Wandlung, der aus dem Niederen das Höhere werden ließ. Auf einer mehr alltäglichen Ebene bedeutet diese Karte jede Form der Befreiung: von Sorgen und Nöten, aus undankbaren Situationen und Verbindungen, von Hemmungen und Scheu. Sie kann ferner ein Hinweis sein, daß in dem von dieser Karte gekennzeichneten Vorhaben unser »Schatz« liegt.

Im beruflichen Erleben weist diese Karte auf eine entscheidende Phase hin. Sie taucht häufig in Verbindung mit einer Kündigung oder einer anderen einschneidenden Veränderung auf. Zum einen bedeutet sie, daß wir den Abschied, die Kündigung als Erlösung und Befreiung erleben, zum anderen, daß der neue Weg uns zu tieferem Erleben, zu unserer eigentlichen Aufgabe bringt. Aber auch dort, wo diese Karte ohne den Hintergrund einer beruflichen Veränderung auftaucht, ist sie ein Hinweis auf Befreiung von alten Sorgen und Belastungen. Sie zeigt, daß hinter der äußeren Schale unserer Alltagspflichten eine Quelle tiefer Erfüllung fließt. Auf der Ereignisebene steht diese Karte für den glücklichen Abschluß von Prüfungen, besonderen Aufgaben und Projekten oder einer Lehr- und Ausbildungszeit.

Auf der Ebene unseres Bewußtseins zeigt das Gericht, daß wir vor dem bedeutsamen Schritt stehen, bisher vernachlässigte oder verachtete Schattenseiten unseres Selbst zu befreien und ihre wahre, helle Natur zu entdecken. Die Karte kann ferner für Erlebnisse stehen, in denen wir dankbar erkennen, daß wir von früheren Verstrickungen, Gebundenheiten oder fixen Ideen befreit sind; sie zeigt in manchen Fällen ein erwachendes Bewußtsein, das aus narkotischer Daseinsblindheit erwacht und in einem lichten Augenblick seiner unendlichen Freiheit und der Größe der Schöpfung gewahr wird.

In unseren persönlichen Verbindungen zeigt diese Karte, daß wir in einer bestehenden oder — sofern wir allein leben — in einer bevorstehenden Partnerschaft den (unseren) wahren »Schatz« finden können. Dabei geht es nicht um die vordergründige Begegnung mit dem Märchenprinzen oder der Traumfrau, sondern um eine tiefe innere Wandlung, dank derer wir erkennen und begreifen, wie wir uns bislang selbst von dieser beglückenden Begegnung abgeschnitten haben. Dieses Erlebnis ist das Hauptmotiv vieler Mythen und Märchen, in denen der Held am Ende Scheu und Ekel überwindet und in eben diesem Moment erlebt, wie das bislang verhaßte und bekämpfte Ungeheuer seine lichte Natur als Prinz oder Prinzessin offenbart. Eine der humorvollsten, aber auch mitreißendsten dieser Geschichten erzählt Heinrich Zimmer von Gawan und der Dame Ragnell, einer Hexe, die durch Gawans bedingungsloses »Ja« zum allerschönsten Wesen wird[20].

Platz 2

Sie wissen, daß Sie sich befreit haben oder kurz vor dem Schritt stehen, alte Fesseln und Verhaftungen abzustreifen. Wenn Ihre Einstellung richtig ist, liegt vor Ihnen ein reiches Feld, das Sie Ihrer wahren Natur gemäß sinnvoll bestellen können. Die Karte auf Platz 1 zeigt Ihnen, wohin Ihre neue Freiheit führt.

Platz 7

Erkennen Sie, daß sich bislang ungeahnte Möglichkeiten für Sie eröffnen. Sie sind auf dem Weg der Erlösung und Befreiung. Machen Sie einer Einsicht Platz, die bislang nicht in Ihr Weltbild paßte. Zögern Sie nicht, auch noch die letzte Hürde zu nehmen. Wagen Sie einen Schritt, den Sie bislang tunlichst vermieden haben. Sie werden es nicht bereuen.

Platz 3

Sie sehnen sich nach dem großen Erleben innerer Freiheit und der Gewißheit, authentisch zu leben, oder Sie haben gerade einen wichtigen Schritt dazu getan. In jedem Fall zeigt Ihnen die Karte auf Platz 1, ob Sie noch eine weitere Hürde nehmen müssen oder schon befreit aufatmen dürfen.

Platz 6

Vielleicht spüren Sie schon, daß Sie kurz vor dem entscheidenden Schritt zur Freiheit stehen. Sie werden sich erlöst und wie neugeboren fühlen. Seien Sie tapfer, und verlieren Sie den Mut nicht kurz vor dem Ziel. Beißen Sie in den sauren Apfel, Sie werden entdecken, daß er einen goldenen Kern enthält. Lassen Sie ein Gefühl lebendig werden, das Sie bislang aus Angst unterdrückt haben.

Platz 4

Sie wirken befreit und erlöst. Wenn diese Haltung nicht nur gespielt ist, haben Sie eine wichtige Erfahrung durchgemacht und sind sich selbst ein gutes Stück näher gekommen. Die Karte auf Platz 5 zeigt Ihnen, was Sie mit Ihrer neugewonnenen Freiheit am besten tun können.

Platz 5

Befreien Sie sich. Zeigen Sie Ihren Mut, und lassen Sie alles hinter sich, was Sie gefesselt und gefangen hielt. Entsteigen Sie wie Phoenix der Asche. Sie sind an einem alles entscheidenden Punkt angelangt und dürfen keinen Zweifel daran aufkommen lassen, daß Sie auch noch die letzte Hürde nehmen werden. Sie werden Ihre Gradlinigkeit nicht bereuen.

XXI Die Welt

Astrologische Entsprechung

Jupiter in Fische als Ausdruck der Erlösung oder Jupiter in harmonischer Verbindung zu Saturn als das glückliche Ende

Die WELT

Mythologisches Bild

Das wiedergefundene Paradies, die Insel der Seligen, die elysischen Gefilde

I Ging Entsprechung

55 Fong / Die Fülle

Die Welt zeigt die wiedergefundene Einheit, das Erleben größter Harmonie und den erfreulichen Ausgang einer Entwicklung. Die Schönheit dieser Karte in Worte zu fassen hieße, sich in die Gefahr zu begeben, die schmalzige Geschichte eines Happy-Ends zu beschreiben. Auf der Reise des Helden zeigt sie das glückliche Ende, das wiedergefundene Paradies, was auf unser Leben übertragen bedeutet, daß wir am Ziel sind. In wenigen Fällen ist damit das Lebensziel gemeint, in der Regel aber wohl eher eine wichtige Zwischenstation. Im äußeren Erleben heißt das, daß wir unseren Platz gefunden haben, eben den Platz, an den wir gehören. Auf der Ebene einer inneren Erfahrung zeigt diese Karte, daß wir einen bedeutenden, vielleicht sogar den entscheidenden Schritt zu Selbstwerdung, zu wahrer Authentizität und Ganzheit gemacht haben. Auf der Ereignisebene steht die Welt für glückliche Zeiten, in denen wir offen und voller Lebendigkeit unser Dasein genießen, und kann auch bedeuten, daß wir internationale Kontakte pflegen oder reisen.

Im beruflichen Erleben ist die Welt ein wichtiger Hinweis darauf, daß wir den richtigen Beruf gewählt haben und an der Stelle arbeiten, an die wir gehören, oder daß wir zumindest auf dem richtigen Wege dahin sind. Das bedeutet natürlich nicht, daß keine Weiterentwicklung stattfinden kann. Sie sagt nur, daß unsere bisherigen Schritte richtig waren, und sollte als ermutigende Bestätigung gesehen werden, daß wir auf dem Weg sind, unsere Lebensaufgabe zu erfüllen. Auf einer alltäglicheren Ebene zeigt diese Karte Freude und Gelingen bei der Arbeit, Offenheit und Harmonie im Umgang mit anderen und in manchen Fällen Auslandskontakte oder -reisen.

Auf der Ebene unseres Bewußtseins steht die Welt für die beglückende Erfahrung, einen, wenn nicht gar den wesentlichen, Schritt zur Selbstwer-

dung gemacht zu haben und dabei mit tiefer Freude zu spüren, daß wir unserer wahren Lebensaufgabe gerecht werden. Wenn wir unser Horoskop und dabei namentlich die schwierigen Konstellationen nicht länger als böse Ausgeburt eines willkürlichen Schicksals betrachten, sondern uns »erinnern«, daß wir mit unserem Leben dazu beitragen wollten, diese aufreibenden Spannungen in uns und in dieser Welt zu versöhnen, dann verstehen wir die großartige Bedeutung dieser Karte. Sie zeigt, wie aus dem Chaos anfänglicher Härten und Widersprüche nach und nach ein wohlgeordnetes und gereinigtes Gesamtbild geworden ist.

In unseren persönlichen Verbindungen liegt die Bedeutung der Welt in der Aussage, daß wir in unserer Beziehung zu Hause sind, oder in der Ankündigung, daß wir kurz vor der beglückenden Erfahrung stehen, auf den Partner zu treffen, der unser Lebensgefährte sein wird. Die von dieser Karte gekennzeichnete Verbindung ist niemals nur eine »Reisebekanntschaft«, sondern eine Dauerfreundschaft, Lebensgemeinschaft oder Ehe, von tiefster Bedeutung für unser Leben und unsere Entwicklung.

Platz 2

Sie gehen davon aus, daß Sie Ihren Platz gefunden haben oder mit Ihrem Vorhaben an die Stelle kommen, die Ihnen zusteht, an die Sie »gehören«. Wenn diese Einstellung richtig ist, dürfen Sie sich durch nichts in Ihrem Tun beirren lassen. Prüfen Sie trotzdem die Karte auf Platz 1. Sie kann Sie warnen, falls Sie sich irren.

Platz 7

Erkennen Sie, daß Sie vor dem entscheidenden Schritt stehen, der Sie zur glücklichen Vollendung dessen bringt, was Sie sich vorgenommen haben. Lassen Sie alle Zweifel hinter sich. Sie sind auf dem richtigen Weg, Ihren Platz in dieser Welt zu erobern.

XXI

Platz 3

Sie haben sich in dieser Angelegenheit bislang zu Hause gefühlt und möchten dort in Harmonie verweilen. Schauen Sie, was die Karten auf Platz 1 und 6 ausdrücken. Vielleicht haben Sie wirklich Ihr großes Ziel erreicht. Wenn diese Karten Sie aber zum Aufbruch auffordern, war Ihr Zuhause nur ein Etappenziel, von dem Sie nun dankbar Abschied nehmen müssen.

Platz 6

Freuen Sie sich. Sie stehen kurz vor dem großen Höhepunkt. Zaudern Sie nicht, Ihr Weg führt Sie direkt an die Stelle, an die Sie »gehören«, an der Sie glücklich sein werden. Gehen Sie offen und befreit an Ihr Vorhaben. Es wird Ihnen gelingen.

Platz 4

Sie haben gezeigt, daß Sie sich in dieser Angelegenheit wohlfühlen und es genießen, Ihren Platz gefunden zu haben. Wenn diese Haltung echt ist, darf man Sie beglückwünschen. Andernfalls aber werden Sie die Karten auf Platz 1 und 5 auffordern, erneut auf die Suche zu gehen.

Platz 5

Zeigen Sie, daß Sie gefunden haben, was Sie suchten, daß Sie Ihr Ziel erreicht haben, und genießen Sie es, Ihren Platz in dieser Welt auszufüllen. Zeigen Sie Ihre Freude, gehen Sie aus sich heraus, und lassen Sie andere an Ihrem Glück teilhaben.

As der Stäbe

Astrologische Entsprechung

Sonne/Mars im Sinne von Mut,
Entschlossenheit, Risikobereitschaft
und der Kraft der Selbstentfaltung

AS der STÄBE

Mythologisches Bild

Der Stab, mit dem Moses (ungeduldig)
Wasser aus dem Felsen schlug; oder
die Keule des Herakles

I Ging Entsprechung

46 Schong / Das Empordringen

Wie auch die anderen As-Karten steht das As der
Stäbe für eine Chance, die in uns liegt, die wir entdecken und entfalten sollten. Bei diesem As geht
es um Unternehmungslust, Mut und Risikofreude, auch um Enthusiasmus und Elan, und nicht
selten verweist das Stab-As auf Bereiche der zen-
tralen Selbstentfaltung. Dem (durch die Stäbe
repräsentierten) Feuerelement entsprechend kann
es sich dabei um die Stärkung unseres Willens,
unserer Überzeugungen und unserer moralischen
Kraft handeln oder um andere innere Reife- und
Wachstumsprozesse. Das As der Stäbe bedeutet
ferner Lebensbejahung, Optimismus und Lebenslust und mitunter eine hitzige Phase fehlender
Geduld.

Im beruflichen Umfeld zeigt diese Karte, daß
wir Chancen entdecken, die uns das Erkennen
unserer Ziele und die Entfaltung unserer Interessen, Fähigkeiten und Talente ermöglichen. Das
Spektrum dieser Karte reicht von Mut, Risikofreude und vollen Einsatz in einer bestimmten
Aufgabenstellung bis hin zu großen Chancen
beruflicher Selbstverwirklichung. Daneben bedeutet diese Karte, daß wir Ehrgeiz aufbringen,
eine starke Motivation spüren und uns mit Begeisterung den gestellten Aufgaben widmen.

Auf der Ebene unseres Bewußtseins steht diese
Karte für eine Phase, in der wir unsere moralische
Kraft, die Stärke unseres Willens und unserer
Überzeugungen entfalten. Das sind Zeiten, in
denen wir innerlich wachsen und zu mehr Selbst-
erkenntnis und Selbstsicherheit gelangen können.

In unseren persönlichen Beziehungen steht
diese Karte für die Reibungswärme einer lebendigen und intensiven Partnerschaft und die Chance,
zu einer aufrichtigen, uns menschlich ausfüllen-
den Beziehung zu gelangen oder Licht und
Wärme in eine bestehende Beziehung hineinzu-

tragen. In jedem Fall geht es um einen Zuwachs
an Lebendigkeit und Begeisterung füreinander,
oft in Verbindung mit großer Unternehmungslust. Angesichts der Hitzigkeit der durch das Stab-
As dargestellten Feuerqualität kann es dabei auch
zu Temperamentsausbrüchen und dramatischer
Leidenschaftlichkeit kommen; in der Regel
jedoch ohne destruktive Folgen.

Platz 2

Sie haben in Ihrem Vorhaben große Entwicklungschancen gesehen, die Sie mit Elan und Zuversicht verwirklichen können. Vielleicht haben Sie auch erkannt, daß diese Angelegenheit für Ihr persönliches Vorankommen von großer Bedeutung sein kann. Sie müssen sich nun darüber klar werden, ob und wie Sie diese Chancen nutzen können.

Platz 7

Prüfen Sie, ob Sie wirklich für eine gute Sache eintreten, und erkennen Sie die großen Chancen, die in diesem Fall vor Ihnen liegen. Was Sie jetzt brauchen ist Optimismus, Mut und Überzeugungskraft. Diese Einstellung können Sie leichterhand entwickeln, wenn Sie sich ganz und gar Ihrem Vorhaben widmen.

Platz 3

Sie haben gespürt, daß Sie in Zusammenhang mit Ihrem Vorhaben Kraft und Schwung entwickeln können. Sie wissen, daß Ihnen Beherztheit und Überzeugungskraft weiterhelfen. Haben Sie die Chance genutzt, diese Kräfte zu entwickeln?

Platz 6

Fassen Sie sich ein Herz, und gehen Sie temperamentvoll und mit Zuversicht an Ihr Vorhaben heran. Sie haben die besten Chancen. Lassen Sie sich für die Angelegenheit begeistern, um Sie dann energisch zu dem von Ihnen angestrebten Ende zu führen.

Platz 4

Sie haben bislang überzeugt und risikofreudig gewirkt und keinen Zweifel an Ihrer Unternehmungslust aufkommen lassen. Sie haben gezeigt, daß für Sie große Wachstumschancen in Ihrem Vorhaben liegen. Aber haben Sie auch genügend Geduld bewiesen?

Platz 5

Zeigen Sie Ihren Ehrgeiz und Ihr Temperament. Gehen Sie mit Schwung und Elan an Ihr Vorhaben. Treten Sie dabei ruhig etwas wagemutiger auf. Machen Sie keinen Hehl daraus, daß Sie sich von klaren ethischen Grundsätzen leiten lassen und für unsaubere Geschäfte nicht zu haben sind.

2 Stäbe

Astrologische Entsprechung

Mars in Waage als die theoretische Entscheidung ohne inneres Engagement oder praktischer Konsequenz

Mythologisches Bild

Die Unentschiedenen, die sich bei Dante in der Vorhölle aufhalten

I Ging Entsprechung

43 Guai / Der Durchbruch, die Entschlossenheit

Diese Karte verbindet die Beschreibung eines Zustandes mit einer Aufforderung: Sie zeigt, daß wir eine neutrale, indifferente Position einnehmen und uns statt dessen zu einer klaren und eindeutigen Haltung bekennen sollten. Situationen, die von dieser Karte gekennzeichnet werden, haben häufig etwas Lähmendes. Es gibt nichts, was wir als wirkliche, greifbare Ursache unserer Bedrückung oder unseres Unmuts ausmachen können, und doch spüren wir ganz deutlich, daß etwas Wesentliches nicht stimmt. Die Karte steht für Zeiten, in denen wir alles einfach »nett« finden. Der Hintergrund ist, daß wir uns auf einen indifferenten Standpunkt zurückgezogen haben und uns aus allem heraushalten. Wir haben uns so abgeschirmt, daß uns im Inneren nichts mehr erreicht und wir beinahe teilnahmslos zusehen, wie das Leben an uns vorbeifließt. Aus diesem Zustand können wir nur ausbrechen, wenn wir aus Ideen Überzeugungen und aus Absichten Taten werden lassen und uns dabei wirklich engagieren.

Im beruflichen Umfeld bedeutet diese Karte, daß wir innerlich unbeteiligt sind und interesselos unseren Aufgaben nachgehen. Sie kann auch zeigen, daß wir uns in wichtigen Auseinandersetzungen und Entscheidungen auf eine Position blasser Neutralität begeben oder aus Gleichgültigkeit der Meinung der Mehrheit folgen. Der Preis dieser Haltung ist eine innere Leere, die bis zur Depression führen kann. Die Karte fordert uns auf, unsere innere Einstellung zu überprüfen und uns für unsere Aufgaben klar einzusetzen.

Auf der Ebene unseres Bewußtseins zeigt die 2 der Stäbe, daß wir in einer Phase der Lethargie stecken, aus der wir uns nur befreien können, wenn wir aus bisherigen Lippenbekenntnissen wahre Überzeugungen werden lassen. Sie fordert uns auf, klare Bekenntnisse abzulegen und eindeutige Handlungen folgen zu lassen, statt nur klügelnde Ansichten und fromme Absichten zu äußern.

Im Bereich unserer persönlichen Beziehungen heißt diese Karte, daß wir uns auf eine gefährliche Position der Halbherzigkeit und der lauen Gefühle zurückziehen. Vielleicht klingen unsere Worte anders, aber unser Gefühl ist blaß. Die Gefahr, die darin liegt, ist das Absterben der Verbindung durch völlige Erkaltung. Die Karte fordert uns statt dessen auf, Farbe zu bekennen und uns entweder zu lösen oder zu unserem Partner zu stehen.

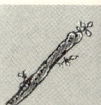

Platz 2

Sie haben bislang geschwankt und die Angelegenheit unentschlossen oder gleichgültig betrachtet.
Vielleicht haben Sie auch einige hohle Worte
gesagt, waren aber nicht wirklich überzeugt. Sie
müssen sich vorbehaltslos zu einer Seite bekennen. Die Karte auf Platz 7 kann Ihnen sagen, zu
welcher.

Platz 7

Sie müssen Ihren neutralen Gesichtspunkt aufgeben und sich klar auf eine Seite stellen. Nur durch
einen solchen kompromißlosen Schritt kommen
Sie in Ihrem Vorhaben weiter. Wenn Sie dagegen
ohne Engagement bleiben, geraten Sie auf die
Dauer in einen unerträglichen Zustand.

Platz 3

Sie sind halbherzig und unbeteiligt, vielleicht
sogar apathisch. Entweder langweilen Sie sich
oder Sie befürchten, verletzt, enttäuscht und
abgewiesen zu werden, wenn Sie Ihre Gefühle
eindeutig zeigen. Die Karte auf Platz 6 sagt Ihnen,
wofür Sie sich engagieren sollen, und die Karte auf
Platz 1 zeigt, was Sie dabei erwarten dürfen.

Platz 6

Sie müssen sich ehrlich für Ihr Vorhaben einset-
zen. Meiden Sie alle lauwarmen oder seichten
Gefühle. Was jetzt von Ihnen gefordert ist, kann-
ten die Alten unter dem Namen »Bekennermut«.
Lassen Sie aus Ihren Lippenbekenntnissen eine
Sache »mit ganzem Herzen« werden.

Platz 4

Sie sitzen zwischen den Stühlen. Vielleicht haben
Sie keinen klaren Standpunkt. In jedem Fall hat
man bisher nicht sehen können, was Sie wirklich
wollen. Es ist nun an der Zeit, daß Sie sich ohne
Heuchelei eindeutig auf jene Seite stellen, die
Ihnen die Karte auf Platz 5 vorschlägt.

Platz 5

Zeigen Sie sich zunächst neutral, vielleicht sogar
gleichgültig. Lassen Sie Ihre Absicht und Ihre
Überzeugung in sich wachsen, ohne etwas davon
zu zeigen. Erst zu einem späteren Zeitpunkt müssen Sie Ihre Position mit aller Entschiedenheit
vertreten.

3 Stäbe

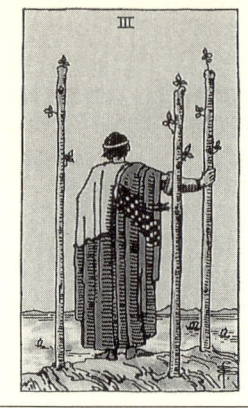

Astrologische Entsprechung

Merkur in Löwe im Sinne von Zuversicht und Weitblick in harmonischer Verbindung mit Saturn als der verläßlichen Basis

Mythologisches Bild

Moses auf dem Sinai. Der Blick in das gelobte Land

I Ging Entsprechung

20 Guan / Die Betrachtung

Die 3 der Stäbe verbindet zwei bedeutende und wertvolle Erfahrungen miteinander. Sie zeigt, daß wir nach teils langem und oft mühevollem Aufstieg eine Höhe erklommen haben und von sicherer Warte aus einen weiten Blick auf den leuchtenden Horizont werfen dürfen. Das feste Fundament, das wir unter uns spüren, und der erfreuliche Ausblick auf unsere Zukunft, der sich hier bietet, sind die Hauptmerkmale dieser durch und durch positiven Karte.

Im beruflichen Erleben bedeutet sie, daß wir einen wichtigen Meilenstein erreicht haben, uns auf sicherem Boden befinden und von dort aus zuversichtlich unsere weiteren, langfristigen Planungen betreiben dürfen. Die 3 der Stäbe verbindet die beiden wünschenswerten Aspekte: eine sichere Basis mit perspektivenreichen Aussichten.

Auf der Ebene des Bewußtseins haben wir eine Höhe erreicht, von der aus sich ein weiter Horizont auftut. In dem Wissen, daß wir dank unserer bisherigen Bemühungen um Erkenntnis ein verläßliches, tragendes Fundament geschaffen haben, dürfen wir nun von einer höheren Warte einen Blick um uns werfen und dankbar erkennen, daß unser Lebensziel am Horizont sichtbar wird. Die feste Grundlage innerer Gewißheit, verbunden mit optimistischem Weitblick, verbürgt eine Lebensphase, in der wir leicht und erfolgreich unsere weiteren Aufgaben lösen.

In unseren persönlichen Beziehungen heißt die 3 der Stäbe, daß wir eine tragende, gemeinsame Basis geschaffen haben, von der aus wir getrost in die Zukunft blicken dürfen. Verbindungen, die von dieser Karte gekennzeichnet werden, sind aussichtsreich, verläßlich und beständig. In Zeiten, in denen wir allein leben, bedeutet diese Karte, daß wir die inneren, vielleicht auch äußeren Voraussetzungen geschaffen haben und nun einer lebendigen, dauerhaften Partnerschaft entgegensehen dürfen.

Platz 2

Sie stehen auf sicherem Boden, von dem aus Sie die Angelegenheit gut überblicken können. Was immer auch die Karte auf Platz 7 als zukünftige Betrachtungsweise vorschlägt, behalten Sie Ihren Optimismus und Ihre Standfestigkeit.

Platz 7

Werden Sie sich bewußt, daß Sie sicheren Boden unter Ihren Füßen haben, und werfen Sie einen weiten Blick in die Zukunft. Sie dürfen sicher sein, daß sich für Sie sehr ermutigende Aussichten, Erkenntnisse und Erfahrungen ergeben.

Platz 3

Sie spüren die Kraft der inneren Gewißheit und wissen, daß das Fundament, auf dem Sie stehen, wirklich trägt. Vertrauen Sie auf die langfristig positive Entwicklung, selbst wenn Ihnen die Karte auf Platz 6 zeigt, daß Sie vielleicht noch einmal durch ein Tal gehen müssen.

Platz 6

Sie müssen um eine feste (gemeinsame) Basis in dieser Angelegenheit ringen, bis Sie einen soliden Boden unter Ihren Füßen spüren. Diese Karte zeigt, daß Sie damit Ihr Vorhaben verwirklichen können und sich dabei erfreuliche Perspektiven für Sie auftun.

Platz 4

Sie treten überlegen und erfolgsgewiß auf. Wenn die Karten auf den Plätzen 2 und 3 bestätigen, daß Ihre innere Haltung diesem Auftreten entspricht, sollten Sie sich darin nicht beirren lassen. Haben Sie aber nur geblufft, müssen Sie etwas bescheidener werden und Ihr Auftreten im Sinne der Karte auf Platz 5 ändern.

Platz 5

Sie sind auf dem richtigen Weg. Zeigen Sie, daß Sie einen klaren Standpunkt haben und die Angelegenheit mit Weitblick überschauen. Treten Sie sicher auf, und zeigen Sie sich optimistisch und erfolgsgewiß.

4 Stäbe

Astrologische Entsprechung

Venus im 5. Haus als Freude, Spiel, Vergnügen oder Mond/Venus im Sinne von Geborgenheit und Kontaktfreude

Mythologisches Bild

Die griechische Hore Eirene, Göttin des Friedens; Noah, der die Arche verläßt

I Ging Entsprechung

22 Bi / Die Anmut

Die 4 der Stäbe zeigt eine Phase des Friedens, in der wir uns öffnen und aus uns herausgehen, um das Leben zu genießen. Im Hinblick auf diese Sicherheit sind wir gerne bereit, aus dem Bereich von Schutz und Geborgenheit hinauszutreten, um am Leben der Welt teilzunehmen. Das bedeutet sowohl Geselligkeit, Unterhaltung, Vergnügen und gesteigerte Lebensfreude wie auch ein inneres Sichöffnen, durch das wir unmittelbar am Leben um uns teilhaben und in unseren Kontakten eine tiefere Verbundenheit erleben.

Im beruflichen Umfeld zeigt diese Karte, daß wir vor dem Hintergrund sicherer, beständiger und aussichtsreicher Arbeitsbedingungen viel Spaß und Freude an unseren Aufgaben finden. Das sind Zeiten guter Motivation, in denen wir eine Fröhlichkeit entfalten, die uns die erfolgreiche Bewältigung unserer Aufgaben zum Vergnügen werden läßt. Die Karte kann auch bedeuten, daß wir uns aus einem Arbeitsverhältnis lösen, das uns bislang Sicherheit gegeben hat, um zuversichtlich und unbeschwert neue Wege zu gehen.

Auf der Ebene unseres Bewußtseins zeigt die 4 der Stäbe, daß wir nun den Bereich gesicherter und gewachsener Erkenntnisse verlassen, um aufgeschlossen nach neuen Anregungen und Interessensgebieten zu schauen. Dabei drückt diese Karte aus, daß wir uns vor dem Hintergrund fundierter Erfahrung frei und vorurteilslos auf diese unbekannten Gebiete begeben und mit Freude neue Erfahrungen sammeln.

Im Bereich unserer persönlichen Beziehungen steht diese Karte für sonnige Zeiten. Sie sagt, daß wir uns sicher und geborgen fühlen und darüber hinaus offen, freundlich und liebevoll miteinander umgehen. Es ist eine Phase vergnügter gemeinsamer Unternehmungen, in der wir neue Kontakte finden und uns unbeschwert des Lebens erfreuen.

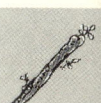

Platz 2

Sie haben die Angelegenheit zuversichtlich und frohen Mutes betrachtet und erwarten, daß Ihnen Ihr Vorhaben Spaß macht. Ob diese Einstellung berechtigt ist, zeigt Ihnen die Karte auf Platz 1.

Platz 7

Gehen Sie offen und vorbehaltlos auf die Sache zu. Erkennen Sie, daß Sie viel Sicherheit in Ihrem Rücken haben und interessante Erlebnisse vor Ihnen liegen. Seien Sie unbekümmert, Sie werden die Zeit genießen und viel Spaß haben.

Platz 3

Sie waren bislang in dieser Angelegenheit sorglos und unbeschwert. Sie haben Ihre Schutzmauern beiseite geschoben und sind voller Unternehmungslust aus sich heraus gegangen. Die Karte auf Platz 6 wird Ihnen sagen, ob Sie auch weiterhin so unbekümmert sein dürfen oder ob Sie doch etwas vorsichtiger werden müssen.

Platz 6

Gehen Sie ganz aus sich heraus, und entfalten Sie all Ihre Lebenslust und Daseinsfreude. Öffnen Sie Ihr Herz, lassen Sie die trennenden Mauern hinter sich, und gehen Sie befreit und gelöst auf die Sache zu, Sie werden willkommen sein. Genießen Sie diese Zeit des Friedens. Sie werden keine Enttäuschung erleben.

Platz 4

Sie haben sich munter und unbekümmert gezeigt, Sie waren offen und lebendig und möchten bei Ihrem Vorhaben viel Spaß erleben. Wenn die Karten auf Platz 1 und 5 nichts Gegenteiliges anzeigen, dürfen Sie das auch erwarten.

Platz 5

Treten Sie offen und unbeschwert auf. Begeben Sie sich unter Menschen. Suchen Sie Geselligkeit und lebhafte, leichte Unterhaltung. Gehen Sie tanzen. Heißen Sie andere willkommen, und geben Sie ein Fest.

5 Stäbe

Astrologische Entsprechung
Mars im 5. Haus im Sinne des spielerischen, sportlichen Wettkampfes

Mythologisches Bild
Die vom idäischen Daktyl Herakles begründeten olympischen Spiele

I Ging Entsprechung
—

Die 5 der Stäbe ist die Karte der Herausforderung, des Kräftemessens, des sportlichen Wettkampfes. Sie stellt uns Situationen vor Augen, in denen wir aufgefordert sind, unsere Kräfte unter Beweis zu stellen. In keinem Fall geht es hier um eine feindselige oder gar vernichtende Auseinandersetzung. Es ist ein Kräftemessen, das der Rauflust und dem Übermut entspringen kann und den Charakter einer Wette trägt, oder das sich in Form einer Aufgabenstellung ausdrückt, die unser ganzes Können fordert. Dabei hat es meist einen spielerischen Zug, der nur in wenigen ungünstigen Fällen in Ernst umschlägt. Erfahrungen, die von dieser Karte gekennzeichnet sind, sollten wir nicht meiden, da sie uns eine gute und zumeist spannende Gelegenheit geben, uns der eigenen Fähigkeiten bewußt zu werden.

Im beruflichen Erleben zeigt die 5 der Stäbe, daß wir vor einer Herausforderung stehen, die es zu meistern gilt; die uns zwar fordert, aber nicht überfordert. Das kann eine neue, ungewohnte Aufgabenstellung sein oder ein Auftrag in einer Größenordnung, bei der wir zunächst die Luft anhalten; oder auch ein Problem im zwischenmenschlichen Bereich, bei dessen Lösung wir unser Geschick beweisen müssen. In allen Fällen fordert uns die Karte auf, diese Herausforderung als Übung zu erleben, ihr spielerisch zu begegnen und sie eher sportlich statt mit verbissenem Ernst zu meistern.

Auf der Ebene unseres Bewußtseins heißt die 5 der Stäbe, daß wir uns an Problemen reiben, die einen großen Einsatz fordern, uns dadurch aber auf unserem Erkenntnisweg erheblich weiterbringen. Die damit ausgedrückte Erfahrung wird am deutlichsten am Beispiel der engagierten Auseinandersetzungen, der nicht enden wollenden Diskussionen in der pubertären und nachpubertären Phase, in denen der Heranwachsende gefordert ist, übernommene Überzeugungen abzuschleifen, um sie nach und nach durch neue, persönlichere Ideen zu ersetzen.

Im Bereich unserer persönlichen Beziehungen hat die Karte den Charakter einer zwar zumeist liebevollen, aber durchaus rauhbeinigen Kampfgemeinschaft. Hier geht es nicht um das romantisch verklärte Miteinander, sondern um intensive Auseinandersetzungen. Damit kann eine Phase ausgedrückt sein, in der wir uns mit unserem Partner zusammenraufen oder gemeinsam mit ihm um die Lösung von Problemen ringen. Die Karte kann auch ein Hinweis darauf sein, daß unsere Beziehung von der Reibungswärme lebt und wir sie deshalb als einen dauernden Wettkampf gestalten. Zeus und Hera haben uns das auf dem Olymp eindrucksvoll vorgelebt.

Platz 2

Sie haben die Angelegenheit als eine echte Herausforderung verstanden und wissen, daß Sie hier Ihre Kräfte unter Beweis stellen können. Wenn die Karte auf Platz 7 diese Haltung bestätigt, sollten Sie Ihr Vorhaben nicht herauszögern.

Platz 7

Erkennen Sie, daß Sie Ihr Können unter Beweis stellen müssen. Wenn die Karte auf Platz 1 Sie ermutigt, stellen Sie sich dieser Herausforderung, geben Sie Ihr Bestes. Lassen Sie sich ruhig locken, riskieren Sie etwas, wagen Sie die Wette. Aber seien Sie im Zweifelsfall auch ein guter Verlierer.

Platz 3

Sie spüren, daß es sich hier um eine Kraftprobe handelt, die Sie nur gewinnen können, wenn Sie vollen Einsatz zeigen. Die Karte auf Platz 1 sagt Ihnen, wie Ihre Chancen stehen, und die Karte auf Platz 5 zeigt, ob und wie Sie die Herausforderung annehmen sollen.

Platz 6

Begreifen Sie, daß Herausforderung und Auseinandersetzung nicht gleichbedeutend mit Streit und Zwietracht sind. Sie müssen sich in dieser Angelegenheit »raufen«. Achten Sie darauf, daß dabei Ihre Stimmung nicht umschlägt, damit aus dem, was ein Spiel sein kann, nicht unerwartet bitterer Ernst wird.

Platz 4

Sie haben keinen Zweifel daran gelassen, daß Sie bereit sind, die Wette anzunehmen und Ihre Kräfte zu messen. Eigentlich müßten Ihre Chancen gut stehen. Nur wenn die Karte auf Platz 1 eine klare Warnung enthält, sollten Sie sich etwas mehr zurückhalten.

Platz 5

Zeigen Sie, daß Sie bereit sind, »in den Ring zu steigen«, daß für Sie die Wette gilt, daß Sie sportlichen Ehrgeiz haben, sich dieser Herausforderung gerne stellen und schlimmstenfalls mit Anstand verlieren.

6 Stäbe

Astrologische Entsprechung

Jupiter im 10. Haus als Ausdruck von
Erfolg und Anerkennung

Mythologisches Bild

Nike, die griechische Göttin des Sieges, und ihre römische Entsprechung
Victoria

I Ging Entsprechung

63 Gi Dsi / Nach der Vollendung

Die 6 der Stäbe ist die Karte von Sieg, Erfolg,
Ruhm und Anerkennung und in Verbindung
damit auch Ausdruck von Freude, Zufriedenheit,
in manchen Fällen auch der Genugtuung. Genaugenommen
zeigt sie die Bekanntgabe des Erfolges,
die Verkündung des Sieges. Sie kann damit in Alltagsfragen
schlicht ein Hinweis auf eine gute
Nachricht sein, ohne spektakulären Ruhm zu
bedeuten. In aller Regel zeigt sie, daß unser Einsatz
und unsere Bemühungen von Erfolg gekrönt
werden. In manchen Fällen ist sie Hinweis auf
einen überraschenden, »unverdienten« Erfolg.

Im beruflichen Erleben bedeutet die 6 der Stäbe,
daß wir mit Erfolg und Anerkennung rechnen
dürfen. Sie zeigt, daß unsere Leistungen honoriert
werden, daß sich unser Einsatz lohnt, daß wir
eine Erfolgssträhne haben. Sie zeigt den Erfolg im
Zusammenhang mit nicht alltäglichen Situationen
an: das »summa cum laude« einer glanzvoll
bestandenen Prüfung oder das begeisterte Echo
bei Vorträgen und anderen öffentlichen Auftritten.
Sie zeigt den Sieger einer Wahl, den populär
werdenden Künstler, die Berufung in eine interessante
Position und natürlich jede Form der
Beförderung.

Auf der Ebene unseres Bewußtseins heißt diese
Karte, daß unser Ringen um Erkenntnis und Klarheit
in einer bestimmten Problemstellung Erfolg
haben wird. Damit kann sie die langersehnte
Befreiung ankündigen, von Sorgen, die uns hartnäckig
bedrückten. Sie kann darüber hinaus Ausdruck
einer Auftriebsphase sein, in der wir eine
bislang nicht bekannte Zuversicht in Verbindung
mit einem gestärkten Selbstvertrauen entwickeln.
Vor diesem Hintergrund kann diese Karte Schlüsselbedeutung
haben – für diejenigen, die sich bislang
nur auf der Seite der Verlierer sahen und nun
zu den Gewinnern überwechseln.

Im Bereich unserer persönlichen Beziehungen
zeigt diese Karte des Erfolges, daß wir eine wichtige
und beglückende Erfahrung vor uns haben.
Das können der Beginn einer wunderbaren Partnerschaft
sein oder die Höhepunkte und Hoch-Zeiten
in einer bestehenden Verbindung. Die 6
der Stäbe zeigt auch, daß es uns gelingt, ein Problem
zu lösen, das wir bislang mit einem
bestimmten Menschen hatten oder in unserem
partnerschaftlichen Verhalten begründet lag. Auf
einer alltäglicheren Ebene bedeutet die Karte der
guten Nachricht hier auch, einen erfreulichen
Brief zu erhalten oder einen – vielleicht langersehnten
– beglückenden Anruf zu bekommen.

Platz 2:

Sie sind davon überzeugt, daß Ihr Vorhaben gelingt. Sie halten das Ganze für eine »sichere Sache« und rechnen mit einer guten Nachricht. Ob Sie mit dieser Einstellung recht behalten oder Sie ändern müssen, zeigen Ihnen die Karten auf Platz 1 und 7.

Platz 7

Gehen Sie überzeugt und voller Zuversicht an Ihr Vorhaben. Sie befinden sich auf dem Weg des Erfolges. Wenn Sie im Zusammenhang mit Ihrer Frage auf eine Nachricht oder Entscheidung warten, dürfen Sie davon ausgehen, daß Ihre positiven Erwartungen erfüllt oder übertroffen werden.

Platz 3

Sie waren bislang Ihrer Sache so gewiß, daß auch eine Warnung Ihre Zuversicht kaum trüben konnte. Hoffentlich haben Sie sich nicht zu früh gefreut und schon das Fell des Bären verteilt, bevor Sie ihn erlegt haben. Schauen Sie, ob die Karte auf Platz 6 Ihren Optimismus bestätigt oder ob Sie sich doch etwas zurücknehmen müssen.

Platz 6

Gehen Sie voller Freude an Ihr Vorhaben: Sie sind der glückliche Gewinner. Entweder ist Ihnen Ihr Erfolg schon bekannt, oder die gute Nachricht erreicht Sie in Kürze. Nehmen Sie dieses Erlebnis dankbar auf, und feiern Sie es gebührend.

Platz 4

Sie haben erfolgs- und siegessicher gewirkt oder so, als hätten Sie die Sache schon im Sack. Vielleicht haben Sie etwas übertrieben? Die Karte auf Platz 5 würde Sie in diesem Fall zu mehr Zurückhaltung auffordern. Wenn Ihnen diese Aussage völlig daneben erscheint, weil Ihre innere Einstellung (Platz 2 und 3) eine andere ist, mögen Sie überrascht sein. Aber in den Augen der anderen erschienen Sie überaus zuversichtlich.

Platz 5

Zeigen Sie sich als Gewinner der Partie. Demonstrieren Sie Ihren Optimismus und Ihre nicht zu trübende Zuversicht. Mit dieser Haltung werden Sie Erfolg haben. Zeigen Sie auch Ihre Dankbarkeit, und nehmen Sie Ihren Triumph zum Anlaß für ein Fest.

7 Stäbe

Astrologische Entsprechung

Merkur/Mars im Aspekt zu Saturn
als der geschickte Kampf gegen einen
Widerstand

Mythologisches Bild

Der Kampf Davids gegen Goliat

I Ging Entsprechung

33 Dun / Der Rückzug

Die 7 der Stäbe zeigt, daß wir attackiert werden
und uns Konkurrenten, Neidern oder anderen
Gegnern gegenübersehen, die häufig stärker oder
in der Mehrheit sind. Dabei drückt diese Karte
aus, daß wir dennoch gute Aussichten auf Erfolg
haben, weil wir von einer günstigen Position aus
kämpfen. Sie ist damit gleichzeitig als eine Aufforderung zu verstehen, geschickt und wachsam zu
sein, um den Vorteil dieser Position nicht leichtfertig zu verspielen. Natürlich handelt es sich
hierbei in den seltensten Fällen um tätliche
Angriffe, sondern um Eingriffe in unsere Privat-
sphäre oder eine Bedrohung dessen, was wir
erreicht haben oder erreichen wollen.

Im beruflichen Erleben zeigt diese Karte vor
allem eine Konkurrenzsituation. Sie bedeutet,
daß wir Geschäfte in einem hart umkämpften
Markt machen oder daß wir uns um einen
Arbeitsplatz bemühen, für den es viele Mitbewer-
ber gibt. Sie kann auch heißen, daß wir in unserem beruflichen Alltag angegriffen werden und
unseren Ruf oder unsere Haltung verteidigen
müssen. In manchen Fällen steht sie für Neider,
die uns aus unserer Position verdrängen wollen,
die »an unserem Stuhl sägen«. Dabei ist sie immer
ein Hinweis, daß wir gute Aussichten haben,
diese Gefahr unbeschadet zu überstehen, wenn
wir sie im Auge behalten und unseren Vorteil
nicht leichtfertig verspielen.

Auf der Ebene unseres Bewußtseins heißt die 7
der Stäbe, daß wir aufgrund unserer Ansichten
und Überzeugungen angegriffen werden und
möglicherweise in heftige Diskussionen geraten.
Zwar können uns auch diese Auseinandersetzungen neue Einsichten und Erkenntnisse vermitteln,
sie sind aber ihrer Natur nach nicht auf sach-
lichen Meinungsaustausch gerichtet, sondern darauf, uns zu schaden oder mundtot zu machen.
Insofern ist in diesen Fällen unsere Standfestigkeit

und Überzeugungstreue mehr gefordert als unsere Einsicht und Lernbereitschaft.

In unseren persönlichen Verbindungen heißt
diese Karte, daß unsere Partnerbeziehung bedroht
ist. Dabei kann es sich um einen direkt ausgetra-
genen Konflikt handeln. In der Regel aber zeigt
diese Karte einen Dritten, der die Beziehung stört.
Sie kann aber auch bedeuten, daß wir in unser
Werben und Streben nach einem neuen Partner
nicht allein sind, sondern eifersüchtige Rivalen
haben. Auch hier ist sie ein Hinweis, daß wir
diese Erfahrung unbeschadet überstehen, wenn
wir die Bedrohung ernst nehmen und ihr klug
begegnen.

Platz 2

Sie sehen sich einem Angriff, einer Auseinandersetzung gegenüber oder wissen, daß Sie mit Ihrem Vorhaben einen Konflikt riskieren. Dabei haben Sie den anderen gegenüber einen gewichtigen Vorteil. Achten Sie darauf, daß Sie diesen nicht fahrlässig verspielen. Die Karte auf Platz 1 oder 7 kann Ihnen zeigen, welche Strategie Sie am besten wählen.

Platz 7

Erkennen Sie, daß Sie sich zur Wehr setzen müssen oder sich gegenüber einer Ihnen nicht wohlgesonnenen Person oder Mehrheit zu behaupten und durchzusetzen haben. Überlegen Sie sehr genau, wo Ihre Stärken und Vorteile liegen und wie Sie daraus den größtmöglichen Nutzen ziehen können. Vergessen Sie nicht, Ihre eigenen Blößen zu erkennen und zu bedecken. Sie haben gute Chancen, die Oberhand zu erringen oder zu behalten.

Platz 3

Sie fühlen sich bedroht oder spüren, daß Ihnen Neid, Mißgunst oder Widerstand entgegengebracht wird. Vertrauen Sie darauf, daß Sie dieser Anfechtung gewachsen sind. Wie Sie diesem Konflikt am besten begegnen oder ob Sie ihm vielleicht doch ausweichen sollten, zeigt Ihnen die Karte auf Platz 6.

Platz 6

Seien Sie darauf gefaßt, daß Sie provoziert werden oder mit Ihrem Vorhaben auf einen Konflikt zusteuern und sich mit Neid oder Verleumdungen auseinandersetzen müssen. Zeigen Sie dabei Ihre kämpferische Entschlossenheit und Ihre Schlagfertigkeit. Wenn Sie achtsam sind, werden Sie sich auch gegenüber einer Mehrheit geschickt durchsetzen können.

Platz 4

Sie haben gezeigt, daß Sie sich in dieser Angelegenheit angegriffen und bedroht fühlen, und dabei Ihre Kampfbereitschaft und Entschlossenheit bewiesen, sich auch in schwierigen Situationen zu behaupten. Ob Sie sich weiterhin als Einzelkämpfer durchsetzen müssen oder ob es jetzt Zeit zur Versöhnung ist, kann Ihnen die Karte auf Platz 5 zeigen.

Platz 5

Stellen Sie sich tatkräftig der Auseinandersetzung, lassen Sie keinen Zweifel an Ihrer Entschlossenheit aufkommen, sich durchzusetzen und Ihre Position zu verteidigen. Erkennen und nutzen Sie dabei einen wichtigen Vorteil, den Sie haben und der es Ihnen ermöglicht, mit einem geschickten Handstreich alle Angriffe zu überwinden.

8 Stäbe

Astrologische Entsprechung

Der Zeitfaktor in der astrologischen Prognostik: Der Moment der Auslösung von Transiten, Direktionen, Progressionen, Rhythmen usw.

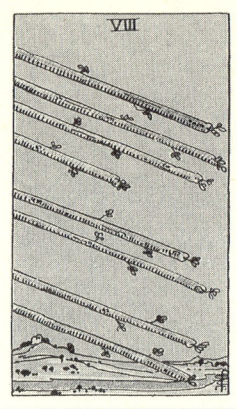

Mythologisches Bild

Der Flug der Zugvögel als Verkünder nahender Ereignisse

I Ging Entsprechung

35 Dsin / Der Fortschritt

Die Hauptbedeutung dieser Karte liegt in ihrem zeitlichen Aspekt. Sie ist die einzige der 78 Tarotkarten, die einen klaren Hinweis darauf gibt, daß ein Ereignis unmittelbar bevorsteht[21]. Darüber hinaus hat sie keine tiefgehende Bedeutung. Sie zeigt, daß sich etwas bewegt, etwas in der Luft liegt, etwas schneller als erwartet eintritt und daß Entwicklungen schon begonnen haben, auch ohne von uns bemerkt zu werden. Dabei ist sie in aller Regel eher ein Künder erfreulicher Erfahrungen, der anzeigt, daß gute Nachrichten oder Ereignisse auf dem Weg zu uns sind.

Im beruflichen Umfeld bedeutet diese Karte, daß unsere Vorhaben, Erwartungen und gelegentlich auch Befürchtungen, die mit dem Fragethema verknüpft sind, in Kürze eintreffen oder verwirklicht werden. Sie kann damit auch ein Hinweis darauf sein, daß ein Entwicklungsprozeß schon längst begonnen hat oder sich überraschend beschleunigt und bereits kurz vor seinem Abschluß steht, obwohl wir erst in ferner Zukunft damit rechnen. Diese Karte zeigt häufig den überraschenden Erfolg – bei der Suche nach einer neuen Aufgabe, bei Geschäftsabschlüssen und in Form von Beförderungen.

Auf der Ebene unseres Bewußtseins heißt die 8 der Stäbe, daß sich unsere Erkenntnisprozesse beschleunigen, daß etwas in der Luft liegt und wir von unerwarteter Seite Impulse erhalten, die unseren Horizont erweitern. Die Lebendigkeit dieser Karte ist ein Hinweis auf spontane Veränderungen und häufig ein Ausdruck dafür, daß starre Haltungen und Überzeugungen in Bewegung gekommen sind.

Im Bereich unserer persönlichen Beziehungen weist diese Karte auf Belebung und neue Schwingungen hin. Sie kann eine baldige neue Verbindung ankündigen, sie kann ein Vorbote erfreulicher Entwicklungen innerhalb einer gewachsenen Beziehung sein. Nur wenn alle übrigen Karten auf harte Erfahrungen hinweisen, muß man davon ausgehen, daß unangenehme Ereignisse in der Luft liegen.

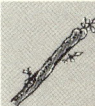

Platz 2

Sie sind bislang davon ausgegangen, daß die Dinge schnell verlaufen und Sie kurz vor Ihrem Ziel stehen. Vielleicht müssen Sie nun erkennen, daß die Entwicklung noch nicht einmal begonnen hat. Die Karten auf Platz 1 und 7 können Ihnen dazu etwas Genaueres sagen.

Platz 7

Erkennen Sie, daß etwas in der Luft liegt, die Sache, um die es geht, schon in Bewegung gekommen ist und alles schneller geht, als Sie bisher glaubten. Sie dürfen davon ausgehen, daß sich Ihr Vorhaben günstig entwickelt, es sei denn, die Karte auf Platz 1 weist auf schwierige Erfahrungen hin.

Platz 3

Sie spüren, daß die Dinge schon in Bewegung geraten sind, sich wichtige Ereignisse bereits ankündigen und Ihre Erwartungen in Kürze erfüllt werden. Ob Ihr Gefühl recht hat, sagen Ihnen die Karten auf Platz 1 und 6.

Platz 6

Stellen Sie sich auf ein schnelles Eintreffen Ihrer Erwartungen ein. Wenn Sie eine Nachricht erwarten, dürfen Sie gewiß sein, daß sie schon an Sie unterwegs ist. Sollten Sie gemischte Gefühle haben, dürfen Sie davon ausgehen, daß sich die angenehmen Hoffnungen erfüllen, es sei denn, die Karte auf Platz 1 weist auf bedrückende Erlebnisse hin.

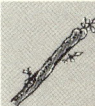

Platz 4

Sie sind schnell gewesen und haben vielleicht etwas unruhig auf Ihre Umgebung gewirkt. Sie haben keinen Zweifel daran gelassen, daß Sie eine baldige Veränderung oder Verwirklichung erwarten oder zumindest befürworten. Schauen Sie, ob die Karten auf Platz 1 und 5 dieses Auftreten weiterhin rechtfertigen.

Platz 5

Zeigen Sie, daß Sie an einer schnellen Veränderung interessiert sind und davon ausgehen, daß dieser Entwicklungsprozeß bereits begonnen hat. Tragen Sie selbst dazu bei, daß die Dinge in Bewegung bleiben, und setzen Sie auf ein baldiges Eintreffen wichtiger Ereignisse.

9 Stäbe

Astrologische Entsprechung

Saturn/Venus als Schutzpanzer und
Abwehrhaltung

Mythologisches Bild

Tobias, der sich weigert, Gottes
Auftrag auszuführen

I Ging Entsprechung

47 Kun / Die Bedrängnis,
die Erschöpfung

Die 9 der Stäbe bedeutet Trotz und Widerstand gegenüber einer Situation oder Erfahrung, von der wir uns bedroht fühlen. Dabei zeigt sie, daß es hier in Wirklichkeit keine objektive Bedrohung gibt (im Gegensatz zur 7 der Stäbe), sondern daß unsere Erinnerungen an frühere, schmerzhafte Erfahrungen diese Angst- und Abwehrhaltung aufkommen lassen. Sie steht für eine Verschlossenheit, die in Märchen häufig das »verstockte Herz« genannt wird. In aller Regel drückt Sie aus, daß wir uns einigeln und uns weigern, weiterzugehen und wichtige Entwicklungsschritte zu machen. In wenigen Fällen zeigt sie aber fast das Gegenteil: Daß wir gerade einen entscheidenden Schritt getan haben und nun mit aller Macht die rückwärtige Tür versperren, um uns selbst den Rückzug abzuschneiden. In diesem Fall hat sie zwar eine positivere, weil entwicklungsfördernde Bedeutung, zeigt aber dennoch, daß wir etwas falsch gemacht haben: Wir sind weggelaufen und haben Angst, die Vergangenheit könne uns einholen. Richtig Abschied nehmen aber heißt, die Erfahrung abzuschließen und die Vergangenheit sicher unter unseren Füßen zu spüren, statt sie als Angst im Nacken zu haben.

Im beruflichen Erleben bedeutet diese Karte des inneren Widerstands, daß wir uns gegen Neuerungen, gegen bestimmte Aufgabenstellungen oder gegen andere berufliche Entwicklungsschritte wehren. Sie kann auch zeigen, daß wir uns von Vorgesetzten, Mitarbeitern oder Geschäftspartnern bedroht fühlen und nicht zuletzt, daß wir unseren Beruf oder die Notwendigkeit zu arbeiten als Bedrohung erleben. Dabei ist sie ein Hinweis, daß die Hürde, vor der wir zurückscheuen, nicht im Äußeren liegt. Es sind unsere Erinnerungen an frühere Fehlschläge oder Niederlagen, die wir auf die jetzige Situation übertragen, obwohl wir ihr inzwischen besser gewachsen sind. Insofern fordert diese Karte auf, die Scheu zu überwinden und dadurch bereitwillig nicht nur diese Hürde zu überwinden, sondern auch unsere alten Wunden zu heilen.

Auf der Ebene unseres Bewußtseins zeigt die 9 der Stäbe, daß wir eine gefährliche Abwehrhaltung gegenüber neuen, uns möglicherweise verändernden Erfahrungen einnehmen. Sie entspricht der scheinsouveränen Haltung eines Perfektionisten, der versucht, durch immer perfektere und damit starrere Systeme alle Fehler- und Gefahrenquellen zu beseitigen, um nur ja nie wieder Schiffbruch zu erleiden. Das Sprichwort: »Wer einen Fehler macht und daraus nicht lernt, begeht einen zweiten« ist zwar richtig, aber dort, wo es zum ängstlichen Lebensgesetz wird, führt es zu Erstarrung und übervorsichtiger Lebensscheu. Diese zwanghafte Haltung charakterisiert Fritz Riemann, wenn er den Mann beschreibt, der vor dem Himmel zwei Türen findet mit der Aufschrift »Tor zum Himmelreich« und »Tor zu Vorträgen über das Himmelreich« und der ohne zu zögern durch das zweite Tor geht.[22]

Im Bereich unserer persönlichen Beziehungen ist dies die Karte des »gebrannten Kindes«. Sie ist Ausdruck dafür, daß wir Angst haben, verletzt zu werden, oder daß alte Narben aufbrechen könnten. Sie zeigt den Schutzpanzer, mit dem wir unser Innerstes umgeben, damit uns nur nichts berührt, was uns verletzen könnte – zu dem Preis, daß uns auch nichts berührt, was uns zutiefst wohltäte. Gerade in diesem Bereich warnt die 9 der Stäbe, daß wir Gefahr laufen, innerlich zu verbittern, zu vergrämen und zu vereinsamen, weil wir unser Innerstes abriegeln. Gleichzeitig ist sie ein ermutigender Hinweis darauf, daß die Begegnung oder die innere Öffnung, die wir so fürchten, keine wirkliche Gefahr darstellt.

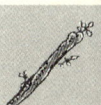

Platz 2

Sie haben sich bislang gewehrt und neuen Ideen, Betrachtungsweisen und Einsichten hartnäckig widerstanden. Sie sehen sich in dieser Angelegenheit bedroht und neigen zu übertriebener Vorsorge. Dabei sollten Sie erkennen, daß es sich um keine wirkliche Bedrohung handelt. Es sind Ihre Erinnerungen an frühere Verletzungen, die Sie so übervorsichtig sein lassen.

Platz 7

Erkennen Sie, daß Ihr Vorhaben Sie mit früheren schmerzhaften Erfahrungen in Berührung bringen kann. Wehren Sie sich entschlossen gegen Überredungskünste, Einflußnahmen und Versuchungen. Bleiben Sie diesmal unnachgiebig, auch wenn man Ihnen Starrsinn und Borniertheit vorhält.

Platz 3

Sie fühlen sich bedroht und haben einen harten Verteidigungsgürtel um sich aufgebaut. Vielleicht spüren Sie schon, daß Sie damit auch Erfahrungen aussperren, die Ihnen lieb und wichtig sind. Versuchen Sie, sich allmählich wieder zu öffnen. Sie werden sehen, daß keine wirkliche Bedrohung vorhanden ist.

Platz 6

Auch wenn Sie noch keine Gefahr erkennen können, sollten Sie sich in acht nehmen und wachsam bleiben. Sie haben noch Wunden, die verheilen müssen. Schützen Sie sich, und lassen Sie es nicht zu, daß die Narben wieder aufbrechen. Meiden Sie jede Versuchung, in der Sie rückfällig werden könnten.

Platz 4

Sie haben sich bislang ablehnend, hartherzig und trotzig gezeigt oder sind als Nein-Sager aufgetreten. Man hat Ihnen angesehen, daß Sie sich bedroht fühlen und sich hinter einer Schutzmauer verschanzen. Betrachten Sie die Angelegenheit einmal von einer anderen Seite. Sie werden erkennen, daß sie genaugenommen ungefährlich ist.

Platz 5

Zeigen Sie, daß Sie sich bedroht fühlen und fest entschlossen sind, sich mit aller Kraft zu verteidigen. Machen Sie deutlich, daß man Ihnen in Ihrer Situation nicht zu nahe treten darf. Wenn Sie gerade einen wichtigen Schritt hinter sich gebracht haben, sollten Sie alle Stärke darein setzen, nicht wieder zurückzugehen oder rückfällig zu werden.

10 Stäbe

Astrologische Entsprechung

Saturn/Sonne im Sinne von Schwere und Bedrückung oder Saturn im 11. Haus als Ausdruck mangelnder Perspektive

Mythologisches Bild

Atlas, der das Himmelsgewölbe tragen muß und es gerne an Herakles abgegeben hätte

I Ging Entsprechung

28 Da Go / Des Großen Übergewicht

Die 10 der Stäbe ist die Karte der Bedrückung, die zeigt, daß wir uns zuviel zumuten und darüber die große Perspektive verloren haben. Sie kann daneben auch ein Ausdruck ungeschickter Handhabung sein. Häufig bedeutet sie, daß wir auf der Entwicklungsleiter einige Sprossen übersprungen haben und uns nun in neuer Umgebung zunächst überfordert fühlen; Aufgaben und Verantwortungen hängen wie ein Mühlstein an unserem Hals. Es kann sein, daß wir dabei eine Schlappe erleben. In dem Maße aber, wie wir in diesen neuen Lebensbereich hineinwachsen, lassen Überforderung und Bedrückung nach, und wir lernen unsere Aufgaben geschickter zu handhaben.

Im beruflichen Umfeld zeigt diese Karte Streß, Überforderung oder allzugroße Verantwortung am Arbeitsplatz. Damit ist sie häufig Folge eines zu schnellen Aufstiegs, der uns in Bereiche katapultiert hat, denen wir eigentlich noch nicht gewachsen sind. Es ist wichtig, daß wir in solchen Phasen bewußt (durch Meditation) innere Kraft sammeln, damit wir ohne Schaden die Zeit überstehen, die wir brauchen, um in das neue Aufgabenfeld hineinzuwachsen, den Rahmen wirklich auszufüllen. Die Karte kann auch den Frondienst ausdrücken, die bedrückende und wie aussichtslos wirkende Suche nach einem Arbeitsplatz oder das lähmende Gefühl angesichts schwieriger Prüfungen. Es ist wichtig, in solchen Zeiten soviel Ballast abzuwerfen wie nur möglich.

Auf der Ebene unseres Bewußtseins heißt die 10 der Stäbe, daß wir uns mit Sorgen und schweren Bedenken plagen, ohne einen Ausweg zu erkennen. Wir fühlen uns matt, bedrückt, überlastet. Die beste Methode, eine solche Krise zu überwinden, heißt Abstand gewinnen und endlich die schon seit langem überfällige Pause zu machen. Das kann ein Wanderwochenende in der Natur, ein erfrischender Urlaub am Meer oder eine Schweigewoche im Kloster sein.

In unseren persönlichen Verbindungen weist diese Karte auf tiefe Bedrückung hin. Sie kann zeigen, daß wir allein und ohne beständige Partnerbeziehung leben und auch keinen Ausweg aus dieser Situation erkennen können. Sie kann ebenso bedeuten, daß wir zwar einen Lebensgefährten haben, aber diese Verbindung voller Sorgen und Niedergeschlagenheit erleben. In solchen Zeiten müssen wir uns bewußt entlasten oder – falls das nicht möglich ist – sorgsam auf unseren Mutpegel achten, damit wir nicht plötzlich aus Unmut alles hinwerfen.

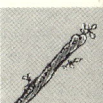

Platz 2

Sie wissen, daß Sie sich zuviel zumuten und darüber den Horizont verloren haben. Wenn Sie es angesichts der Aussichten, die Ihnen die Karte an Platz 1 zeigt, der Mühe wert halten, Ihren bisherigen Weg weiterzugehen, sollten Sie sich in jedem Fall genügend Zeit nehmen. Andernfalls werden Sie Ihr Ziel kaum erreichen.

Platz 7

Sie müssen erkennen, daß Sie sich mit Ihrem Vorhaben zuviel zumuten. Der Schritt, den Sie vorhaben, ist eigentlich zu groß. Wenn Sie ihn trotz allem unbedingt gehen wollen, sollten Sie sich mit viel Zeit und Geduld wappnen und bewußt mit Ihren Kräften haushalten. Vielleicht gibt es aber auch jemanden, der bereit wäre, Ihnen einen Teil der Last abzunehmen?

Platz 3

Sie sind im Innersten bedrückt und haben die Hoffnung schon fast aufgegeben. Das, was bisher geschehen ist, hat Sie überfordert. Gönnen Sie sich etwas Ruhe, und entspannen Sie sich, bevor Sie entscheiden, ob sich Ihr Vorhaben wirklich lohnt. Die Karte auf Platz 1 kann Ihnen dazu eine wichtige Information geben.

Platz 6

Stellen Sie sich darauf ein, daß die nächste Zeit für Sie sehr belastend wird und Sie zumindest streckenweise das Ziel aus den Augen verlieren. In dieser Phase der Bedrückung sollten Sie sich selbst gegenüber wohlwollend sein und sich so viele Pausen wie möglich zugestehen, damit Sie die dringend benötigte Kraft auftanken können.

Platz 4

Sie wirken erschöpft und überfordert. Man sieht, daß Sie ein schweres Joch zu tragen haben und sich bei der Bewältigung Ihres Vorhabens selbst versklaven. Wahrscheinlich brauchen Sie dringend Urlaub. Gönnen Sie sich diese Erholung, und werfen Sie möglichst viel Ballast ab, bevor Sie im Sinne der Karte auf Platz 5 weitermachen.

Platz 5

Zeigen Sie, daß Sie überfordert sind, Sie sich der Aufgabe (noch) nicht gewachsen fühlen und den Glauben an das Ziel weitgehend verloren haben. Versuchen Sie nicht länger den großen Zampano zu spielen, der alles alleine schaffen kann. Vielleicht gibt es Menschen, die gerne bereit sind, Ihnen etwas abzunehmen? Lassen Sie sich in keinem Fall durch Unmut dazu verleiten, alles hinzuwerfen.

Bube der Stäbe

BUBE der STÄBE

Astrologische Entsprechung

Venus in Verbindung mit Mond in Schütze als die Chance, die mit Begeisterung genommen wird

Mythologisches Bild

Iason, der die Argonauten zur abenteuerlichen Suche nach dem Goldenen Vlies einlädt

I Ging Entsprechung

16 Yü / Die Begeisterung

Buben zeigen Chancen und Gelegenheiten, die unsere Wege kreuzen. Die vom Stabbuben dargestellte Chance entspricht dem Feuerelement und ist damit ein mitreißender Impuls oder Vorschlag, der von uns freudig aufgenommen wird. Dabei geht es vor allem um Gelegenheiten, über unsere bisherigen Erlebnissphären hinauszuwachsen: Vorschläge, die unsere Abenteuerlust ansprechen, die Mut und Risikofreude verlangen, die die Spannung unseres Lebens erhöhen, weil sie uns der lähmenden Routine des Alltags entreißen. Es kann sich um kräftemessende, sportliche Aktivitäten handeln, um Möglichkeiten, unsere eigenen Grenzbereiche auszuloten, oder auch um kleinere, spannende Erlebnisse und Erfahrungen des Alltags.

Im beruflichen Umfeld bedeutet der Stabbube, daß uns Vorschläge unterbreitet werden und sich gute Gelegenheiten auftun, die wir freudig begrüßen. Das kann die Chance sein, mit einer Aufgabe betraut zu werden, die uns ganz fordert, eine neue Position zu übernehmen oder einen ungewöhnlich reizvollen Auftrag (im Ausland) zu erhalten. Der Wachstumsaspekt dieser Karte kann auch ein Hinweis auf kommende Beförderungen sein. Selbst wenn damit schwierige Aufgabenstellungen verbunden sind, sollten wir diese Aussichten mit Freude und Zuversicht aufnehmen.

Auf der Ebene unseres Bewußtseins zeigt diese Karte, daß wir wichtige Anregungen erhalten, durch die wir unseren bisherigen Horizont wesentlich erweitern. Das können Anstöße sein, die unsere Aufmerksamkeit auf ein bislang unbekanntes oder vernachlässigtes Gebiet lenken: ein Buch, eine Einladung zu einem Theaterstück, einem Konzert, einem Vortrag oder einem Seminar, aber auch ein anregendes Gespräch. Die Karte kann ebenso bedeuten, daß wir die fällige Auseinandersetzung mit bestimmten Lebensfragen als Auslöser neuer Impulse erleben.

Im Bereich unserer persönlichen Beziehungen erleben wir den Stabbuben oft als Einladung zum Abenteuer. Darin liegt sowohl ein bereichernder und belebender Aspekt für eine bestehende Partnerschaft als auch der Reiz, in eine neue, aufregende Beziehung zu treten, und manchmal die Verlockung, das Abenteuer außerhalb der gewohnten Bahnen zu suchen.

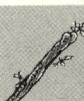

Platz 2

Sie haben in dieser Angelegenheit einen belebenden Impuls gesehen, der Sie wesentlich voranbringt. Sie wissen, daß Sie dazu ein gesundes Maß an Risikofreude und Unternehmungslust brauchen. Wenn Sie bereit sind, diese Erkenntnis zum Erleben werden zu lassen, zeigt Ihnen die Karte auf Platz 5, wie Sie dabei auftreten sollen.

Platz 7

Erkennen Sie die große Chance, die auf Sie zukommt. Nehmen Sie die Gelegenheit wahr. Setzen Sie sich über kleinmütige und übervorsichtige Zweckmäßigkeitserwägungen hinweg, lassen Sie sich begeistern. Machen Sie sich die Risiken durchaus bewußt, aber entscheiden Sie sich für den kühnen und wagemutigen Weg.

Platz 3

Sie haben sich bislang eher passiv verhalten und auf die große Chance gehofft, die Sie aus Ihrem Alltag herausreißt, oder auf einen Impuls, einen Vorschlag gewartet, für den Sie sich begeistern können. Die Karte auf Platz 1 zeigt Ihnen, ob Ihre Erwartung sich erfüllen wird, und die auf Platz 6, ob Sie selbst initiativ werden müssen.

Platz 6

Ihnen bietet sich eine spannende Gelegenheit. Zaudern Sie nicht länger. Lassen Sie sich hinreißen von der großen Chance, die darin liegt, vergessen Sie alle bisherige Scheu und Ängstlichkeit, und wagen Sie das Abenteuer.

Platz 4

Sie haben sich in dieser Angelegenheit bislang abwartend gezeigt und auf einen Anstoß von außen gewartet. Wenn Sie diesen Impuls inzwischen bekommen haben, sollten Sie ihn nutzen. Andernfalls ist Ihr Warten vergebens, und Sie müssen Ihr Verhalten im Sinne der Karte auf Platz 5 – vermutlich aktiver – gestalten.

Platz 5

Warten Sie auf eine gute Chance, die sich Ihnen in Kürze bietet. Zeigen Sie, daß Sie bereit sind, sich mitreißen zu lassen und alle Risikofreude aufzubringen, die von Ihnen verlangt wird. Zeigen Sie Ihr Temperament und daß Sie auch vor einer Mutprobe nicht zurückschrecken. Schlagen Sie keine Einladung oder Gelegenheit aus, in der Angst, Sie könnten ihr nicht gewachsen sein.

Ritter der Stäbe

Astrologische Entsprechung

Mars in Widder als Ausdruck von
Unternehmungslust, Erlebnishunger,
Temperament, Abenteuerlust und
Ungeduld

RITTER der STÄBE

Mythologisches Bild

Notos, der heiße Südwind. Seine
Wärme wurde sehr geschätzt, seine
heißen Herbststürme dagegen als Ver-
nichter der Ernte gefürchtet

I Ging Entsprechung

–

Der Ritter der Stäbe verkörpert eine warme bis
hitzige Atmosphäre, in der Lebenslust, Leidenschaft und schwärmerische Begeisterung zu finden sind, aber auch Ungeduld, Heißblütigkeit,
Impulsivität und ungestüme Übertreibung. Deshalb kommt es sehr auf die Art des von dieser
Karte gekennzeichneten Lebensbereiches an, ob
wir ihre Wärme genießen dürfen oder ihre Hitze,
ihre Unbeständigkeit fürchten müssen. Die Ungeduld, die diese Karte ausdrückt, heißt: Wir wollen
alles, und zwar sofort. Wenn dies nicht gelingt
oder wir dies nicht bekommen, reagieren wir aufbrausend, zornig, aggressiv. Andererseits ist die
dem Stabritter eigene Wärme belebend und mit-
reißend, kann manche frostige Atmosphäre entspannen und in festgefahrene Situationen neuen
Schwung bringen.

Im beruflichen Umfeld zeigt diese Karte, daß
wir voller Eifer und Ungeduld sind und uns sehr
schwer tun, Verständnis für die hier oft notwendigen Zeitabläufe aufzubringen. Das heißt, wir
gehen zwar mit hoher Motivation und Begeisterung auf unsere Aufgaben zu, sind dabei aber
sprunghaft, zeigen wenig Ausdauer und verlieren
schon bei den kleinsten Hindernissen das Interesse. Daneben kann der Stabritter einen hitzigen
Wettbewerb anzeigen und Temperamentsausbrü-
che am Arbeitsplatz.

Auf der Ebene unseres Bewußtseins bedeutet
diese Karte, daß wir uns in einer Sturm-und-
Drang-Phase befinden, in der wir himmelwärts
nach Idealen streben oder fundamentale Überzeugungen herausbilden und vertreten, ohne daß uns
viel an ihrer objektiven Rechtfertigung liegt oder
wir nach den Möglichkeiten ihrer Verwirklichung fragen. Die Begeisterungsfähigkeit, die wir
in solchen Zeiten entwickeln, hat auch für andere
etwas Mitreißendes und Belebendes und ist damit
in mancher Situation erfrischend. Aber dort, wo

Weichen für die Zukunft gestellt werden, führt
die Hitzigkeit dieser Stimmung zu voreiligen
Handlungen und Entschlüssen.

Im Bereich unserer persönlichen Beziehungen
kann diese Karte die Glut der Leidenschaft ausdrücken und auch temperamentgeladene Auseinandersetzungen anzeigen. Beides kann sehr leicht
zu dramatisch inszenierten Übersteigerungen führen. Aber dort, wo diese Energien auf gemeinsame Unternehmungen gerichtet werden, entfalten
sie eine wertvolle Kraft, die bisherige Einzelkämpfer zu Kampfgefährten werden läßt.

Platz 2

Sie haben die Angelegenheit bislang voller Ungeduld und von sehr subjektiver Warte aus betrachtet. Vielleicht sind Sie kämpferisch, fordernd oder auch aufdringlich, in jedem Fall aber sehr gespannt und nicht bereit, länger zu warten oder gar Kompromisse einzugehen. Seien Sie trotzdem vorsichtig, damit Sie durch Voreiligkeit nichts zerstören, was mit etwas Geduld zu voller Größe gedeihen würde.

Platz 7

Machen Sie sich klar, daß Geduld und weiteres Abwarten Ihnen in dieser Angelegenheit nichts bringt. Bringen Sie Ihre Überzeugungen zum Ausdruck, auch wenn es sich dabei um sehr eigenwillige Meinungen handelt. Stellen Sie klare Forderungen. Wenn die Karte auf Platz 1 Sie ermutigt, setzen Sie rücksichtslos auf »Alles oder Nichts«.

Platz 3

Sie haben Feuer im Herzen. Entweder sprudeln Sie vor Ungeduld und Erlebnishunger, oder Sie kochen vor Wut. Jeder Hinweis auf Geduld und Bedachtsamkeit muß Ihnen wie ein Affront erscheinen. Lassen Sie sich trotzdem von der Karte auf Platz 6 einen Hinweis geben, mit welcher inneren Haltung Sie sicher an Ihr Ziel kommen.

Platz 6

Sie dürfen nicht länger warten. Wagen Sie den großen Sprung. Nehmen Sie sich den Mut, das zu tun, wozu Ihr Gefühl Sie drängt. Lassen Sie sich mitreißen, teilen Sie Ihre Begeisterung mit anderen. Und wenn Sie wild und wütend sind, sollten Sie auch diesen Gefühlen Luft verschaffen.

Platz 4

Sie haben sehr ungeduldig und draufgängerisch gewirkt. Vielleicht waren Sie auch wütend und aufbrausend. In jedem Fall hat man Ihnen Ihren Erlebnishunger oder Ihre Hitzigkeit angesehen. Haben Sie auch Ausdauer bewiesen?

Platz 5

Gießen Sie Öl in das Feuer. Riskieren Sie »mehr«, gleichgültig ob es um die Glut der Leidenschaft oder die Hitze des (Wett-)Kampfes geht. Treten Sie forsch und fordernd auf. Seien Sie ruhig draufgängerisch, auch wenn es Ihnen sonst schwerfällt, sich dermaßen zu exponieren.

Königin der Stäbe*

Astrologische Entsprechung

Mond in Löwe im Sinne von Lebenslust, Temperament, Stolz, Selbstbestimmtheit und Unbezähmbarkeit

KÖNIGIN der STÄBE

Mythologisches Bild

Hyppolytha und Pentesilea, Königinnen der Amazonen. Oder Artemis, Göttin der Jagd und Herrin der Tiere

I Ging Entsprechung

—

Die Königin der Stäbe verkörpert die weibliche Kraft des Feuerelements. Sie steht damit für Selbstvertrauen, Selbstbestimmtheit, für eine katzenhafte Geschmeidigkeit, die Ausdruck ihrer Klugheit und nicht etwa ihrer Anpassungsbereitschaft ist. Die Stabkönigin ist aufgeschlossen, willensstark und unternehmungslustig. Ihr Stolz gibt ihr große innere Kraft und Stärke, macht sie andererseits auch empfindsam gegenüber Kritik und verweigerter Anerkennung oder Bewunderung. Sie repräsentiert Lebenslust und Lebensbejahung in einem so hohen Maße, daß es auch zu rauschhafter Vergnügungslust, maßloser Verschwendung kommen kann. Ihr schauspielerisches Talent und ihr lebenshungriger Sinn für Leidenschaften läßt sie zur Königin des Dramas werden, wie es am deutlichsten im Bild der Carmen zum Ausdruck kommt.

Im beruflichen Erleben steht die Königin der Stäbe für unseren Wunsch nach mehr Selbständigkeit und Selbstverantwortung. Sie zeigt, daß wir ansprechbar und aufgeschlossen sind, größere Aufgaben zu übernehmen, um diese mit Kraft und Zuversicht zu bewältigen. Sie verkörpert unsere Bereitschaft zu reifen und uns zu entfalten, dank derer wir diesen neuen Aufgaben auch gewachsen sind.

Auf der Ebene des Bewußtseins heißt diese Karte, daß wir uns einer Lebenskraft öffnen, die Wärme und Frohsinn, aber auch Mut und Unternehmungslust in uns fördert. Sie sagt, daß wir nicht länger von kargen Zweckmäßigkeitserwägungen bestimmt sind oder uns willenlos treiben lassen. Sie zeigt die Bereitschaft, das eigene Leben aktiv zu gestalten und nach eigenen Idealen auszurichten. Damit bedeutet sie ein Mehr an Lebens-

klugheit, Selbständigkeit und verfeinertem Gerechtigkeitsempfinden.

In unseren persönlichen Beziehungen steht diese Karte für eine Zeit zunehmender Entfaltung und für den Ansturm neuer, teils mitreißender Erfahrungen. Sie zeigt die Aufgeschlossenheit, uns ansprechen und begeistern zu lassen, und verweist damit in aller Regel auf eine lebhafte bis überschwengliche Phase mit neuen Kontakten, aber auch spürbarer Belebung bestehender Verbindungen. Die Selbstbestimmtheit, die durch diese Königin ausgedrückt wird, bedeutet, daß wir in unseren Beziehungen »mündig« werden und damit bislang »überlegenen« Partnern künftig ein Paroli bieten.

---

* Zu den Besonderheiten der Hofkarten siehe Seite 15.

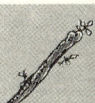

Platz 2

Sie haben die Angelegenheit bislang gespannt und mit wacher Aufmerksamkeit betrachtet. Sie sind von sich selbst überzeugt und strahlen diese Stärke aus. Behalten Sie die Kraft Ihrer Zuversicht, ohne es zu hitzigen Übertreibungen kommen zu lassen.

Platz 7

Betrachten Sie die Angelegenheit mit Zuversicht, und zeigen Sie sich aufgeschlossen gegenüber Anregungen und Vorschlägen anderer. Prüfen Sie Ihr Vorhaben prinzipiell, und stellen Sie sich die Frage, ob es sich mit Ihrer Moral und Ihren Idealen vereinbaren läßt. Wenn Sie diese Fragen eindeutig bejahen können, sollten Sie Ihrer Überzeugung Ausdruck verleihen und durch Ihren Enthusiasmus auch andere für Ihren Plan begeistern.

Platz 3

Sie sind dynamisch und unternehmungslustig. Sie wissen zuinnerst, daß Ihr Glaube Berge versetzen kann. Bei allem löblichen Temperament und Selbstvertrauen sollten Sie sich nicht zu dramatischer Selbstüberschätzung oder gespielter Großartigkeit verleiten lassen und auch nicht den Blick für die Grenzen des Machbaren verlieren.

Platz 6

Lassen Sie in sich die Kräfte des Vertrauens und der Zuversicht wachsen. Zeigen Sie Ihr warmes Herz, Ihre Lebenslust und Ihren Frohsinn. Lassen Sie sich von anderen ansprechen und mitreißen, aber hören und achten Sie dabei auf Ihr Gespür für Gerechtigkeit.

Platz 4

Sie sind selbstbewußt und unternehmungslustig aufgetreten, vielleicht auch feurig und voller Ideale. Wenn die Karten auf Platz 2 und 3 diesem Auftreten entsprechen, sollten Sie es lediglich um die Bedeutung der Karte auf Platz 7 ergänzen. Haben Sie aber nur aufgetrumpft, müssen Sie sich umstellen.

Platz 5

Zeigen Sie Ihre Selbständigkeit, Ihre Selbstbestimmtheit und Ihre Willenskraft. Geben Sie Ihrem Optimismus, Ihrer Lebensfreude und auch Ihrer Lebensklugheit Ausdruck. Begeistern Sie andere mit der Kraft Ihrer Überzeugung für Ihr Vorhaben.

König der Stäbe*

KÖNIG der STÄBE

Astrologische Entsprechung
Sonne in Löwe als Ausdruck von
Selbstvertrauen und Souveränität

Mythologisches Bild
Der edelmütige König Artus oder der
weise König Salomo

I Ging Entsprechung
—

Der König der Stäbe repräsentiert die männliche
Seite des Feuerelements, dessen Entfaltungskraft
uns am Bild des Sonnenkönigs Ludwig XIV. deutlich werden kann. Er ist der Inbegriff des Selbst-
vertrauens, der Lebensbejahung und der Freude
an Reichtum, Macht und Größe. Dabei müssen
diese Eigenschaften keineswegs nur auf der vordergründigen Ebene, als pure Lust an der eigenen
Großartigkeit, gelebt werden, sondern können
sich in vorbildhafter Weise zum Wohle aller
Beteiligten ausformen. Diese Karte ist Ausdruck
von Willenskraft, Selbstüberzeugung, ideellem
Streben nach Wachstum, größtmöglicher Entfaltung und Reifung der Person. Nur in der negativen Übertreibung kommt es zu Selbstbeweihräu-
cherung, Ich-Aufblähung, Prunksucht und An-
geberei.

Im beruflichen Erleben steht der Stabkönig für
selbstbewußtes, überzeugendes, bestimmtes Auftreten, für Unternehmungsgeist und starke Motivation. Sie zeigt großes Organisationstalent an
und verbindet Führungsanspruch mit entsprechender Qualifikation. Sie steht für Dynamik,
Engagement und Risikofreude. Der Stabkönig ist
die treibende Kraft im Arbeitsteam. Wenn sein
Realitätssinn allerdings getrübt ist, kann dies zu
chaotischer Hektik, zu fruchtloser Betriebsam-
keit führen, die im Bayrischen trefflich als
»Gschaftlhuberei« bezeichnet wird. Des Stabkö-
nigs Schwachstelle ist das fehlende Gespür für
notwendige Zeitabläufe, womit es zu Fehlplanun-
gen kommen kann und manche gute Absicht
eben nur Absicht bleibt.

Auf der Ebene unseres Bewußtseins zeigt diese
Karte einen Reifungsprozeß, der verbunden ist
mit einer Erweiterung unserer Horizonte und der

Suche nach Weisheit. Es geht dabei vor allem um
die Entfaltung unserer Willenskraft und unserer
moralischen Stärke und Überzeugung. Als Stabkönig erleben wir die Wirklichkeit als eine große
Arena, in der es gilt, unsere Idealvorstellungen
und unseren Willen zum Ausdruck zu bringen.
Es ist darüber hinaus eine Zeit, in der unsere
Wertvorstellungen und unsere religiösen Überzeugungen wachsen und für unser Verhalten
bestimmend sind, wobei gerade ihre Subjektivität
etwas sehr Persönliches hat, das auf andere mitrei-
ßend wirken kann.

In unseren partnerschaftlichen Beziehungen ist
diese Karte Ausdruck von Wärme, Großzügigkeit
und ehrlichem Engagement. Der Stabkönig bedeutet hier Lebendigkeit, Unternehmungslust, er
liebt es zu verwöhnen und sich dabei in seiner
eigenen Großherzigkeit zu erleben. Er zeigt, daß
wir auf unsere Beziehung im Grunde stolz sind
oder aber einen Partner suchen, dessen Wesen
eine starke Persönlichkeit ausstrahlt.

* Zu den Besonderheiten der Hofkarten siehe Seite 15.

Platz 2

Sie haben die Angelegenheit bislang von Ihrem subjektiven Standpunkt aus betrachtet und gehen davon aus, daß alles nur eine Frage des Willens ist. Zweifellos ist Ihre Überzeugungskraft hilfreich. Trotzdem sollten Sie prüfen, ob Sie hier nicht nur ein Vorurteil pflegen.

Platz 7

Gehen Sie überzeugt und selbstbewußt an Ihr Vorhaben. Lassen Sie sich nicht von ängstlichen Zweckmäßigkeitsüberlegungen oder kleingeistiger Zaghaftigkeit anderer irritieren. Erlauben Sie sich einen ganz subjektiven Standpunkt, und wagen Sie den großen Wurf. Ihr positives Denken führt Sie zum Ziel.

Platz 3

Sie haben einen starken Glauben, sind von der Richtigkeit Ihrer Sache überzeugt. Ihre Gewißheit und Ihr Mut sind wichtige Voraussetzungen. Wahrscheinlich gehört Selbstkritik nicht gerade zu Ihren Stärken. Überlegen Sie, ob Sie genügend Zeit eingeplant haben, damit Sie Ihr Vorhaben trotz eventueller Widrigkeiten verwirklichen können.

Platz 6

Lassen Sie sich von der Kraft Ihres Glaubens und Ihrer inneren Gewißheit leiten. Bleiben Sie sich und Ihren moralischen Grundsätzen treu. Vertrauen Sie auf Ihr Gerechtigkeitsempfinden, und beweisen Sie in dieser Angelegenheit Ihre innere Größe.

Platz 4

Sie haben sicher, optimistisch und großartig gewirkt und sind überzeugend aufgetreten. Mit Ihrem Enthusiasmus können Sie andere begeistern und mitreißen. Vielleicht aber waren Sie etwas zu überheblich oder großspurig?

Platz 5

Zeigen Sie Ihre ganze Persönlichkeit, und vertreten Sie Ihre Position mit dem Brustton ehrlicher Überzeugung. Zeigen Sie Ihr Temperament. Übernehmen Sie die Führung, und seien Sie anderen gegenüber großmütig und gönnerhaft. Man wird Sie schätzen und respektieren.

As der Schwerter

Astrologische Entsprechung

Merkur/Mars im Sinne von Scharfsinn und Entscheidungskraft oder
Merkur/Jupiter als Erkenntniszuwachs und höhere Vernunft

AS der SCHWERTER

Mythologisches Bild

Das Schwert (der erkennenden Kraft),
mit dem Alexander den Gordischen
Knoten (der seelischen Verstrickungen) zerschlug

I Ging Entsprechung

–

Jedes As verkörpert eine Chance, die in uns liegt.
Das As der Schwerter entspricht dem Prinzip der
höheren Vernunft, die hier als erkennende Kraft
zu Klarheit, Eindeutigkeit und Entschiedenheit
führt. Im Gegensatz zur folgenden Karte (2 der
Schwerter), die die zersetzende Kraft des Zweifels
ausdrückt, wird das Wirken des Verstandes hier
in seiner erhellenden, klärenden und befreienden
Art gezeigt. Es geht darum, mit aller gebotenen
Schärfe ein Problem zu durchdringen und zu analysieren, ohne dabei den Blick für das Ganze zu
verlieren, ohne es zu zerreden oder zu bagatelli-
sieren.

Im beruflichen Erleben steht diese Karte für die
Klarheit der Erkenntnis, mit der eindeutige Entscheidungen getroffen werden, sowie für Lösun-
gen sehr verzwickter Probleme. Das kann bedeuten, daß eine frische Brise neuen Schwung in alte
Gewohnheiten bringt oder festgefahrene Verhandlungen eine entscheidende Wende bekommen. Es kann sich auch um ein klärendes
Gespräch handeln, das die »dicke Luft« aus der
Arbeitsatmosphäre vertreibt. Nicht zuletzt können die Schärfe und das Trennende dieser Schwertkarte auch die gut überlegte Entscheidung anzeigen, unseren bisherigen Aufgabenbereich zu verlassen.

Auf der Ebene unseres Bewußtseins heißt dieses
As, daß wir Probleme, die uns bislang wie
unüberwindbare Hürden erschienen, in einzelne,
überschaubare Teilbereiche zerlegen und die
Lösung jedes Einzelsegments untersuchen sollten,
um dann abschließend wieder alles zu einem
geklärten Ganzen zusammenzufügen. Dank dieser Kraft der Analyse und Synthese können wir
uns aus großen Verstrickungen und Abhängigkeiten befreien und zielgerichtet neue Wege gehen.

Im Bereich unserer persönlichen Beziehungen
kann das As der Schwerter für das befreiende klärende Gespräch stehen oder eine Lösung und
Überwindung tief liegender Probleme anzeigen.
Auf dieser Ebene hat die kühle und nüchterne Art
dieser Karte allerdings häufig eine desillusionie-
rende Seite, die zu Trennungen führen kann.

Platz 2

Sie haben die Angelegenheit klug und in aller Schärfe analysiert, um zu klarer Erkenntnis und eindeutiger Entscheidung zu kommen. Achten Sie darauf, daß Sie das Thema nicht zerreden und nicht den Blick für das Ganze verlieren.

Platz 7

Betrachten Sie die Angelegenheit zunächst abstrakt und versuchen Sie, die dahinterliegende Idee oder Formel zu erkennen. Gehen Sie logisch vor bis ins Detail, und ziehen Sie dann in aller Schärfe Ihre Konsequenzen. Dabei werden Sie den springenden Punkt erkennen, den Sie bislang übersehen haben, und zu einer klaren, eindeutigen Sichtweise kommen.

Platz 3

Sie spüren, daß die Angelegenheit »auf Messers Schneide« steht und daß es zu einer klärenden Entscheidung kommen muß. Dabei sind Sie sehr kritisch und kühl. Lassen Sie sich in Ihrer weiteren inneren Einstellung von der Karte auf Platz 6 inspirieren.

Platz 6

Sie müssen kühl und nüchtern, vielleicht auch konfliktbereit und mit einer gesunden Skepsis an die Angelegenheit herangehen. Seien Sie hellwach, und versuchen Sie innerlich etwas Distanz zu gewinnen. Dadurch wird es Ihnen leichterfallen, ein freimütiges Urteil und eine kluge Entscheidung zu treffen.

Platz 4

Sie sind bislang schlau, wendig oder auch kritisch-distanziert aufgetreten. Sie haben gezeigt, daß es Ihnen um eine nüchterne Entscheidung geht, mit der Sie die Situation klären wollen. Die Karte auf Platz 7 kann Ihnen einen Hinweis geben, wie diese Entscheidung aussehen könnte.

Platz 5

Zeigen Sie Ihre Entschlossenheit, diese Angelegenheit klug und geschickt zu klären. Machen Sie deutlich, daß Sie geistig beweglich, logisch versiert und erfinderisch sind, wenn es um die Lösung von Problemen geht, und daß Sie über die Analyse hinaus auch wieder zur Synthese kommen. Wahren Sie eine gesunde Distanz, und bemühen Sie sich um größtmögliche Objektivität.

2 Schwerter

Astrologische Entsprechung
Mond in Zwilling als Ausdruck tiefer innerer Zweifel

Mythologisches Bild
Der ungläubige Thomas

I Ging Entsprechung
38 Kui / Der Gegensatz

Diese Karte weist auf Situationen hin, die von hartnäckigen, nagenden Zweifeln gekennzeichnet sind. Sie zeigt den mitunter sogar verzweifelten Versuch, auf der intellektuellen Ebene zu einer eindeutigen Haltung und Entschlußkraft zu gelangen. Wirkliche Überzeugtheit kann aber nur entstehen, wenn unsere Erkenntnisse auch von der Ebene unserer Gefühle getragen werden. Dieser Bereich des Unbewußten, der auf der Karte durch das Meer und den Mond dargestellt wird, ist abgeschnitten. Die gekreuzten Schwerter, die Schranken des Intellekts, verwehren den Zugang. Damit kennzeichnet die Karte die mißliche Lage, in die wir geraten, wenn wir hart um klärende Erkenntnisse ringen, ohne dabei auf unsere innere Stimme zu hören. Die 2 der Schwerter ist der Gegenpol zur Karte der Hohenpriesterin (II), mit der sie die Sitzhaltung gemeinsam hat. Die für die intuitiven Kräfte der Hohenpriesterin charakteristischen Blautöne sind hier in den Hintergrund gestellt. Die Person selbst sitzt im grauen Bereich, der vielleicht des Gedankens Blässe ausdrückt, das Vage, die »graue Theorie«. Eine das Vertrauen »zerbeißende« Kraft des Zweifels finden wir in Märchen oft durch den Wolf verkörpert.

Im beruflichen Umfeld zeigt sie, daß wir an einem Punkt angekommen sind, an dem wir in tiefe Zweifel über die weitere Vorgehensweise geraten, uns aber gleichzeitig vehement dagegen sperren, auf unsere Intuition zu vertrauen. Zwar kann uns der methodische Zweifel in dieser Situation wertvolle Erkenntnisse liefern, doch wenn wir unserem Gefühl nachhaltig die Mitsprache verweigern, wird keine eindeutige Haltung, kein überzeugendes Handeln daraus hervorgehen.

Auf der Ebene unseres Bewußtseins drückt diese Karte starke analytische Fähigkeiten aus. Der Schärfe des Intellekts kann es wohl gelingen, selbst komplexe Verstrickungen in überschaubare Teilbereiche aufzulösen. Die hier angezeigte Gefahr liegt darin, daß wir am Ende paralysiert vor einem Scherbenhaufen von Einzelteilen stehen, ohne zu wissen, wie wir daraus wieder eine neue Einheit entstehen lassen können. Ohne den Zugang zum Meer, das die Ganzheit darstellt, können wir nur zu immer kopflastigeren, wenn auch teilweise brillanten Erkenntnissen vorstoßen, aber keinen inneren Frieden finden. Die Rigorosität dieser Haltung kommt in dem berühmten Ausspruch des großen Zweiflers Descartes zum Ausdruck: »Alles, was nur wahrscheinlich ist, ist wahrscheinlich falsch.«

In unseren persönlichen Beziehungen zeigt diese Karte innere Zerrissenheit, Skepsis, Entscheidungsunwilligkeit oder -unfähigkeit. Hier ist sie als kritisch anzusehen, weil sie die eine Beziehung tragenden Gefühle der Liebe, des Vertrauens und der Zusammengehörigkeit mit dem beißenden Gift des Zweifels durchtränkt. In manchen Situationen mag dies das einzige, rettende Mittel sein, aus unerträglichen Verstrickungen auszubrechen. In diesen Fällen sollte das Mittel wie eine starke Medizin nur zur Lösung gebraucht werden, doch auf keinen Fall zur Gewohnheit werden.

Platz 2

Sie haben Ihrer Situation bislang skeptisch oder unentschlossen gegenübergestanden. Aus Ihrer kritisch distanzierten Betrachtung konnte keine eindeutige oder gar zuversichtliche Vorgehensweise entstehen. Nachdem Sie nun alles gründlich analysiert haben, wäre es an der Zeit, zu einem klaren, eindeutigen Entschluß zu kommen.

Platz 7

Betrachten Sie die Angelegenheit skeptisch. Setzen Sie sich dieses eine Mal über Ihre Gefühle hinweg, und nehmen Sie Ihre Wünsche und Ängste kritisch unter die Lupe. Gehen Sie zunächst den Weg des Zweifels, ringen Sie um klare Erkenntnisse, Sie laufen sonst Gefahr, getäuscht zu werden.

Platz 3

Ihre Gefühle waren bisher widersprüchlich. Sie haben Ihrem Gespür mißtraut und fanden sich zwischen Fühlen und Denken hin- und hergerissen. Wahrscheinlich waren Sie verwirrt, in Zweifel verstrickt und konnten nicht wirklich an einen Weg oder einen Fortschritt glauben. Nun ist es an der Zeit, die innere Balance wiederzufinden.

Platz 6

Stellen Sie Ihre Gefühle in dieser Sache zutiefst in Frage. Sie sind zu leichtgläubig und müssen eine äußerst kritische Haltung einnehmen. Auch wenn die Zweifel wehtun, müssen Sie sich dieses Mal mit aller Kraft dagegen wehren, Ihren Instinkten zu trauen oder Ihren Wünschen und Sehnsüchten zu folgen. Wenn Ihnen Ihre Situation Angst macht, nutzen Sie alle Kräfte des Verstandes, um zur Klarheit zu gelangen und sich von Irritationen und Alpträumen zu befreien.

Platz 4

Sie haben bislang Ihre Skepsis, Ihren Zweifel, vielleicht auch Ihre Unentschlossenheit gezeigt. Sie haben der Angelegenheit ungläubig und manchmal überkritisch gegenübergestanden. Vielleicht haben Sie auch verzweifelt gewirkt.

Platz 5

Treten Sie betont kritisch auf. Zeigen Sie Ihre Skepsis und daß Sie sich nicht von leichtfertigen Versprechungen einfangen lassen. Seien Sie in dieser Angelegenheit kühl und berechnend.

3 Schwerter

Astrologische Entsprechung

Mars/Mond als Ausdruck der verletzten Gefühle. In Verbindung mit Merkur als die gegen das Gefühl getroffene Entscheidung

Mythologisches Bild

Abrahams Entscheidung, Isaak zu opfern. Antigone, die gegen den ausdrücklichen Befehl des Königs Kreon ihren Bruder Polyneikes bestattet

I Ging Entsprechung

23 Bo / Die Zersplitterung

Diese Karte wird aufgrund ihrer Bildaussage leicht zu einseitig und vorschnell als die schmerzvolle Erfahrung, insbesondere als Liebeskummer gedeutet. Zwar ist dies ein wichtiger Teilaspekt der Karte, der jedoch die Hauptaussage verwischt. Die Bedeutung der 3 der Schwerter liegt vor allem in der gegen das Gefühl getroffenen Entscheidung. Ob dadurch ein fragwürdiges Handeln angezeigt ist oder aber ein Akt der Befreiung, kann nur vor dem Hintergrund der Frage und von den übrigen ausgelegten Karten her beurteilt werden. Dort, wo Verstandestyrannei das Gefühlsleben martert, ist diese Karte sicherlich sehr bedenklich. Aber in Fällen, in denen sie zeigt, daß wir uns kraft unseres Verstandes aus Abhängigkeiten und von zweifelhaften Gewohnheiten befreien, weist sie auf einen zwar schmerzhaften, aber dennoch notwendigen Schritt.

Im beruflichen Erleben bedeutet die 3 der Schwerter, daß wir uns zu Entscheidungen und Vorgehensweisen durchringen, die unserem Gefühl zuwiderlaufen. Das kann die Übernahme einer ungeliebten Aufgabe sein, ein Gespräch, das wir führen müssen, obwohl sich in uns alles dagegen sträubt. Wenn wir mit Führungsaufgaben betraut sind, kann die Karte ausdrücken, daß wir aufgrund unserer Position einen im übrigen sehr geschätzten Mitarbeiter hart kritisieren müssen. Natürlich kann die Karte auch bedeuten, daß wir selbst gekränkt oder verletzt werden und schmerzvolle Erfahrungen machen, die bis zu einer Kündigung reichen.

Auf der Ebene unseres Bewußtseins zeigt die 3 der Schwerter, daß wir uns in einem desillusionierenden Entwicklungsprozeß schmerzhafter Erkenntnisse befinden. Dabei kann es sich um die Einsicht handeln, daß wir uns von bislang vertrauten Sehweisen oder Gewohnheiten lösen und innere Trägheiten überwinden müssen oder daß wir uns zu Entscheidungen durchringen, vor denen wir Angst haben oder die unserem Innersten zuwider sind. Dort, wo ein unkontrolliertes Intellektualisieren wertvolle Gefühle vereist, ist diese Karte eine Warnung, aber dort, wo der Schnitt des Verstandes uns von den Wucherungen kranker Gefühle befreit, ist dieser schmerzhafte Schritt so lebenswichtig wie eine rettende Operation.

Im Bereich unserer persönlichen Beziehungen bedeutet diese Karte in aller Regel Liebeskummer. Sie zeigt Enttäuschungen, Kränkungen, Verletzungen und nicht selten das Ende einer Beziehung an. Aber auch hier kann sie zutiefst positive Bedeutung haben: die Entschlossenheit, mit der wir uns allen Schmerzen zum Trotz aus einer Beziehung lösen, die uns negativ beeinflußte und krank machte.

Platz 2

Sie haben erkannt, daß Ihr Vorhaben mit schmerzvollen Erfahrungen und bitteren Enttäuschungen verbunden ist. Wenn Sie sicher sind, daß Sie dadurch einen unerträglichen Zustand beenden, sollten Sie sich in Ihrer Betrachtung nicht beirren lassen. Versuchen Sie dagegen, mit Negativdenken wertvolle Gefühle zu unterdrücken, ist diese Karte eine deutliche Warnung. Die Karte auf Platz 7 wird Ihnen sagen, wie Ihre weitere Einstellung sein sollte.

Platz 7

Scheuen Sie sich nicht vor unliebsamen Erkenntnissen. Vertrauen Sie ganz auf die klaren Eingebungen Ihres Verstandes, der Ihnen helfen wird, sich aus Ihrer Situation zu befreien. Setzen Sie sich diesmal über Ihre Gefühle hinweg, und machen Sie unwiderruflich Schluß mit alten Gewohnheiten.

Platz 3

Sie sind tief verletzt und enttäuscht. Entweder haben Sie eine notwendige Phase der Desillusionierung durchgemacht oder Sie haben in fast selbstzerstörerischer Weise Ihre Gefühle mit dem beißenden Gift des Verstandes durchtränkt. Prüfen Sie umsichtig, ob Sie auf dem richtigen Weg sind. Die Karte auf Platz 6 kann Ihnen dazu einen wichtigen Hinweis geben.

Platz 6

Sie sind in der Situation eines Kranken, der nur durch eine Operation geheilt werden kann. Fassen Sie Mut, und gehen Sie tapfer diesen Weg der schmerzhaften Erkenntnis. Befreien Sie sich aus Abhängigkeiten, und trennen Sie sich mit aller Kraft von kranken Gefühlen. Wenn Ihre Wunden wieder verheilt sind, werden Sie sich gesund und vor allem geheilt und erleichtert fühlen.

Platz 4

Sie wirken verhärmt und verletzt wie jemand, der eine tiefe Lebenskrise durchmacht. Oder Sie zeigen sich als ein Mensch, der seine Gefühle vollständig unter Kontrolle hat. Wenn Ihr Auftreten ehrlicher Ausdruck einer vorübergehenden Phase ist, kann es sehr hilfreich sein, die schmerzhaften Gefühle zu zeigen. Ist es jedoch schon zu einem für alle gewohnten Bild geworden, sollten Sie dringend den Weg zur bejahenden Seite des Lebens suchen. Die Karten auf Platz 5 bis 7 können Ihnen zeigen, wo er zu finden ist.

Platz 5

Zeigen Sie Ihren Schmerz und Ihre Enttäuschung, vor allem aber Ihre Entschlossenheit, geradlinig und konsequent zu bleiben. Lassen Sie sich nicht beirren, und gehen Sie diesmal den klaren, wenn auch harten Weg des Verstandes. Jeder Schritt und jeder Tag wird Sie sicherer machen und Sie vor der Gefahr schützen, rückfällig zu werden.

4 Schwerter

Astrologische Entsprechung

Saturn im 5. Haus als Ausdruck verhinderter Kreativität oder im 6. Haus als Zeichen von Krankheit

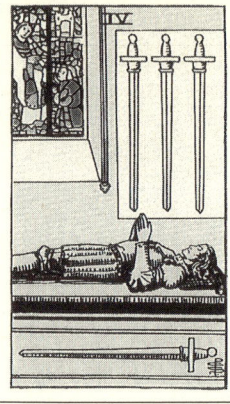

Mythologisches Bild

Die entschwundenen Helden, die darauf warten, daß ihre Zeit wiederkommt und die Welt sie braucht und ruft: König Artus auf der Nebelinsel Avalon, Kaiser Barbarossa im Kyffhäuser

I Ging Entsprechung

9 Siau Tschu / Des Kleinen Zähmungskraft

Die 4 der Schwerter ist die Karte des Stillstandes, der verhinderten Aktivitäten und der erzwungenen Ruhe. In dieser Bedeutung ähnelt sie sehr dem Gehängten (XII), von dem sie sich dadurch unterscheidet, daß sie ereignisorientierter ist: Die Hindernisse und Erschwernisse, die hier angekündigt werden, sind greifbarer und leichter zu verstehen und können auch wieder gehen, ohne von uns eine Lebensumkehr zu verlangen. Besonders deutlich wird die Bedeutung dieser Karte am Bild einer Krankheit, auf die sie verweisen kann. Sie reißt uns aus unseren Aktivitäten, zwingt uns zur Ruhe. Es bleibt uns überlassen, unter diesem Verzicht zu leiden oder diese Ruhe als Gelegenheit willkommen zu heißen, um mit uns ins reine zu kommen. Damit wird auch deutlich, daß wir diese Stillstandsphase zwar als meditative Pause nutzen können, sie aber wohl kaum herbeisehnen.

Im beruflichen Erleben zeigt die 4 der Schwerter, daß nichts voran geht. Die Entwicklung ist an einen toten Punkt gekommen, unsere Kräfte sind vom Widerstand erschöpft. Weiterzumachen bedeutet, leichtfertige Risiken einzugehen, weil sich dabei der äußere Widerstand und unsere Schwäche zum großen Desaster vereinen können. Was wir in solchen Situationen brauchen, ist Ruhe, Abstand, Pause, vielleicht auch die Hilfe eines Arztes oder den Rat eines Therapeuten. Erst wenn wir wieder zu frischen Kräften gekommen sind, z.B. durch einen Urlaub, können wir mit neuer Zuversicht an die Bewältigung der zuvor so aussichtslos erscheinenden Aufgaben gehen. Wir werden uns wundern, wie leicht sie uns von der Hand gehen.

Auf der Ebene unseres Bewußtseins heißt diese Karte, daß wir uns wahrscheinlich geistig überarbeitet haben und nun keinen klaren Gedanken mehr fassen können. Wir scheitern an Hürden, die wir in anderen Zeiten mit Leichtigkeit genommen haben, und sehen nicht, wie es weitergehen soll. Wenn wir die Warnung dieser Karte mißachten und uns trotz allem weiterquälen, kann dies leicht zu abgrundtiefer Verzweiflung führen. Statt dessen sollten wir uns die längst überfällige Pause gönnen und uns mehr spielerischen Freuden zuwenden, die die Probleme zunächst einmal vergessen lassen. Unsere Bedenken, daß wir dadurch wichtige Zeit vertrödeln, sind absurd: Wenn wir uns in diesem Zustand zwingen weiterzumachen, schleppen wir uns mühsam über eine Strecke, die wir mit neuen Kräften spielerisch und voll Freude in kürzester Zeit schaffen.

Im Bereich unserer persönlichen Beziehungen zeigt diese Karte, daß wir isoliert sind. Entweder fühlen wir uns verlassen und vom großen Spiel der Liebe ausgeschlossen, oder wir sind innerhalb unserer Beziehung vereinsamt oder ermattet. Vor diesem Hintergrund ist die 4 der Schwerter eine Warnung, daß wir auf dem besten Wege sind, aufzugeben oder zu resignieren. Wir sollten uns jetzt Ruhe gönnen, die Probleme beiseite tun und schonend mit uns umgehen, ja uns selbst verwöhnen.

Platz 2

Sie wissen, daß in dieser Angelegenheit schon seit einiger Zeit nichts vorangeht und Sie auf Höhepunkte verzichten mußten. Schauen Sie, ob Ihnen die Karte auf Platz 1 eine Besserung oder Belebung in Aussicht stellt. Andernfalls sollten Sie die Sache so lange ruhen lassen, bis Sie wieder zu Kräften gekommen sind.

Platz 7

Sie müssen erkennen, daß Ihr Vorhaben auf einen toten Punkt zuläuft und sich dadurch nur noch weiter verzögert. Wenn Sie trotzdem weitermachen, werden Sie Ihre Kräfte erschöpfen und schließlich aufgeben. Akzeptieren Sie, daß es jetzt nicht an der Zeit ist, Ihre Pläne zu verwirklichen. Lassen Sie die Dinge für eine Weile auf sich beruhen, und wenden Sie Ihr Interesse anderen Bereichen zu.

Platz 3

Sie fühlen sich gelähmt und spüren, daß Sie in einer Sackgasse stecken. Nur wenn Ihnen die Karte auf Platz 6 zu einem neuen Anlauf rät, sollten Sie alle inneren Reserven mobilisieren und es noch einmal versuchen. In jedem anderen Fall müssen Sie sich schonen und sich mal selbst etwas Gutes gönnen.

Platz 6

Legen Sie Ihre Gefühle auf Eis. In dieser Angelegenheit wird sich vorerst kein Fortschritt, zumindest keine Besserung ergeben. Vergeuden Sie Ihre Energie nicht, indem Sie trotzdem weitermachen. Legen Sie eine Pause ein, in der Sie sich liebevoll um sich selbst sorgen. Gönnen Sie Ihrer Seele viel Gutes, indem Sie malen, musizieren oder meditieren, aber ohne Ehrgeiz und Askese. »Lüften« Sie sich aus, gehen Sie ein Wochenende in die Berge, an die See, ins Grüne oder gehen Sie angeln. Sie werden schnell wieder neuen Mut fassen.

Platz 4

Man sieht Ihnen an, daß nichts vorangeht, daß Sie sich festgefahren haben oder daß man Sie links hat liegen lassen. Sie wirken erschöpft. Vielleicht sind Sie auch krank. Sie brauchen dringend Erholung. Schauen Sie, war Ihnen die Karte auf Platz 5 zu tun vorschlägt.

Platz 5

Es scheint, Sie sind mit Ihrem Vorhaben zunächst einmal gescheitert oder sitzen zumindest fest. Verbergen Sie nicht, daß Sie matt und müde sind. Machen Sie aus der Not eine Tugend: Nutzen Sie die Zeit, um abzuschalten und innerlich zur Ruhe zu kommen. Fahren Sie in Urlaub, oder – falls Sie krank sind – kurieren Sie sich richtig aus.

5 Schwerter

Astrologische Entsprechung

Mars in Skorpion in seiner dunklen Ausdrucksform als zerstörerische Macht und Niedertracht

Mythologisches Bild

Ares, griechischer Kriegsgott, und seine Schwester Eris, Göttin der Zwietracht. Oder Styx, die »Grausige«, Göttin des Hasses

I Ging Entsprechung

6 Sung / Der Streit

Die 5 der Schwerter ist wohl die gemeinste Karte der Kleinen Arkana des Tarot. Sie zeigt einen zugespitzten Konflikt, widrige Auseinandersetzungen, Tiefschläge, Niedertracht und Demütigungen. Dabei läßt die Karte offen, ob die üblen Gehässigkeiten von uns ausgehen oder ob wir in eine gefährliche Lage, einen Hinterhalt hineingezogen werden und selbst das Opfer sind. Hierüber können nur die übrigen ausgelegten Karten Auskunft geben. In allen Fällen aber bedeutet die 5 der Schwerter einen Pyrrhussieg, dessen sich der Sieger nicht lange erfreuen wird.

Im beruflichen Erleben zeigt diese Karte, daß wir uns in einer sehr schwierigen Phase befinden, die von Verleumdungen, Bösartigkeiten und gemeinen Demütigungen gekennzeichnet sein kann und damit nicht selten für Kündigungen steht, die ein arbeitsgerichtliches Nachspiel haben. Sie kann aber auch eine schwere Niederlage bei bestimmten Projekten oder das Scheitern in Prüfungen anzeigen. Nicht zuletzt steht sie für eine skrupellose Geschäftspolitik, die »über Leichen geht«.

Auf der Ebene unseres Bewußtseins bedeutet die 5 der Schwerter, daß wir uns in einer aggressiven Phase destruktiver Denkweise befinden, die von Jähzorn und Zerstörungswut bis zu Menschenhaß und Gewaltverherrlichung reichen kann und sich nicht selten gegen uns selbst wendet: in Form von körperlichem Raubbau oder Selbstmordtendenzen. In ihrer bedenklichsten Form erscheint diese Karte als Ausdruck einer Kreuzrittermentalität, die ihr mörderisches Tun scheinheilig als »Tugend« vorgibt oder als Dienst an einer höheren Sache rechtfertigt. Auf dem Weg innerer Erkenntnis kann sie auch den gnadenlosen Zusammenbruch des alten Weltbildes und die damit verbundene tiefe Demütigung anzeigen

– notwendige Voraussetzung dafür, um vielleicht zu einer größeren Wahrheit zu gelangen.

In unseren partnerschaftlichen Verbindungen kennzeichnet diese Karte eine Phase, die von Herzlosigkeit, Haß, Gemeinheit und sadistischen Machtgelüsten regiert wird, in der sich die Partner tiefe Wunden und bösartige Tiefschläge versetzen. Sie zeigt damit eine Beziehung, die entweder bereits gescheitert ist oder kurz vor dem Schiffbruch steht. Da die verhärteten Fronten kaum aus eigener Kraft eine gütliche Lösung ermöglichen, scheint der einzig aussichtsreiche Weg zu einer Versöhnung über einen neutralen Dritten zu gehen. Es ist allerdings die Frage, ob sich beide Partner zu diesem Schritt entschließen können oder ob der vermeintlich Schwächere für diesen Vorschlag vom vermeintlich Stärkeren nur Hohn und Spott erntet.

Platz 2

Sie sehen sich in einer schwierigen Phase zugespitzter Konflikte und gemeiner Auseinandersetzungen, bei denen Sie eine demütigende Niederlage befürchten müssen. Oder Sie selbst sind voller Haß und destruktiver Gedanken bereit, auch »über Leichen zu gehen«. Wenn Sie Ihre Einstellung nicht sofort ändern, werden Sie in jedem Fall tiefe Verletzungen davontragen. Prüfen Sie deshalb sorgfältig, was Ihnen die Karten auf Platz 5 bis 7 vorschlagen.

Platz 7

Machen Sie sich klar, daß Sie sich in eine äußerst brenzliche Situation begeben, die zu einer herzlosen Schlacht und einer bitteren Niederlage führen kann: der vermeintliche Sieger wird der moralische Verlierer sein. Wenn Sie wirklich keine Alternative haben und Ihr Vorhaben nicht aufgeben können, sollten Sie Ihr Bestes tun, um sich nicht in den Strudel der Niedertracht reißen zu lassen. Seien Sie darauf gefaßt, daß man Ihnen Fallen stellen wird.

Platz 3

Sie wurden zutiefst gequält und gedemütigt und fühlen sich nun niedergeschlagen. Wahrscheinlich sinnen Sie auf Rache und schmieden schlimme Pläne, um das an Ihnen begangene Unrecht zurückzuzahlen. Oder aber Sie sind aus anderen Gründen verbittert und voller Haß. Bedenken Sie die Weisheit des Wortes: »Wer Gewalt sät, wird Gewalt ernten«, und suchen Sie sich ein neutrales Ventil für Ihre Wut und Aggressivität. Toben Sie sich aus beim Holzhacken, Skifahren, Marathonlauf oder einer Sportart, bei der Sie kräftig zuschlagen müssen.

Platz 6

Sie kommen bei Ihrem Vorhaben in eine Phase, in der Sie verleumdet, beleidigt und gequält werden oder sich üblen Beschimpfungen und Gemeinheiten aussetzen. Oder Sie selbst neigen zu Racheakten und lassen sich zu blinder Zerstörungswut und Niedertracht hinreißen. Wenn es keine Möglichkeit gibt, dieser Erfahrung auszuweichen, sollten Sie all Ihren Mut, vor allem aber Ihre moralische Stärke aufbieten, um zumindest der moralische Sieger in diesem Konflikt zu bleiben. Lassen Sie sich in keinen Hinterhalt locken.

Platz 4

Entweder haben Sie einen niedergeschlagenen und tief verletzten Eindruck gemacht, oder aber Ihr Auftreten ist herzlos, höhnisch, abgebrüht und demütigend. In beiden Fällen riskieren Sie eine schlimme Niederlage und sollten Ihr Auftreten sofort im Sinne der Karte auf Platz 5 ändern.

Platz 5

Begeben Sie sich in die Schlacht, zeigen Sie, daß Sie auch übelsten Angriffen und hinterhältigen Attacken gewachsen sind und dabei aufrecht bleiben. Bringen Sie aber auch Ihre Überzeugung zum Ausdruck, daß unsinniges Durchhalten bis zum bitteren Ende nur zu einer dauerhaften Verhärtung führt – und daß Sie jederzeit bereit sind, die Angelegenheit einem neutralen Dritten vorzulegen.

6 Schwerter

Astrologische Entsprechung

Mars im 4. Haus als der Aufbruch aus der gewohnten Umgebung und Merkur im 9. Haus, die Suche nach neuen Horizonten

Mythologisches Bild

Gilgameschs Fahrt über das Meer des Todes auf der Suche nach dem Kraut des Lebens. Der Durchzug des Volkes Israel durch das Rote Meer

I Ging Entsprechung

3 Dschun / Die Anfangsschwierigkeit

Die 6 der Schwerter zeigt eine Veränderung, mit der wir zu neuen Ufern gelangen. Als Aufbruchskarte steht sie zwischen dem freudigen Aufbruch des Helden, wie ihn der Wagen (VII) zeigt, und dem Aufbruch schweren Herzens, der von der 8 der Kelche dargestellt ist. Bei der vorliegenden Karte hängt es sehr von uns selbst ab, ob uns die angezeigte Veränderung reizt und neugierig macht oder ob sie voller Angst erlebt wird. In jedem Fall geht es darum, daß wir zu neuen Ufern kommen, dafür aber ein altes Ufer verlassen müssen, ohne zu wissen, was uns wirklich auf der anderen Seite erwartet. Insofern zeigt sie Abschiedsschmerzen, Unsicherheiten, Ängste und Sorgen, aber auch eine gewisse Neugier und Gespanntheit auf das Kommende. Es ist wichtig zu sehen, daß das Neuland, auf das wir zusteuern, nicht unbedingt der Weggang aus bisherigen Verhältnissen bedeutet, sondern ebenso einen inneren Schritt anzeigen kann: das Betreten neuer Bereiche, das Erlernen unbekannter Spielregeln, ungewohnter Lebensformen, oder die Begegnung mit anderen Kulturen und Religionen. Im I Ging und in den Mythen bedeutet die Überquerung des Wassers immer den Schritt von der Vielheit zur Einheit.

Im beruflichen Umfeld zeigt diese Karte, daß wir Neuland betreten. Sie kann damit sowohl für eine Kündigung oder einen Berufswechsel stehen wie auch für die Übernahme neuer Aufgaben. In allen Fällen zeigt sie jedoch, daß wir ein bislang vertrautes Gebiet verlassen und uns mit unsicheren, manchmal wirklich bangen Gefühlen dem neuen Umfeld nähern. Es wäre uns lieber, wir könnten noch so lange mit den Füßen am alten Ufer stehen, bis wir auf dem neuen Ufer »trittfest« sind. Die Karte heißt aber, daß wir uns vom Alten lösen müssen, noch ehe wir mit dem Neuen vertraut sind. Der dazwischenliegende Schwebezustand macht das Unsicherheitsgefühl, das Lampenfieber, die Prüfungsangst dieser Karte aus. In aller Regel dürfen wir aber bei diesem Schritt mit wertvoller und fachkundiger Hilfe anderer rechnen.

Auf der Ebene unseres Bewußtseins heißt diese Karte, daß wir uns langsam und vorsichtig – zum Teil unter kluger Führung – neuen, machmal bislang fernen Ideen und Ansichten nähern. Die Aufgabe alter Standpunkte und die Phase der Verunsicherung vor dem Vertrautsein mit unseren neuen Einsichten ist hier die Hauptaussage der Karte.

Im Bereich unserer persönlichen Beziehungen kann diese Karte sowohl eine äußere wie auch eine weitreichende innere Veränderung anzeigen, was zu völlig unterschiedlichen Erlebnissen führen kann. Sie kann heißen, daß wir uns von einer Verbindung lossagen, um zu neuen Ufern zu kommen. Sie kann aber auch das Gegenteil bedeuten: Daß wir bisherige Vorbehalte (zum Beispiel unser Single-Dasein) aufgeben und eine wirklich tiefe Beziehung eingehen. Natürlich ist es auch möglich, daß sich beide Aussagen verbinden: wenn wir uns von einem Partner trennen, um eine neue Beziehung zu beginnen. In jedem Falle geht es darum, daß wir die uns bisher vertraute Lebensform aufgeben, um eine neue und ungewohnte zu beginnen.

Platz 2

Sie sehen die Veränderung, die für Sie mit dem Fragethema verbunden ist. Sie wissen, daß Sie sich von bisherigen Betrachtungsweisen lösen müssen, um zu neuen Einsichten zu gelangen. Auch wenn Sie sich durch diesen Schritt verunsichert fühlen, sollten Sie sich nicht davon abbringen lassen.

Platz 7

Sie müssen sich neu orientieren, selbst wenn es Ihnen schwerfällt. Lösen Sie sich von Ihrer bisherigen Betrachtungsweise und erkennen Sie, daß Sie aufbrechen müssen. Aus der Perspektive des neuen Ufers werden Sie so manches klar erkennen, was Ihnen bislang rätselhaft und verborgen bleibt. Beginnen Sie spielerisch mit der Frage: »Was wäre wenn ...?« Wenn Sie merken, daß Sie plötzlich einem Gedanken nachhängen, schreiben Sie ihn als Stichwort auf. Ebenso die nächsten. Schauen Sie täglich auf ihre Notizen. Einer dieser Gedanken wird Sie zum anderen Ufer bringen.

Platz 3

Sie haben sich innerlich losgesagt und sind nun mit bangem Herzen und vielleicht weichen Knien auf dem Weg in eine neue Zukunft. Wenn Sie Ihre Umgebung sorgsam wahrnehmen, werden Sie feststellen, daß Sie nicht allein sind, sondern geführt werden. Übrigens sagen Ihnen die Karten 1 und 6, was Sie am anderen Ufer erwartet.

Platz 6

Sie müssen sich von Ihren bisherigen Gefühlen trennen. Wenn Sie dem Fragethema innerlich sehr verbunden waren, sollten Sie auf Distanz gehen. Wenn Sie dagegen kühl, reserviert und abweisend waren, ist es an der Zeit, das Eis schmelzen zu lassen, Vorbehalte zu überwinden und innerlich bereit und offen auf die Dinge loszuzugehen. Sie haben jetzt die Chance, aus der Zerissenheit der Vielheit zur Ruhe der Einheit zu finden. Das meint das I Ging, wenn es sagt: »Förderlich ist es, das große Wasser zu überqueren.«

Platz 4

Sie haben sich getrennt und Abschied genommen und sind nun unterwegs zu neuem Erleben. Noch blicken Sie in Gedanken häufig zurück und fragen sich, ob Ihr Aufbruch richtig war. Betrachten Sie die Karte auf Platz 1. Sie kann Ihnen sagen, was Sie auf dem anderen Ufer erwartet und ob Sie auf dem richtigen Weg sind.

Platz 5

Lösen Sie sich aus Ihrer bisherigen Situation. Auch wenn Ihnen dieser Schritt nicht behagt: gehen Sie ihn ohne zu zögern und zu zaudern. Sie müssen sich auf ein neues Gebiet vorwagen. Sobald Sie unterwegs sind, werden Sie merken, daß Ihnen von anderer Seite geholfen wird.

7 Schwerter

Astrologische Entsprechung

Merkur im Sinne von List, Betrug, Gemeinheit und Unaufrichtigkeit

Mythologisches Bild

Hermes als Gott der Diebe und sein Sohn Autolykos der Meisterdieb

I Ging Entsprechung

44 Gou / Das Entgegenkommen, die Versuchung

Die 7 der Schwerter zeigt uns die Schattenseite des Magiers (I), mit dem sie den goldenen Farbhintergrund gemeinsam hat. Die Kraft der Erkenntnis, der klar denkende, scharfsinnige Verstand, wird hier in seiner negativen Weise dargestellt als List, Tücke, Gemeinheit und Betrug. Auf einer harmloseren Ebene kann die Karte Gewitztheit und Raffinesse anzeigen oder die Haltung des »Sich-Davonstehlens« als Nichthinschauen, Nicht-wahr-haben-wollen, Sichdrücken usw. Bei all dem ist nicht immer deutlich, wer wen betrügt, ob wir Ganove oder Beute sind. In der Regel sind wir wohl selbst der Übeltäter.

Im beruflichen Umfeld heißt diese Karte, daß wir Gefahr laufen, getäuscht oder betrogen zu werden; oder selbst auf unsauberen Wegen versuchen, Geschäfte zu machen und Vorteile zu erlangen. Die fragwürdigen Künste der Heuchelei, Verschlagenheit, Gerissenheit und die verschiedensten unlauteren Tricks sind dabei tonangebend. Wenn ein berufliches Thema durch diese Karte gekennzeichnet ist, sollten wir unsere Umgebung, vor allem aber unser eigenes Verhalten äußerst kritisch prüfen, damit wir nicht Opfer (eigener) Intrigen werden. Auf einer profaneren Ebene zeigt die Karte den Drückeberger, der sich aus der Verantwortung stehlen will oder sich vor bestimmten Aufgaben auf leisen Sohlen davonstiehlt.

Auf der Ebene des Bewußtseins bedeutet diese Karte, daß wir bestimmte Erkenntnisse nicht wahrhaben wollen und uns vor Auseinandersetzungen scheuen. Hier ist es vor allem die Unaufrichtigkeit gegenüber uns selbst, die tiefe Einsichten verhindert und sich in krassen Fällen zur Lebenslüge ausformt. Insofern muß die Karte auf dieser Ebene als Warnung und Aufforderung verstanden werden, die eigene Moral und die derzeitige Vorgehensweise einer offenen und ehrlichen Betrachtung zu unterziehen.

Im partnerschaftlichen Bereich reicht das Spektrum dieser Karte von kleineren Gemeinheiten wie Schadenfreude und Heuchelei bis zur übelsten Verlogenheit, Boshaftigkeit, Hinterlist und Betrug. Daneben kann sie auch für mangelnde Offenheit stehen und zeigen, daß wir einer klärenden Aussprache oder unserem Partner selbst aus dem Weg gehen oder uns vor einem wichtigen Schritt drücken wollen.

Platz 2

Sie sind bislang sehr scharfsinnig vorgegangen und haben überlegt, wie Sie sich vor der Sache drücken oder sie mit List und Raffinesse zu Ihrem Vorteil gestalten können. In jedem Fall ist dabei Unaufrichtigkeit im Spiel. Sei es, daß Sie sich selbst belügen und damit wichtige Einsichten verhindern, sei es, daß Sie andere hereinlegen, schädigen oder täuschen wollen. Es kann auch sein, daß Sie (noch rechtzeitig) erkannt haben, man wollte Sie schädigen oder hat Ihnen eine Falle gestellt.

Platz 7

Wenn die an Platz 1 gezeigten Aussichten ermutigend sind, sollten Sie diesmal all Ihren Scharfsinn und Ihre Cleverness einsetzen, um zum Ziel zu gelangen. Sie befinden sich offenbar in einem Umfeld von »Ganoven«, wo Ihnen nur Raffinesse, Unverfrorenheit, vielleicht sogar Skrupellosigkeit weiterhelfen. Ist die Bedeutung der Karte auf Platz 1 dagegen eher bedrückend, sollten Sie Ihr Vorhaben in der jetzigen Form aufgeben und sich schleunigst aus dem Staube machen.

Platz 3

Ihre Gefühle sind geheuchelt. Sie arbeiten mit Tricks und versuchen andere mit Hinterlist und Boshaftigkeit zu übervorteilen. Wenn Ihnen diese Behauptung zu weit geht, sollten Sie dennoch die Ehrlichkeit Ihrer Gefühle überprüfen, um zu erkennen, ob Sie sich nicht vor einer wichtigen Einsicht verschließen oder einer notwendigen Auseinandersetzung aus dem Weg gehen. Vielleicht sagt die Karte aber auch nur, daß Sie keine Lust haben und sich innerlich vor Ihrem Vorhaben drücken oder daß Sie spüren, selbst der Betrogene zu sein.

Platz 6

Wenn auch die Karte auf Platz 1 eine entsprechend zweifelhafte Bedeutung hat, müssen Sie sich wohl darauf einstellen, einer Intrige aufzusitzen. Seien Sie hellwach, damit Sie nicht getäuscht und überlistet werden. Zwar sollten Sie trotz allem nicht zu fragwürdigen Mitteln greifen, aber ein bißchen mogeln hilft Ihnen sicherlich weiter. Warnt die Karte auf Platz 1 Sie dagegen vor wirklichem Schaden, sollten Sie sich schnell und geschickt aus der Affäre ziehen.

Platz 4

In Ihrem Auftreten haben Sie etwas Verdecktes, Unaufrichtiges. Man hat gemerkt, daß Sie zumindest gerissen, wenn nicht boshaft und unverfroren waren. Wenn Ihnen diese Aussage übertrieben erscheint, waren Sie in den Augen der anderen immerhin nicht bereit, sich in der Sache klar zu verhalten und sich eindeutig zu engagieren. Statt dessen sind Sie um den heißen Brei gegangen und haben versucht zu kneifen und zu mogeln.

Platz 5

Sie sollten der Angelegenheit aus dem Weg gehen und mit all Ihrer List und Ihrem Scharfsinn nach Auswegen suchen. Zeigen Sie Ihre Gerissenheit und daß Sie auch ein abgefeimter Halunke sein können, wenn Falschheit und Verlogenheit dem ehrlichen Spieler keine Chance geben. Achten Sie auf die Karte an Platz 1. Sie kann Sie noch rechtzeitig vor möglichen Schäden warnen.

8 Schwerter

Astrologische Entsprechung
Saturn im 4. Haus als Ausdruck
innerer Hemmungen

Mythologisches Bild
Danae, die in ein Verließ gesperrt
wurde, um keinen Sohn zu empfangen – bis Zeus als goldener Regen
zu ihr floß und sie ihm Perseus gebar

I Ging Entsprechung
39 Giën / Die Hemmnis

Die 8 der Schwerter zeigt, daß wir einen wichtigen Teil in uns nicht lebendig sein lassen. Damit
ist sie häufig Ausdruck von Hemmungen oder
Verboten, die zwar fast immer ihren Ursprung in
uns selbst haben, aber gerne auf die Umgebung
projiziert werden. Sie kennzeichnet die typische
»Ja-aber«-Haltung in der Art, wie sie Reverend
Ike in einer berühmten Rede beschreibt[23]: »Ich
würde gerne dies oder das tun, aber…«, »Ich
würde gerne dies oder das werden, aber…«, »Ich
würde gerne dies oder das haben, aber …« Bei
alledem ist das einzige zwischen uns und den
schönen Dingen, die wir *tun, werden* oder *haben*
wollen, nur unser »Aber«. Diese Karte fordert
uns zu der Erkenntnis auf, daß die Einschränkun-
gen, Schwierigkeiten und Verbote nicht in der
Außenwelt liegen, sondern unsere eigenen Ängste
und Hemmungen spiegeln. In allen Fällen bedeutet die 8 der Schwerter, daß wir etwas Wertvolles
in uns selbst unterdrücken. Dabei kann es sich
manchmal auch um einen vorübergehenden Verzicht oder eine Einschränkung aus besserer
Erkenntnis handeln.

Im beruflichen Erleben heißt diese Karte, daß
wir wesentliche Seiten unseres Selbst in oder
durch unseren Beruf nicht ausleben und sie daher
unterdrücken. Wenn wir erkennen, daß es sich
um eine absehbare Zeitspanne handelt, in der wir
aufgrund von Sonderbedingungen zu einer solchen Beschränkung genötigt sind, mögen wir das
hinnehmen. Kennzeichnet die Karte dagegen
einen Dauerzustand, ist sie als dringende Aufforderung zu verstehen, nach größerer innerer Freiheit zu streben; nötigenfalls durch einen Berufswechsel.

Auf der Ebene unseres Bewußtseins hat diese
Karte zwei Bedeutungen. Sie kann die eiskalte
Tyrannei des Verstandes ausdrücken, durch die
wir wichtige Seiten, Impulse und Gefühle kne-
beln und glauben, unsere Wünsche, Sehnsüchte
und Träume so richtig »im Griff« zu haben. Sie
kann auch ausdrücken, daß wir uns dieser Tat-
sache durchaus bewußt werden, und vielleicht ein
erster, wichtiger Schritt zur Befreiung und Erlösung unseres inneren Gefangenen sein.

Im Bereich unserer persönlichen Beziehungen
steht diese Karte vor allem für Hemmungen. Sie
bedeutet, daß wir Seiten von uns verbergen, weil
wir nicht wagen, sie unserem Partner zu zeigen.
Sie kann aber auch für eine Beziehung stehen, in
der wir einen Teil unseres Selbst nicht entfalten,
weil wir glauben, unser Partner habe dafür kein
Verständnis, würde irritiert sein oder das nicht
dulden wollen. Auch hier ist diese Karte eine
dringende Aufforderung, diesen Zustand zu
ändern, weil Unterdrückung eines Teils unseres
Selbst auf längere Sicht die Basis der Beziehung
untergräbt. Natürlich kann die Karte auch Einsamkeit ausdrücken, wenn wir ohne einen Partner leben. In diesem Fall zeigt sie, daß wir innerlich nicht aufgeschlossen sind, eine Bindung mit
allen Chancen und Risiken einzugehen, und fordert damit auf, zuerst die innere Voraussetzung
zu schaffen, die dann zur Begegnung im Äußeren
führt.

Platz 2

Sie haben erkannt, daß Sie in dieser Beziehung bislang unfrei waren und eine wichtige Seite in sich unterdrückt haben. Vielleicht haben Sie einen vorübergehenden Verzicht bewußt auf sich genommen. Wenn es sich jedoch um eine dauerhafte Beschränkung handelt, wird Ihnen die Karte auf Platz 7 zeigen, wie Sie Ihre inneren Fesseln lösen können.

Platz 7

Ihr Vorhaben verlangt von Ihnen einen Verzicht, eine Einschränkung. Prüfen Sie, ob Sie dazu bereit sind und ob es sich nur um eine absehbare Durststrecke handelt. In allen anderen Fällen sollten Sie Ihr Vorhaben verwerfen oder Ihre Situation umgehend verändern. Sie unterdrücken sonst einen wesentlichen Teil Ihres Selbst.

Platz 3

Sie sind befangen, schüchtern oder zumindest sehr zurückhaltend. Sie haben wichtige Bereiche Ihrer Seele geknebelt und verborgen gehalten, Sie fühlen sich nicht frei. Die Karte auf Platz 6 zeigt Ihnen, was Sie tun müssen, um daraus keinen unerträglichen Dauerzustand werden zu lassen.

Platz 6

Wenn Sie in dieser Angelegenheit vorankommen wollen, geht das nur um den Preis, daß Sie sich beschränken und zumindest Teile Ihrer Gefühle unterdrücken. Nur wenn die Karten auf Platz 1, 5 und 7 einen solchen Schritt rechtfertigen, sollten Sie sich für eine begrenzte Zeit dazu zwingen. Andernfalls ist es besser, von Ihrem Vorhaben Abstand zu nehmen.

Platz 4

Ihr Auftreten ist gehemmt. Es mag sein, daß dies nicht jedem auffällt; der genaue Beobachter aber merkt, daß Sie etwas Wichtiges verbergen oder unterdrücken. Wahrscheinlich zeigt die Karte auf Platz 2, was Sie zurückhalten, und die Karte auf Platz 5, wie Sie freier auftreten können.

Platz 5

Zeigen Sie, daß Sie Ihrer Gefühle Herr werden und sich zu diesem Schritt zwingen können. Das sollten Sie jedoch nur tun, wenn aus dieser Beschränkung kein Dauerzustand wird. Andernfalls ist es besser, die ganze Sache nochmals zu überdenken. Wenn Sie mit dieser Aussage nichts anfangen können, bedeutet diese Karte hier: Stehen Sie zu Ihren Hemmungen, zeigen Sie Ihre Scheu und Schüchternheit.

9 Schwerter

Astrologische Entsprechung

Saturn/Mond als Sorge, Bedrückung
und Schuldgefühle

Mythologisches Bild

Die als Gewissensbisse personifi-
zierten Erinnyen/Furien: Allekto
(die Unablässige), Teisiphone
(die den Mord Rächende) und
Magaira (die Neidische)

I Ging Entsprechung

–

Diese Karte der schlaflosen Nächte zeigt einen
Zustand tiefster Sorge und Niedergeschlagenheit
an. Damit kann ein schlechtes Gewissen gemeint
sein, das uns nicht schlafen läßt, oder die Erfahrung existentieller Bedrohungen wie Krankheit
und schmerzhafte Verluste. Sie zeigt die Ängste
langer Nächte, in denen wir, von Sorgen gequält,
wachliegen und sehnsüchtig den Anbruch des
Tages erwarten. Dabei läßt diese Karte offen, ob
es Gefühle der Scham und der Schuld sind, die uns
den Schlaf rauben, oder unsere Ängstlichkeit, die
uns angesichts einer schweren Aufgabe verzagen
läßt, oder ob es sich um reale Bedrohungen unserer Lebensgrundlage handelt. Sie zeigt nur unsere
Bedrückung, unsere tiefe Sorge, den Schrecken
des plötzlichen, unsanften Erwachens, die schlaf-
lose Nacht.*

Im beruflichen Erleben heißt diese Karte, daß
wir mutlos und pessimistisch eingestellt sind, daß
wir unter unserer Aufgabenstellung, unserem
Vorgesetzten oder dem Arbeitsklima leiden. Sie
kann die Angst vor Versagen ausdrücken, angesichts besonderer Belastungen durch Aufgaben
mit ungewohntem Risiko, sowie Prüfungsängste,
Lampenfieber vor öffentlichen Auftritten. Vielleicht ist es auch unser schlechtes Gewissen, daß
uns den Schlaft raubt, weil wir uns falsch oder
fahrlässig verhalten haben und befürchten müssen, entdeckt zu werden.

Auf der Ebene unseres Bewußtseins zeigt die
Karte dunkle Wolken, die die klare Sicht der
Dinge verhindern. Ängste, Sorgen oder Schuldgefühle, die – gleichgültig ob sie berechtigt sind
oder nicht – in unser Bewußtsein dringen, uns
irritieren und mutlos machen. Manchmal sind es
auch die Ängste vor den Konsequenzen einer
Erkenntnis, die wir gemacht haben, aber nicht
wahrhaben wollen.

In unseren persönlichen Beziehungen drückt
die 9 der Schwerter vor allem Verlassenheits-
ängste und Trennungsschmerzen aus. Das kann
sowohl die Bedrückung der Einsamkeit sein wie
auch die Angst, einen geliebten Partner zu verlieren, und die damit verbundenen Gefühle und
Qualen des Selbstzweifels. Sie kann berechtigte
wie auch unberechtigte Sorgen anzeigen, die wir
uns um unsere Nächsten machen. In manchen
Fällen steht sie für die Scham, die wir empfinden,
wenn ein geschätzter Partner in uns Seiten entdeckt hat oder entdecken könnte, die zu unserem
Schatten gehören.

---

* Auf diese Karte geht die Redewendung »Ach du grüne
Neune« als Ausdruck von Überraschung, Schreck und
Befürchtungen zurück. Aus der Schwerterserie des Tarot ist
unser heutiges Pik hervorgegangen, das dem Blatt im deutschen Kartenspiel entspricht. Dieses Blatt wird häufig auch
Grün genannt, womit Grün Neun gleich Neun der Schwerter
ist. Da die Karte in der Jahrmarktskartenlegerei sehr gefürchtet war, entstand dieser Ausruf des Schreckens.

Platz 2

Sie haben sich Sorgen gemacht. Dunkle Ahnungen und Befürchtungen haben Ihnen die klare Sicht für Ihr Vorhaben erschwert oder genommen. Wenn Ihre Ängste äußeren Ursprung haben, versuchen Sie zunächst in Gesprächen mit Freunden mehr Klarheit zu gewinnen. Sind sie dagegen die Folge innerer Scham- oder Schuldgefühle, sollten Sie sich dieser Seite Ihres Schattens zuwenden und sie auflösen, bevor Sie weitergehen.

Platz 7

Erkennen Sie, daß der zuverlässigste Wegweiser zu innerem Wachstum immer dorthin zeigt, wo unsere Ängste liegen. Mit dem Überschreiten unserer Angstschwelle wachsen wir, feiges Zurückweichen dagegen macht uns schwächer und ängstlicher. Gehen Sie bewußt den Weg durch die Nacht. Ihr Vertrauen, daß dies der richtige Weg ist, wird Ihre Kräfte bündeln und Ihnen die Gewißheit geben, diesen Weg aufrecht und mit Erfolg zu durchschreiten.

Platz 3

Sie haben sich die innere Ruhe rauben lassen. Sie grübeln und sind von Sorgen gequält und zermürbt. Versuchen Sie, Klarheit zu gewinnen. Betrachten Sie zunächst die Karte auf Platz 1, die Ihnen sagt, was auf Sie wartet und dann die Karte auf Platz 6, die zeigt, in welcher Richtung Sie Ihre innere Haltung ändern können und sollen.

Platz 6

Ihr Weg führt Sie zunächst in eine Phase der Bedrückung oder des schlechten Gewissens. Versuchen Sie nicht, diese Gefühle zu unterdrücken, sie werden dann nur als Alpträume nachts zu Ihnen zurückkommen und Schrecken einjagen. Öffnen Sie sich statt dessen Ihren Sorgen. Machen Sie Ihrem Schmerz und Ihrem Kummer Platz, und sprechen Sie sich aus. Sie werden erleben, wie Sie diese Ängste ausschwitzen und danach erleichtert und befreit aufatmen.

Platz 4

Ihr Auftreten war von Düsternis und Ängsten gekennzeichnet. Man konnte Ihnen Ihre Sorgen und Ihre schlaflosen Nächte ansehen. Erholen Sie sich, und gönnen Sie sich etwas Gutes.

Platz 5

Wahrscheinlich haben Sie bislang Ihre Sorgen und Ängste unterdrückt. Diese Karte fordert Sie zum Gegenteil auf: Zeigen Sie Ihren Kummer, lassen Sie andere an Ihrem Schmerz teilhaben, sprechen Sie über Ihre Ängste und Nöte, und wenn Sie ein schlechtes Gewissen haben, bringen Sie die Angelegenheit ins reine.

10 Schwerter

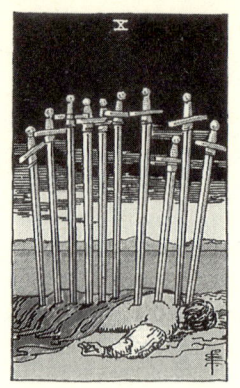

Astrologische Entsprechung

Mars / Saturn als das willkürliche, gewaltsame Ende

Mythologisches Bild

Terminus, der als Grenzstein verehrte römische Gott

I Ging Entsprechung

18 Gu / Die Arbeit am Verdorbenen

Die 10 der Schwerter steht ähnlich wie die Karte »Der Tod« (XIII) für Ende und Abschied, für das große Loslassen. Im Unterschied zur Todeskarte, die das natürliche Ende anzeigt, wird mit der 10 der Schwerter das willkürliche, eventuell gewaltsame, damit auch manchmal das unzeitgemäße Ende ausgedrückt. Obwohl mit diesem Ende häufig eine sehr schwere Lebenserfahrung einhergeht, ist das nicht notwendigerweise so: Die Fülle der Schwerter symbolisiert die geballte Kraft des Verstandes, die einen gewaltsamen Schlußstrich zieht. Dadurch können lebenswichtige, uns sehr bereichernde Erfahrungen beendet werden, aber auch unliebsame Situationen, schlechte Angewohnheiten und bedrückende, beeinträchtigende Lebensphasen. In jedem Fall handelt es sich um einen schmerzhaften Abschied. Ob er mit dem Gefühl der Belastung erlebt wird oder wie ein operativer Eingriff letztendlich mit Erleichterung, kann nur aus dem Kontext beurteilt werden. Ob das herbeigeführte Ende notwendig oder aber falsch, absurd oder voreilig ist, können die übrigen Karten sagen.

Im beruflichen Erleben wird durch diese Karte in aller Regel das bewußt herbeigeführte, teils schroffe Ende der bisherigen Position, Aufgabe oder Tätigkeit angezeigt. Damit steht sie im Normalfall für eine Kündigung mit nachfolgender völliger Neuorientierung. In seltenen Fällen zeigt sie nur kleinere Veränderungen, etwa einen Abteilungswechsel oder das überraschende Ende einer bisherigen Aufgabenstellung.

Auf der Ebene unseres Bewußtseins bedeutet diese Karte, daß wir mit aller Macht des Verstandes einen Schlußstrich ziehen. Damit kann sowohl die Abkehr von einzelnen Ideen und Überzeugungen angezeigt sein wie auch die Absage an die bisherige Lebenseinstellung. Das Gewaltsame dieser Karte hat allerdings immer eine kritische, bedenkliche Seite: Sie kann eine Warnung sein, daß wir im Begriff sind, voreilig etwas wirklich Lebenswertes zu zerstören, oder auch eine wichtige Erkenntnis mit aller Schärfe unterdrücken, weil wir sie partout nicht wahrhaben wollen.

Im Bereich unserer persönlichen Beziehungen hat die 10 der Schwerter ihre wohl fragwürdigste, zugleich quälendste Seite. Zwar kann sie auch das »Schluß machen« in einer wirklich belastenden und unguten Beziehung bedeuten. In der Regel jedoch heißt sie, daß wir mit der Kraft des Verstandes unser Gefühl abtöten und damit Gräben aufreißen und Wertvolles abgraben, wodurch lebenswerte menschliche Verbindungen zerstört werden können.

Platz 2

Sie sind sich bewußt, daß Sie in einer Phase der Trennung und des Abschieds stehen. Sie sind entschlossen und bereit, auch die ärgsten Konsequenzen in Kauf zu nehmen. Prüfen Sie noch einmal, ob dieser krasse Schnitt wirklich notwendig ist oder ob Sie nur sich und anderen damit schaden. Nur wenn die Karte auf Platz 7 Ihre Haltung bestätigt, sollten Sie eisern und konsequent bleiben.

Platz 7

Sie müssen mit aller Macht einen Schlußstrich ziehen und Ihren ganzen Verstand einsetzen, um sich aus Ihrer Situation zu befreien. Machen Sie sich klar, daß das, was Sie bislang vorhatten, zum Scheitern verurteilt ist und nur eine scharfe, völlige Absage Ihnen die notwendige Freiheit gibt, anderswo neu zu beginnen.

Platz 3

Sie haben Ihre Gefühle eingefroren oder schon abgetötet. Achten Sie darauf, daß Sie nicht Opfer der Willkür Ihres Verstandes werden. Nur wenn die Karte auf Platz 6 auch weiterhin diese Schärfe fordert, sind Sie auf dem richtigen Weg. Andernfalls waren Sie zu grausam – zu sich oder zu anderen.

Platz 6

Sie sind offenbar in einer Gefühlswelt gefangen, von der Sie sich rasch und mit allen Mitteln lösen müssen. Nutzen Sie die ganze Kraft Ihres Verstandes, um den gordischen Knoten, in dem sich Ihre Gefühle verstrickt haben, zu zerschlagen. Bleiben Sie innerlich fest und wenn nötig auch eiskalt. Gehen Sie keinerlei Kompromisse ein. Die Karte auf Platz 1 zeigt Ihnen, was Sie damit erreichen, und kann Ihnen den notwendigen Mut machen.

Platz 4

Sie haben einen scharfen Schlußstrich gezogen und sich mit aller Konsequenz gelöst. Ihr Auftreten läßt keinerlei Zweifel an Ihrer kompromißlosen Entschlossenheit. Ob Ihr Inneres ebenso konsequent ist, zeigen Ihnen die Karten auf Platz 2 und 3, und ob Sie weiterhin mit dieser Schärfe auftreten sollen, sagt Ihnen die Karte auf Platz 5.

Platz 5

Machen Sie »tabula rasa«, und lösen Sie sich mit aller Kraft aus Ihrer Situation. Ziehen Sie einen Schlußstrich unter die Vergangenheit, machen Sie mit aller Deutlichkeit klar, daß Sie den bisherigen Weg nicht weitergehen werden. Sie schaffen damit Platz für neue Entwicklungen, über die Ihnen die Karte auf Platz 1 Näheres sagen kann.

Bube der Schwerter

Astrologische Entsprechung

Mars im 3. Haus oder im schwierigen Aspekt zu Merkur als das Säen von Streit und Zwietracht

BUBE der SCHWERTER

Mythologisches Bild

Der goldene Apfel, den die ungeladene Götting Eris (Hader) bei der Hochzeit von Peleus und Thetis unter die Gäste warf und damit den trojanischen Krieg ins Rollen brachte

I Ging Entsprechung

–

Der Bube der Schwerter zeigt – wie auch die anderen Buben – eine Chance oder eine Erfahrung, die sich uns bietet, einen Impuls, der von außen auf uns wirkt. Im Falle des Schwertbuben mag das in einigen Fällen ein klärender Impuls sein, eine frische Brise, durch die wir plötzlich Klarheit gewinnen, die uns hilft, auch diffizile Zusammenhänge zu analysieren und zu verstehen. In der Regel ist es jedoch ein Konflikt, ein Streit und vielleicht eine trennende Auseinandersetzung, die vom Schwertbuben angekündigt wird. Insofern sollte er als Warnung verstanden werden, aufkommende Hagelschauer rechtzeitig zu erkennen oder aber den heraufkommenden Konflikt nicht unnötig auszuweiten, sondern ihn möglichst zu einer klärenden Auseinandersetzung werden zu lassen.

Im beruflichen Erleben bedeutet der Schwertbube, daß wir uns auf Konflikte, Anfeindungen, Unfrieden, vielleicht auch polemische Angriffe einstellen müssen. Die Karte kann den (ungerechtfertigten) Tadel des Vorgesetzten darstellen, auch aufkommende Rivalitäten im Kollegenkreis oder Zerwürfnisse mit Geschäftspartnern. Sie kann die Bedrohung ausdrücken, die wir angesichts einer prekären Aufgabenstellung empfinden. Vor diesem Hintergrund kann sie den Anfang vom Ende unserer bisherigen Tätigkeit anzeigen, aber auch den frischen, vielleicht auch beißenden Wind bedeuten, der »dicke Luft« vertreibt und eine Klärung unseres Arbeitsumfeldes mit sich bringt.

Auf der Ebene unseres Bewußtseins bedeutet diese Karte, daß wir in Diskussionen und Streitgesprächen angegriffen werden und aufgrund unserer bisherigen Denkgewohnheiten und Betrachtungsweisen in Schwierigkeiten geraten und teils harsche Kritik erleben. Inwieweit das zu niederschmetternden Ergebnissen führt, oder ob selbst schmerzhafte Einsichten als letztlich bereichernde Erkenntnisse akzeptiert werden, ist eine Frage unserer Bereitschaft zu lernen und umzudenken. Dies kann nicht aus der Karte beurteilt werden.

Im Bereich unserer persönlichen Verbindungen zeigt der Schwertbube einen Konflikt, der entweder von unserem Partner ausgeht oder als Bedrohung der Beziehung selbst erlebt wird. Dabei kann es plötzlich zu einer merklichen Abkühlung einer sonst warmen und herzlichen Verbindung kommen, bei der es nicht selten »Vorwürfe hagelt«, die aus bislang unausgesprochenen Enttäuschungen, totgeschwiegenen Verärgerungen oder der Summe der vermeintlich unbedeutenden, alltäglichen Kleinigkeiten herrühren, die sich nun unerwartet zu einem großen Gewitter zusammengebraut haben. Natürlich kann ein solches Donnerwetter viel böses Blut aufrühren und letztlich zum Zerwürfnis führen. Der Schwertbube kann aber auch die Chance ankündigen, über einen klärenden Konflikt zu neuer Gemeinsamkeit zu gelangen.

Platz 2

Sie wissen, daß ein Konflikt in der Luft liegt und Sie mit einer eventuell scharfen Auseinandersetzung rechnen müssen. Versuchen Sie, das Beste daraus zu machen. Die Karte auf Platz 1 zeigt Ihnen, wie die Angelegenheit ausgeht, und Platz 7, welche Strategie Sie wählen sollen.

Platz 7

Bereiten Sie sich auf eine Auseinandersetzung vor. Seien Sie darauf gefaßt, daß Sie eventuell scharf kritisiert werden. Überlegen Sie sich Ihre Argumente gut und rechtzeitig, damit Sie nicht unvorbereitet überrascht werden. Sie können in diesem Gefecht ganz besonnen bleiben, wenn Sie Ihre ganze Aufmerksamkeit darauf richten, was Ihnen der andere vorhält. Wenn Sie diese Vorwürfe in Ruhe nach »richtig und falsch« bewerten, statt ängstlich Ihre Betroffenheit zu registrieren, werden Sie dazu sachlich Stellung nehmen können und den größtmöglichen Gewinn aus diesem Konflikt ziehen.

Platz 3

Sie spüren, daß Sie angegriffen werden, und fühlen sich in dieser Angelegenheit bedroht. Vielleicht ist es verletzende Neugierde, der Sie sich erwehren müssen, oder es sind unberechtigte Vorwürfe. Es kann sich aber ebenso um berechtigte Kritik handeln, aus der Sie Wesentliches über sich erfahren. Schauen Sie, welche innere Haltung Ihnen die Karte auf Platz 6 vorschlägt.

Platz 6

Seien Sie nicht zu kritikempfindlich. Sie müssen sich auf eine Situation gefaßt machen, in der Sie angegriffen werden. Ob die Ihnen gemachten Vorwürfe unberechtigt sind oder für Sie Beherzigenswertes enthalten, werden Sie nur herausfinden, wenn Sie bereit sind, zuzuhören und sich dem Konflikt zu stellen. Nutzen Sie die Situation, um zu klären, was bislang unausgesprochen in der Luft lag.

Platz 4

Sie haben sich von der Situation bedroht gezeigt und machen einen etwas angegriffenen Eindruck. Überlegen Sie, was Sie selbst zur Klärung beitragen können. Die Karte auf Platz 5 zeigt Ihnen, wie Sie Ihr Auftreten verbessern können.

Platz 5

Stellen Sie sich der Auseinandersetzung. Zeigen Sie, daß Sie bereit sind, einen Konflikt in Kauf zu nehmen, um zu einer Klärung zu kommen. Zeigen Sie, daß Sie Kritik nicht nur vertragen, sondern als wichtige Anregung zu schätzen wissen, und daß Sie Ihr Gegenüber zu fordern verstehen, wenn es sich quecksilbrig verhält.

Ritter der Schwerter

Astrologische Entsprechung

Saturn/Venus als Kälte und Härte in
Beziehungen und Kontakten oder
Mars/Merkur als die Schärfe der
Erkenntnis und Auseinandersetzung

RITTER der SCHWERTER

Mythologisches Bild

Boreas, der eisige Nordwind, trotz
seiner Kälte als zeugende Kraft
geschätzt

I Ging Entsprechung

–

Der Ritter der Schwerter steht für eine Atmosphäre von Frost, Schärfe, Arglist, Zwist und Streitigkeiten, die auch bislang als angenehm empfundene Lebensbereiche erheblich trüben kann. Zwar mag die Abkühlung, die er anzeigt, auch ein Umfeld von Klarheit und nüchterner Erkenntnis mit sich bringen; in der Regel jedoch erleben wir mit dieser Karte die negative Seite des von ihr repräsentierten Luftelementes. Das bedeutet kühle Distanziertheit, scharfe Auseinandersetzungen, Gerissenheit, beißender Spott und bittere Ironie. Deshalb ist der Ritter der Schwerter oft ein Vorbote von Trennungen, Zwietracht, messerscharfer Wortgefechte und überlegter Gemeinheiten.

Im beruflichen Erleben bedeutet er oft den Temperatursturz des Arbeitsklimas und damit ein Aufbrechen von Gräben und verhärteten Fronten. Er zeigt eine feindselige Phase, in der wir selbst überkritisch auftreten oder beißender Kritik anderer ausgesetzt sind. Nur in seltenen Fällen hat diese Spannung einen klärenden, bereinigenden, hilfreichen Aspekt. In aller Regel sind die Wunden, die wir uns dabei zuziehen oder anderen zufügen, tief verletzend und heilen schwer. Der Frost, den diese Karte symbolisiert, kann auch eine bislang sehr beständige Basis zerfressen. Dadurch scheitern Geschäfte, Projekte und andere berufliche Vorhaben; und nicht selten zeigt diese Karte das Ende bisheriger Zusammenarbeit. Nur sehr durchtriebene Charaktere können aus solchen Schlachten Kapital schlagen und als eiskalte Marodeure ihren Vorteil aus dem Schaden anderer ziehen. In der möglichen milderen Form kann diese Karte auch die zwar plötzliche, aber notwendige Abkühlung einer vorhergehenden Überhitzungsphase anzeigen. Eben dort, wo wir aus blindem Enthusiasmus und leichtgläubiger Schwärmerei erwachen und eine skeptische, (selbst-)kritische Haltung an die Stelle bisheriger Leichtfertigkeit tritt.

Auf der Ebene unseres Bewußtseins steht der Ritter der Schwerter für eine Zeit merklicher Abkühlung und kritischer, auch selbstkritischer Betrachtungen. Er zeigt, daß wir auf Distanz gehen, uns selbst, aber auch unsere Umgebung argwöhnisch betrachten und dabei eine übergroße, eher für uns ungewohnte Konfliktbereitschaft entwickeln. Es ist eine Zeit, in der wir von Zweifeln überschüttet werden, wodurch die Grundlage unserer eigenen Werte und bisherigen Ansichten ein Opfer bitterer Ironie und beißenden Spottes werden. Auch hier kann die Frostperiode eine reinigende Wirkung haben, wenn sie uns zwingt, leichtfertige Überzeugungen und modische Trendmeinungen kritisch auf ihren Wert und Wahrheitsgehalt zu überprüfen.

In unseren persönlichen Beziehungen zeigt diese Karte oft ihre giftigste und schmerzhafteste Seite. Sie bedeutet hier nicht nur plötzliches Abfrieren und Erstarren warmherziger Gefühle, sondern oft auch deren Umschlagen in Bitterkeit, Haß oder hämischen Spott. Sie zeigt, daß auch tiefe Gefühle plötzlich ein Opfer abfälliger Bemerkungen und scharfzüngiger Lästereien werden, daß sie »objektiviert« oder »versachlicht« werden und damit aus ihrem gedeihlichen, natürlichen Seelenfrieden gnadenlos ans Licht gezerrt werden, wo sie wie ein Fisch in der Luft zappeln, bis sie eingehen und vertrocknen, was nur ein Ignorant komisch finden kann.

Platz 2

Sie haben eine sehr distanzierte, wahrscheinlich überkritische und streitsüchtige Einstellung. Vielleicht ist Ihre Perspektive eher schadenfroh, hämisch und gehässig. In jedem Fall setzen Sie die ganze Schärfe Ihres Verstandes ein und schaffen damit ein sehr frostiges Klima.

Platz 7

Gehen Sie kühl und im höchsten Maße kritisch vor. Wahren Sie Distanz. Sie kommen in ein Umfeld, das gefährlich werden kann und in dem Sie all Ihren Scharfsinn, Ihre Gerissenheit und Ihre Konfliktbereitschaft einsetzen müssen. Machen Sie unmißverständlich klar, daß Sie sich weder von Zuckerbrot noch Peitsche beeindrukken lassen.

Platz 3

Sie sind voll Haß und innerlich verbittert, vielleicht erstarrt. Ihre Gefühle rebellieren und rufen nach Rache und Vergeltung. Wenn Ihnen diese Aussage zu übertrieben erscheint, so sind Sie doch zumindest im Inneren kühl, distanziert oder bissig und neigen dazu, sich wärmerer Gefühle durch abfällige Bemerkungen, scharfzüngige Lästereien oder zynischer Ironie zu erwehren. Schauen Sie, ob Ihnen die Karte auf Platz 6 nicht eine etwas liebenswürdigere Haltung vorschlägt.

Platz 6

Ziehen Sie sich warm an: Ein kalter Wind bläst Ihnen ins Gesicht. Mißtrauen Sie diesmal Ihren Gefühlen, und schütteln Sie auch alle Einschmeichelversuche anderer — wenn nötig mit beißender Ironie — von sich ab. Bleiben Sie extrem kritisch und argwöhnisch, Sie könnten sonst übervorteilt oder ausgenutzt werden.

Platz 4

Sie sind kalt, abweisend, vielleicht auch boshaft oder zumindest scharfzüngig und konfrontationsbereit aufgetreten. Sie haben äußerst kritisch und berechnend gewirkt. Vielleicht sagt Ihnen die Karte auf Platz 5, daß Sie sich etwas freundlicher zeigen sollen?

Platz 5

Zeigen Sie Ihre Zähne. Lassen Sie keinen Zweifel daran, daß Sie bereit sind zu kämpfen und mit aller Schärfe Ihre Interessen zu vertreten. Gehen Sie kühl, gewitzt und schlagfertig vor. Zeigen Sie, daß Sie ein versierter Taktiker sind und notfalls auch ein durchtriebener Fuchs.

Königin der Schwerter*

Astrologische Entsprechung

Sonne in Wassermann im Sinne von
Unabhängigkeit, Individualität und
weiser Erkenntnis

KÖNIGIN der SCHWERTER

Mythologisches Bild

Die schnellfüßige Atalante, die allen
Freiern davonläuft, zuletzt über ihre
Neugierde stolpert. Die Windsbraut
der Germanen, die von Wotan und
dem wilden Heer gejagt wird

I Ging Entsprechung

—

Die Königin der Schwerter vertritt die weibliche
Form des Luftelements. Sie steht für Klugheit,
Wachsamkeit, Unabhängigkeit, Ideenreichtum
und ein schnelles Auffassungsvermögen. Sie ist
Ausdruck unserer Fähigkeit, mit Hilfe des Verstandes Probleme zu lösen und zu höheren
Erkenntnissen zu gelangen, ohne daß wir uns
dabei in der Fülle der Ideen verzetteln oder uns
von Zweifeln zermartern lassen. Im Gegensatz
zum alten Verständnis der Karte, das in der
Schwertkönigin nur die böse Frau, günstigsten-
falls die Witwe erkannte, zeigt uns das Motiv, daß
es hier um die Frau (oder die weibliche Seite des
Mannes) geht, die sich kraft ihres Verstandes aus
Abhängigkeiten befreit hat. Nur in wenigen Fällen muß die Schattenseite dieser Karte berücksich-
tigt werden, die Eisprinzessin, hinter derem
Charme eine berechnende Kühle und eine fast
unüberwindbare Distanziertheit liegt.

Im beruflichen Erleben bedeutet die Schwertkönigin, daß wir eine hohe Lernbereitschaft haben,
mit wachen Augen alles um uns herum wahrnehmen, klug und geschickt reagieren und uns in
Gesprächen und Verhandlungen freimütig, klar
und wendig verhalten. Sie zeigt außerdem, daß
wir auf unsere Unabhängigkeit bedacht sind,
nicht an Aufgaben und Position kleben und deshalb jederzeit gehen können, wenn uns die Entwicklungen nicht behagen oder sich anderweitig
Möglichkeiten öffnen, die besser in unser Konzept passen.

Auf der Ebene unseres Bewußtseins steht diese
Karte zum einen für Ideenreichtum, schöpferische Neugierde und eine große Lernwilligkeit,
zum anderen aber auch für die Kraft der klaren
Erkenntnis, mit der wir uns unserer Gebunden-

heit und unserer Abhängigkeiten bewußt werden,
um uns daraus lösen und befreien zu können. Es
ist damit die Karte, die einen wichtigen Prozeß
des Erwachens und beginnender Selbsterkenntnis
anzeigt.

In unseren partnerschaftlichen Beziehungen
hat die Schwertkönigin ebenfalls die Bedeutung,
daß wir uns unserer selbst und unserer Beziehung
bewußter werden. Das bedeutet in der Regel, daß
wir zunächst auf Distanz gehen, um in aller Klarheit die Dinge zu erkennen und anzusprechen, die
uns nicht behagen, die uns bedrückt haben. Es ist
eine Zeit, in der wir mehr als sonst auf die Gleich-
wertigkeit innerhalb der Beziehung bedacht sind
und dank einer größeren inneren Unabhängigkeit
mit mehr Entschiedenheit als sonst auftreten. In
jedem Fall zeigt diese Karte, daß wir uns so manches Verhalten nicht mehr gefallen lassen; in einigen Fällen besagt sie, daß wir die kalte Schulter
zeigen und spröde, ironisch oder auch bissig und
schnippisch werden.

---

* Zu den Besonderheiten der Hofkarten siehe Seite 15.

Platz 2

Sie haben die Angelegenheit bislang wohlüberlegt und unter objektiven Gesichtspunkten betrachtet und abgewogen. Inzwischen müßten Sie zu einem klaren Entschluß gekommen sein. Prüfen Sie anhand der Karten auf Platz 1 und 5, ob es an der Zeit ist, zur Tat zu schreiten.

Platz 7

Nehmen Sie eine abwartende, kritische Haltung ein. Lassen Sie sich nicht bedrängen oder zu etwas überreden, Sie haben genügend eigene Ideen. Machen Sie sich in Ihrem Urteil unabhängig, und äußern Sie klar und freimütig Ihre Ansichten.

Platz 3

Sie standen der Angelegenheit bislang eher kühl, distanziert, vielleicht auch etwas spröde gegenüber. Ihre innere Unabhängigkeit war Ihnen wichtig. Oder Sie haben Ihr Vorhaben vor allem unter ästhetischen und stilvollen Gesichtspunkten betrachtet.

Platz 6

Lassen Sie sich nicht alles gefallen. Seien Sie hellwach und auf Ihre innere Ungebundenheit bedacht. Sie sind sehr einfallsreich und erfinderisch. Nutzen Sie diese Quellen, um zu einer cleveren, verblüffend unkonventionellen Haltung zu gelangen.

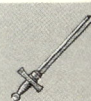

Platz 4

Sie haben kühl und klar, durchaus charmant, aber eher unnahbar gewirkt. Vielleicht wollen Sie wirklich ganz allein eigene Wege gehen. Andernfalls müssen Sie etwas auftauen, damit die anderen an Sie herankommen.

Platz 5

Zeigen Sie, daß Sie ideenreich sind und freimütig Ihre klare, unabhängige Meinung vertreten. Gehen Sie diplomatisch vor, aber wahren Sie die Distanz, und zeigen Sie – wenn nötig – auch die kalte Schulter.

König der Schwerter[*]

Astrologische Entsprechung

Merkur in Zwilling im Sinne von geistreich, versiert, listig und trickreich

KÖNIG der SCHWERTER

Mythologisches Bild

Die listenreichen Helden Odysseus und Sysiphos

I Ging Entsprechung

–

Der König der Schwerter stellt die männliche Seite des Luftelements dar. Dabei handelt es sich um die Kraft des klugen, schnellen, gewitzten Verstandes, die hier in ihrer ideenhaften, geistreichen, vielseitigen, durchaus widersprüchlichen, aber auch in ihrer listigen, ironischen und gerissenen Art dargestellt ist. Mit Hilfe dieser Veranlagung können wir erkennen, verstehen, analysieren, logisch folgern, abstrahieren, rechnen und berechnen, Probleme von allen Seiten betrachten und durchdringen. Aber dort, wo diese Kräfte überhandnehmen, bringen sie ihre dunklen Seiten zum Vorschein: Kopflastigkeit, Gefühlskälte, beißende und zynische Kritik, schillernde Zweideutigkeit, schmetterlingshafte Unbeständigkeit.

Im beruflichen Umfeld steht diese Karte für geistige Wendigkeit, Klugheit, Kontaktfreude und eine gute Händlermentalität. Sie zeigt, daß wir geschickt, flexibel und taktisch klug unsere Aufgaben lösen. Im Umgang mit Kollegen, Vorgesetzten, Geschäftspartnern und Kunden drückt sie Redegewandtheit, Geistesgegenwart und geistreichen Charme aus. Sie kann aber auch eine Warnung vor Übertreibungen sein, wie eiskalter Raffinesse, Schlitzohrigkeit und bodenloser Gerissenheit.

Auf der Ebene des Bewußtseins wird durch diese Karte eine Phase der Aufklärung angezeigt. Es geht um nüchterne Erkenntnis, um Lernen, Studieren, wissenschaftlich-methodisches Arbeiten. In dieser Zeit schärfen wir unseren Verstand, um mit dieser Kraft unsere Probleme, uns selbst, unsere Umwelt zu durchdringen. Das Hauptmerkmal liegt auf der objektiven Erkennbarkeit. Wir suchen nach einer Formel, nach der Idee, die hinter allem steckt. Ebenso wie uns in der Mathe-matik weder frommes Wollen noch braves Auswendiglernen, sondern nur konsequent logisches Denken zum richtigen Ergebnis führt, helfen uns in dieser Zeit nicht unsere Gefühls-, sondern nur unsere analytischen Verstandeskräfte weiter. Oft genug sind es gerade die Bereiche unseres Glaubens oder unserer Gefühle, die jetzt rückhaltlos auf ihre Richtigkeit hin durchforscht werden. Bei all dem ist wichtig, das Schwert des Verstandes nicht zu hemmungslos einzusetzen. Es könnte zu leicht geschehen, daß das Gift des Zweifels auch wertvolle Wurzeln zersetzt und wir statt der erwünschten Klarheit am Ende zerrissen und mit leeren Händen vor den Trümmern unserer alten Gefühle und Überzeugungen stehen.

In unseren persönlichen Beziehungen hat diese Karte zwar ebenfalls eine klärende, häufig aber auch distanzierende Bedeutung. Hier kann die analytische Kraft des Verstandes sehr hilfreich sein, kranke Verhaltensmuster zu erkennen und damit zur Heilung zu führen. Dort, wo wir uns in Abhängigkeiten befinden oder in schier unlösbar erscheinenden Verstrickungen, kann der Trennschnitt des erkennenden Verstandes zwar schmerzhaft und doch segensreich sein. Aber dort, wo die Gefühle zum Lustobjekt sezierender Neugierde werden, tritt Klügelei an die Stelle warmer Herzlichkeit.

---

[*] Zu den Besonderheiten der Hofkarten siehe Seite 15.

Platz 2

Sie haben sich klug, überlegt und clever verhalten, die Angelegenheit von allen Seiten betrachtet und durchleuchtet. Die richtige Erkenntnis, die Formel oder das theoretische Modell müßten Sie nun haben. Vielleicht ist es jetzt an der Zeit, endlich zu handeln?

Platz 7

Gehen Sie auf Distanz, um ein möglichst objektives Bild von Ihrer Situation zu bekommen. Lassen Sie diesmal alle Vorurteile, Wunschvorstellungen und Zweckmäßigkeitsaspekte außer acht, und nehmen Sie Ihr Vorhaben äußerst kritisch unter die Lupe. Stellen Sie alle bisherigen Überlegungen und Vorgehensweisen in Frage, in dem Sie Punkt für Punkt nach den Kriterien »richtig oder falsch« durchgehen. Mit Hilfe dieser Erkenntnis werden Sie Ihr Konzept erheblich verbessern oder sogar völlig erneuern.

Platz 3

Sie haben Ihre Gefühle völlig der Kontrolle des Verstandes unterworfen und sich damit vom Erleben menschlicher Anteilnahme und Mit-Leidens abgeschnitten. Außer in extremen Ausnahmesituationen dürfen wir unserem Verstand niemals eine solche Dominanz zugestehen. Nur wenn auf Platz 6 eine der folgenden Schwertkarten liegt, ist diese Ausnahmesituation auch weiterhin gegeben: Königin, Ritter, Zwei, Drei, Vier, Fünf, Sieben oder Acht. In allen anderen Fällen ist es Zeit, Ihrem Herzen wieder mehr Platz zu schenken und auf die innere Stimme zu hören.

Platz 6

Seien Sie skeptisch gegenüber Ihren Gefühlen, Ihren Wünschen und dem, was Sie emotional anspricht. Prüfen Sie kühl und in Ruhe, ob Ihnen diese Dinge wirklich gut tun. Gebrauchen Sie Ihren Verstand, um Klarheit in Ihre Gefühlswelt zu bringen und sich, wenn nötig, aus Abhängigkeiten und Verstrickungen zu befreien.

Platz 4

Sie sind kühl, distanziert, dabei freundlich und geistreich aufgetreten. Vielleicht liegt für Ihre Umwelt etwas zu Berechnendes darin. Es kann auch sein, daß Sie andere durch Ironie, Zynismus oder Spott verletzten.

Platz 5

Treten Sie sehr persönlich, charmant und geistreich auf. Zeigen Sie Ihr Wissen, Ihren Intellekt, und seien Sie unaufdringlich zu Ratschlägen bereit. Lassen Sie klar erkennen, daß Sie versiert sind und etwas von der Sache verstehen. Seien Sie kritisch und – wo nötig – auch kühl und distanziert.

As der Münzen

AS der MÜNZEN

Astrologische Entsprechung

Venus im 2. Haus als die Chance, zu
innerem wie äußerem Glück und
Reichtum zu gelangen

Mythologisches Bild

Das Goldene Vlies

I Ging Entsprechung

34 Da Dschuang / Des Großen Macht

Das As der Münzen zeigt, wie auch die anderen
Asse, eine in uns schlummernde Chance. In diesem Fall geht es darum, eine Chance in uns oder
in unserer gegenwärtigen Situation zu entdecken,
die im Sinne des durch die Münzen dargestellten
Erdelements zu guten, greifbaren Ergebnissen
führt: zu äußerem, mehr noch zu innerem Reichtum. Neben dem As der Kelche ist dies die größte
»Glückskarte« der Kleinen Arkana. Aber dieses
Glück drängt sich nicht auf, es will entdeckt werden. Es ist gut möglich, daß die Sucharbeit, ähnlich wie bei dem Schatz im Weinberg, mit viel
Mühen verbunden ist. Das Ergebnis aber ist nicht
nur gediegen und von Dauer, es beglückt uns
auch zutiefst.

Im beruflichen Umfeld bedeutet diese Karte,
daß wir die große Chance haben, zu dem zu kommen, was uns im Berufsleben wertvoll erscheint.
Das mag für den einen Sicherheit und gute Bezahlung bedeuten, für den anderen dagegen persönliche Anerkennung und Prestige, für manche
auch die innere Zufriedenheit und das von äußerem Erfolg unabhängige Bewußtsein, einer sinnvollen Aufgabe nachzukommen, vielleicht sogar
zu wissen, daß der Sinn unseres Lebens darin
liegt. In jedem Fall bedeutet diese Karte, daß wir
hervorragende Aussichten haben, in unserem derzeitigen beruflichen Bestreben zum Ziel zu gelangen.

Auf der Ebene unseres Bewußtseins heißt das
As der Münzen, wir haben die Chance, zu
wesentlichen und wirklich brauchbaren Erkenntnissen zu kommen. Das kann die Idee sein, mit
der wir die lange gesuchte Lösung eines Problems
entdecken, oder ein Gedanke, der sich in vortreff-
liche Geschäfte umsetzen läßt, oder aber eine
Erfahrung, die sich auf anderer Wertebene nieder-
schlägt: wachsendes Selbstwertgefühl z. B. oder
ein dem »Sesam öffne dich« gleichendes Erlebnis,

mit der wir die Schätze unserer Seele wahrnehmen.

**Im Bereich unserer persönlichen Verbindun-
gen** drückt diese Karte die reale Chance aus, zu
einer zutiefst beglückenden und dauerhaften
Beziehung zu gelangen. Damit ist sie in aller Regel
der Vorbote einer neuen Verbindung. Sie kann
aber auch ein Hinweis sein, daß wir in einer bestehenden Partnerschaft neue Möglichkeiten einer
positiven und beglückenden Entwicklung erkennen und entfalten.

Platz 2

Sie haben in Ihrem Vorhaben bislang eine große Chance gesehen, mit der Sie zu Glück, Reichtum oder Sicherheit gelangen können. Die Karte auf Platz 1 kann Ihnen zeigen, was Sie in diesem Zusammenhang wirklich erreichen können, und die auf Platz 5, wie Sie dabei vorgehen sollen.

Platz 7

Erkennen Sie die großen Möglichkeiten, die vor Ihnen liegen. Sie sind auf dem richtigen Weg und werden bei Ihrem Vorhaben zum Ziel kommen, wenn Sie sich ernsthaft und unermüdlich damit auseinandersetzen. Erwarten Sie keine Hilfe von anderen: Sie selbst müssen die Chance erkennen und vorantreiben. Sie wird sich dann wie von selbst entfalten.

Platz 3

Sie haben hohe Glückserwartungen und glauben, in dieser Angelegenheit die große Chance gefunden zu haben. Ob sich die Dinge tatsächlich so entwickeln oder ob Sie in Ihren Erwartungen enttäuscht werden, zeigt Ihnen die Karte auf Platz 1.

Platz 6

Lassen Sie sich erwärmen und von Ihrem Vorhaben packen. Sie werden bald spüren, daß es sich lohnt und Sie auf eine wahre Goldmine gestoßen sind. Lassen Sie nicht locker, geben Sie die Suche nicht auf, bis Sie dieses Glück gefunden haben.

Platz 4

Sie haben gezeigt, daß Sie auf die große Chance warten oder auf Ihr Glück setzen. Ob diese Haltung richtig ist oder Sie vergebens Hans im Glück gespielt haben, zeigt Ihnen die Karte auf Platz 1. Wenn Sie dadurch Ihre Erwartungen bestätigt sehen, zeigt Ihnen die Karte auf Platz 5, wie Sie vorgehen müssen, um fündig zu werden.

Platz 5

Zeigen Sie, daß Sie klar erkannt haben, welch große Chancen vor Ihnen liegen, und daß Sie bereit sind, alles zu tun, um diese (einmalige) Gelegenheit zu nutzen und Ihr Glück zu machen. Treten Sie zuversichtlich und entschlossen auf, lassen Sie keinen Zweifel an Ihrer Beständigkeit und Ihrem Durchhaltevermögen aufkommen.

2 Münzen

Astrologische Entsprechung

Mond am Aszendenten im Sinne leichter Anpassungsbereitschaft und Mond/Mars im Sinne von Wankelmut

Mythologisches Bild

Hermes in seiner Nebenrolle als Gott der Gaukler und der Spieler

I Ging Entsprechung

–

Die 2 der Münzen ist die Karte der spielerischen Entscheidung, aber auch der unbekümmerten Unentschlossenheit. Sie zeigt, daß wir uns den Strömungen des Lebens anbequemen können und dadurch Höhen und Tiefen ohne größere Schwierigkeiten durchqueren. Je nach Art unserer Lebenseinstellung und des Bereiches, der durch diese Karte gekennzeichnet wird, kann diese spielerische Einstellung als geschickt, geschmeidig, unterhaltsam, spontan und erfrischend geschätzt – oder als Standpunktlosigkeit, willfährige Kompromißbereitschaft, Wankelmut und angepaßte Biegsamkeit verspottet werden. Damit umfaßt diese Karte das weite Spektrum von der Mentalität, mit dem Strom zu schwimmen, bis hin zur tiefgründigen Weisheit des Narren.

Im beruflichen Umfeld zeigt die 2 der Münzen, daß wir wendig sind und uns auf unsere Aufgaben, aber auch auf das Betriebsklima leicht einstellen können. Sie kann auch bedeuten, daß wir nicht mit dem rechten Ernst bei der Sache sind und manches auf die leichte Schulter nehmen. Damit weist die Karte mit ihrer fragwürdigen Seite auf Verantwortungslosigkeit und spielerischen Leichtsinn hin, wohingegen ihre höhere Bedeutung sagt, daß wir uns freigemacht haben von freudlosen Frondiensten und versklavendem Sicherheitsdenken und im Bewußtsein innerer Unabhängigkeit voller Freude unseren Aufgaben nachgehen.

Auf der Ebene unseres Bewußtseins weist diese Karte auf eine Phase der Schwerelosigkeit hin. Wie Milan Kundera eindringlich zeigt[24], kann dieser Zustand im Wechsel mit Schwere zutiefst beglückend sein, als einseitiger Dauerzustand dagegen zu herben Krisen führen. Somit kann diese Karte eine wohltuende Unbeschwertheit nach Zeiten der Härte und Kümmernisse anzeigen – oder aber den ewig kindhaften Menschen, dessen einzige Standhaftigkeit darin besteht, keinen Standpunkt zu beziehen, der aber blauäugig darüber klagt, von niemandem ernst genommen zu werden. Sie steht damit sowohl für die Haltung des zappelnden Hampelmanns wie für die demutsvolle Weisheit des Narren, der nach einem mühevollen Erkenntnisprozeß zu der schlichten, unbefangenen Betrachtung eines Kindes zurückgefunden hat.

Im Bereich unserer persönlichen Beziehungen kann diese Karte einerseits auf eine fröhliche, unbesorgte Zeit spielerischer Freude hinweisen, andererseits auch Leichtfertigkeit oder Wankelmut bedeuten. Welche dieser beiden Seiten wir stärker empfinden, hängt von unseren Erwartungen und subjektiven Einstellungen ab; denn selbst Wankelmut kann als »anmutsvolle Unentschiedenheit« einen faszinierenden Reiz ausüben.

Platz 2

Sie haben die Angelegenheit bislang eher spielerisch betrachtet, ohne sich zu einer eindeutigen Vorgehensweise zu entschließen oder Verantwortung zu übernehmen. Vielleicht waren Sie aber auch etwas gedankenlos. Wahrscheinlich sagt Ihnen die Karte auf Platz 7, daß es nun an der Zeit ist, Farbe zu bekennen.

Platz 7

Betrachten Sie die Angelegenheit von einer unbefangenen, spielerischen Seite. Wahrscheinlich haben Sie die Dinge oder sich selbst bislang zu ernst genommen und müssen nun lernen, alles etwas lockerer zu sehen. Lösen Sie sich von starren Vorstellungen und festen Erwartungen, stellen Sie sich mehr auf das natürliche Auf und Ab des Lebens ein.

Platz 3

Sie sind ziemlich locker, vielleicht sogar leichtfertig eingestellt. Bislang haben Sie nur gespielt und konnten die Angelegenheit nicht richtig ernst nehmen. Schauen Sie, ob Sie sich noch weiter diesem Gefühl der Schwerelosigkeit überlassen dürfen oder ob die Karte auf Platz 6 Sie auffordert, Ihr Vorhaben mit innerer Entschiedenheit und Konsequenz zu betreiben.

Platz 6

Nehmen Sie die Angelegenheit auf die leichte Schulter. Seien Sie innerlich flexibel und ruhig etwas verspielt. Gehen Sie unbekümmert und leichten Herzens vor. Sie brauchen sich nicht zu sorgen: Die Stimme Ihres Instinktes wird Ihnen immer rechtzeitig sagen, was Sie tun sollen.

Platz 4

Sie haben bislang geschwankt und unentschlossen oder sprunghaft gewirkt. Man konnte Ihnen nicht anmerken, daß Sie Ihr Vorhaben wirklich ernst nehmen. Vielleicht kommen Sie mit dieser Haltung zum Ziel, wahrscheinlich aber wird Ihnen die Karte auf Platz 5 sagen, daß Sie entschiedener auftreten müssen.

Platz 5

Zeigen Sie sich wendig und daß Sie ein Spieler sind. Lassen Sie klar erkennen, daß Sie die Angelegenheit zwar wert für einen Versuch halten, aber in dieser Form nicht wirklich ernst nehmen. Treten Sie locker und unbekümmert auf, setzen Sie sich darüber hinweg, alles viel zu wichtig zu nehmen.

3 Münzen

Astrologische Entsprechung

Jupiter/Mars im Sinne erfolgreichen Schaffens; oder Saturns Transit über seine Radixstellung als Eintritt in einen neuen Lebensabschnitt

Mythologisches Bild

Herakles, der mit Erfüllung jeder weiteren der ihm gestellten zwölf Aufgaben tiefer in die Geheimnisse des Lebens eindringt

I Ging Entsprechung

19 Lin / Die Annäherung

Die 3 der Münzen wird aufgrund ihrer schwarzen Farben oft mißverstanden als eine Karte der Bedrückung. Sie zeigt jedoch die erfolgreich bestandene Prüfung und ist damit Ausdruck einer höchst erfreulichen Erfahrung. Im Unterschied zur 8 der Münzen, die den Lehrling versinnbildlicht, wird hier der Geselle dargestellt. Damit drückt die Karte aus, daß wir in einen neuen Erfahrungsbereich eintreten, für den wir – im Unterschied zur 8 Münzen – auch die Qualifikation mitbringen. Sie zeigt den gelungenen Abschluß einer bestimmten Periode unserer Ausbildung oder Entwicklung, in Verbindung mit dem Neuanfang auf einer höheren Ebene.

Im beruflichen Erleben zeigt die 3 der Münzen deutlicher als jede andere Tarotkarte die Beförderung. Sie bedeutet, daß wir am Ende einer Ausbildungs- oder Entwicklungsphase stehen und nun neue Aufgaben und größere Verantwortung übernehmen. Ferner steht sie für jede Form von Prüfung, wobei sie nicht nur das Gelingen in Aussicht stellt, sondern auch die damit verbundene Anerkennung und die entsprechende berufliche Position. In allen Fällen zeigt sie, daß wir in dem Bereich tätig bleiben, für den wir uns zuvor qualifiziert haben; sie ist damit kein Hinweis auf eine berufliche Neuorientierung.

Auf der Ebene unseres Bewußtseins werden die dunklen Farben der Karte verständlich, da sie hier den geheimnisvollen Eintritt auf den Weg der Einweihung zeigen kann. Sie ist Ausdruck des spirituellen Wachstums und besagt, daß wir aus der Summe unserer gemachten Erfahrungen nun die Quintessenz bilden und uns auf den uns gemäßen Weg der Wahrheit begeben. Es ist die Schwelle, wo die Suche nach dem Vielen durch die Suche nach dem Einen abgelöst wird, wo wir in die geheimnisvolle dunkle Tiefe statt in die oberflächlich ausufernde Breite wachsen.

In unseren persönlichen Beziehungen zeigt die 3 der Münzen, daß wir vor einem entscheidenden Schritt stehen, der uns zu reiferen Formen des Miteinanders führt. Sie kann damit das Ende des Suchens und den Beginn einer innigen und beständigen Verbindung kennzeichnen. Sie kann auch innerhalb einer bestehenden Partnerschaft ausdrücken, daß Anfangsschwierigkeiten oder spätere Krisen überwunden werden und wir nun eine neue Ebene betreten, bei der uns die Erfahrungen, die wir in der Wachstums- oder Krisenzeit gesammelt haben, von großer Hilfe sind. Auf einer tiefen Ebene bedeutet die Karte hier, daß wir an der Schwelle zum großen Mysterium der Liebe stehen.

Platz 2

Sie wissen, daß Sie sich in einer Prüfungssituation befinden, in der Sie Ihre Qualifikation oder die Fülle Ihrer Lebenserfahrung unter Beweis stellen müssen. Falls die Karte auf Platz 1 kein eindeutig negatives Ergebnis in Aussicht stellt, werden Sie dabei Erfolg haben und in einen neuen Erfahrungsbereich eintreten.

Platz 7

Erkennen Sie, daß Ihr Vorhaben Sie an eine Schwelle führt, hinter der sich ein neuer Erfahrungsbereich, vielleicht ein ganz neuer Lebensabschnitt auftut. Weichen Sie nicht aus. Die Zeit ist reif für diesen Schritt. Sie werden die Hürde geschickt überwinden und dahinter eine Welt tiefer, bereichernder Erfahrungen entdecken.

Platz 3

Sie haben bislang gelernt und interessiert oder neugierig nach vielen Möglichkeiten Ausschau gehalten. Sie spüren nun, daß es an der Zeit ist, aus Ihren Erfahrungen Konsequenzen zu ziehen und sich in eine von Ihnen selbst bestimmte Richtung zu bewegen.

Platz 6

Ihr Vorhaben bringt Sie in eine Prüfungssituation. Vertrauen Sie auf den reichen Schatz Ihrer bisherigen Erfahrungen und seien Sie unbesorgt. Sie werden die Prüfung nicht nur meistern, sondern sich damit einen neuen Erfahrungsbereich erschließen, der für Ihre weitere Zukunft von großer Bedeutung ist.

Platz 4

Sie haben gezeigt, daß Sie für Ihr Vorhaben qualifiziert sind und daß Sie bereit sind, Ihr Können unter Beweis zu stellen. Wenn Sie nicht geblufft oder sich selbst überschätzt haben, kann Ihrem Erfolg nichts im Wege stehen.

Platz 5

Beweisen Sie Ihr Können und Ihre Erfahrung. Zeigen Sie, daß Sie versiert sind und vor keiner Prüfung zurückscheuen. Gehen Sie zuversichtlich und freudig an Ihr Vorhaben, das Ihnen die große Chance gibt, einen wichtigen Schritt voranzukommen. Lassen Sie aber auch klar erkennen, daß Sie willens sind, weiter zu lernen und nicht davon ausgehen, schon alles zu wissen.

4 Münzen

Astrologische Entsprechung

Saturn im 2. Haus als Ausdruck eines
zwanghaften Sicherheitsbedürfnisses

Mythologisches Bild

Der Etruskerkönig Midas mit den
»goldenen Händen«. Dionysos er-
füllte ihm den Wunsch, wonach alles,
was er berührte, zu Gold wurde.
Mit Schrecken mußte er feststellen,
daß sich selbst seine Speisen in Gold
verwandelten.

I Ging Entsprechung

60 Dsië / Die Beschränkung

Die 4 der Münzen zeigt ein übertriebenes Sicherheitsbedürfnis und dessen Auswirkungen in
Form von Habgier, Geiz und der tiefsitzenden
Furcht vor Veränderungen. Die durch diese Karte
gekennzeichnete Haltung hat immer etwas
Lebensfeindliches, weil sie zeigt, wie angestrengt
wir uns bemühen, am Gegenwärtigen festzuhal-
ten und uns damit – letztlich vergeblich – dem
Fluß des Lebens entgegenstellen. Sie ist in aller
Regel ein Hinweis, daß wir uns auf dem Weg in
die Erstarrung befinden, häufig auch ein Vorbote
des Turmes (XVI), der wiederum den Panzer der
Verkrustungen sprengt. Wenn der Platz, an dem
die 4 der Münzen liegt, uns zu diesem Verhalten
auffordert, bedeutet sie, daß wir uns beschränken,
konzentrieren und zurücknehmen sollen oder
daß wir in dieser Angelegenheit nicht locker lassen dürfen.

Im beruflichen Umfeld zeigt diese Karte, daß
wir an unserer Position kleben oder zumindest an
der Sicherheit, die sie uns vermeintlich gibt. Sie ist
Ausdruck einer übertrieben starren Haltung, mit
der wir auch durchaus günstige Entwicklungen
blockieren. Häufig zeigt sie, daß wir uns in festen
Vorstellungen verrannt haben und nicht bereit
sind, umzudenken und uns neu zu orientieren.
Das kann bedeuten, wir versuchen verbissen,
jedoch vergeblich, auf dem alten Gleis beruflich
voranzukommen, während uns längst andere
Wege und Möglichkeiten offenstehen; wir wollen
sie bloß nicht wahrhaben, weil sie uns zu unsicher
und spekulativ erscheinen und verharren stattdes-
sen in »vertrautem Elend«.

Auf der Ebene unseres Bewußtseins steht die 4
der Münzen für die fixe Idee oder die zwanghafte
Vorstellung, mit der wir uns gegen neue Gegeben-
heiten und Einsichten sträuben. Gerade hier ist
sie eine ernstzunehmende Warnung, daß wir auf
dem besten Wege sind, Opfer unseres Starrsinns

oder unserer Verbohrtheit zu werden. Diese
Karte sollte als dringende Aufforderung verstanden werden, unsere bisherige Betrachtungsweise
aufzugeben und uns anderen Meinungen und
Lebensweisen zu öffnen, da uns andernfalls kommende Krisen unweigerlich zu diesem Schritt
zwingen werden.

Im Bereich unserer persönlichen Beziehungen
zeigt diese Karte eine erdrückende Einstellung. Es
ist der Versuch, die als bedrohlich und ungewiß
empfundene Lebendigkeit durch Rituale und starre Verhaltensmuster zu ersetzen. Triebfeder dieser gängigerweise als »Klammern« bezeichneten
Haltung ist die tiefsitzende Angst, vom anderen
verlassen zu werden. So begreiflich dieser Versuch auch ist, so töricht ist er zugleich: Wo
Sicherheitsstreben anstelle von Vertrauen tritt
und starre Abmachungen die natürliche Lebendigkeit ablösen, stirbt jede Beziehung ab. Insofern
muß die Karte auch hier als eine dringende Warnung vor vielleicht gutgemeinter, aber in den
Auswirkungen verheerender Absicherung gesehen werden.

Platz 2

Sie haben sich in einer fixen Idee verrannt und kleben verbissen an Ihren Vorstellungen. Wahrscheinlich haben Sie eine zu starres Bild von Sicherheit. Erkennen Sie, das einzig Sichere besteht darin, daß unser Leben unsicher ist. Sie haben die Möglichkeit, Ihre bewußte Einstellung im Sinne der Karte auf Platz 7 zu ändern oder zu warten, bis die Ereignisse Sie zu einer Kursänderung zwingen.

Platz 7

Konzentrieren Sie sich auf das Wesentliche. Beschränken Sie sich in der Betrachtung auf das Ihnen Überschaubare, und versuchen Sie Ihre Position bestmöglich abzusichern. Halten Sie an Ihrem Vorhaben fest, lassen Sie sich keine fremden Meinungen aufzwingen.

Platz 3

Sie versuchen sich an einen Strohhalm zu klammern, der Ihnen vermeintlich Sicherheit gibt. Sie sind zu engherzig oder zu besitzergreifend. Lernen Sie, innerlich loszulassen. Nur dann kann sich das, was Sie halten möchten, in seiner Schönheit entfalten. Ein Paradiesvogel stirbt, wenn man ihn in einen Käfig sperrt.

Platz 6

Gehen Sie auf »Nummer Sicher«. Seien Sie vorsichtig und bedacht, und sichern Sie sich nach allen Seiten ab. Schützen Sie Ihre Gefühle, setzen Sie klare Grenzen, und lassen Sie sich darin nicht beirren. Bleiben Sie eine Weile genügsam, und sammeln Sie erst neue Reserven, bevor Sie sich wieder öffnen. Aber halten Sie an Ihrem Wunsch fest, lassen Sie nicht locker.

Platz 4

Sie haben begierig, engherzig, kleinlich oder habsüchtig gewirkt. In Ihrem Auftreten fehlte jede Spur von Lockerheit. Auch wenn Sie Grund hatten, sich so vorsichtig und bedeckt zu verhalten, sollten Sie prüfen, ob Ihnen die Karte auf Platz 5 nicht zu mehr Lebendigkeit oder Offenheit rät.

Platz 5

Lassen Sie sich nichts wegnehmen oder aus der Hand reißen. Zeigen Sie, daß Sie an Ihrem Vorhaben festhalten. Bleiben Sie unbeirrbar, wenn nötig auch verschlossen. Seien Sie sparsam, und gehen Sie unkalkulierbaren Risiken aus dem Wege.

5 Münzen

Astrologische Entsprechung

Saturn im 2. Haus als Ausdruck von
Krise und Engpaß

Mythologisches Bild

Hiobs Krisen; oder die sieben
mageren Jahre Ägyptens

I Ging Entsprechung

41 Sun / Die Minderung

Die 5 der Münzen ist die Karte der Krisen, der Entbehrungen und der Unsicherheiten. Sie steht für die Engpässe des Lebens, in denen wir uns armselig, glücklos, verlassen und manchmal wirklich erbärmlich vorkommen. Dabei ist sie in aller Regel weniger der Vorbote wirklicher Verluste und materieller Niederlagen, sondern zeigt, daß wir auf unsicheren Füßen stehen und Angst haben, der schwankende Boden unter uns könne nachgeben. Sie steht damit für den Engpaß, der in jeder Wachstumskrise liegt, wenn wir einen vertrauten Bereich der Stabilität aufgeben, um uns neuen, größeren Herausforderungen, aber auch den damit verbundenen Risiken zuzuwenden.

Im beruflichen Erleben bedeutet die 5 der Münzen Sorgen und handfeste Probleme, die einzelne Vorhaben und Geschäfte betreffen können, auch die Sicherheit unseres Arbeitsplatzes. Damit spiegelt diese Karte die Befürchtung von Verlusten und finanziellen Schieflagen, das mögliche Scheitern in Prüfungen, tiefgreifende Ängste der Existenzsicherung. Die Karte erscheint häufig in Verbindung mit einer beruflichen Veränderung, die uns aus einem sicheren Umfeld zu größeren Aufgaben und Risiken führt, beispielsweise der Schritt in die Selbständigkeit. Sie darf dabei nicht fehlverstanden werden als Hinweis, daß dieser Schritt falsch sei. Sie weist vielmehr auf die durchaus normalen Unsicherheitsgefühle in schwierigen Wachstumsprozessen hin. In der Regel steht sie nur für das beklemmende Gefühl dunkler Ahnungen und zeigt nur selten den Eintritt eines Fiaskos.

Auf der Ebene unseres Bewußtseins ist die 5 der Münzen Ausdruck eines Armutsbewußtseins, das sich in keiner Weise in den realen Verhältnissen spiegeln muß. Sie zeigt, daß wir von starken existentiellen Sorgen getrieben werden, gleichgültig, ob wir in gesicherten wirtschaftlichen Verhältnissen leben oder nicht. Die Erkenntnis solcher Phasen heißt, daß wir ein inneres Armutsgefühl auch nicht durch größten äußeren Reichtum überwinden können, dagegen äußere Armut geradezu unbedeutend wird, wenn ihr ein Gefühl inneren Reichtums gegenübersteht. Daneben kann diese Karte ein Hinweis sein, daß wir die natürliche Krise erleben, die jeder Entwicklungsprozeß mit sich bringt, in der sich unsere (Geburts-)Angst vor allen Engpässen zeigt, hinter denen sich eine noch unbekannte Weite auftut.

In unseren persönlichen Verbindungen steht diese Karte für Verlassenheit und Entbehrung. Sie zeigt das oft erbärmliche Gefühl, sich ungeliebt und minderwertig zu erleben. Sie kann Ausdruck tiefer Hoffnungslosigkeit sein und sollte gerade darum als Hinweis einer Umbruchsphase verstanden werden, in der wir alte Strukturen hinter uns lassen, um zu neuen Formen der Partnerschaft zu finden. Dort wo die Karte ein Vorbote einer Beziehungskrise ist, darf sie nicht als unausweichliches Omen des Scheiterns mißverstanden werden. Jede Verbindung, die eine solche Krise übersteht, hat einen wichtigen Härtetest bestanden.

Platz 2

Sie sind bislang davon ausgegangen, daß Sie auf einen Engpaß oder eine Krise zusteuern. Sie befürchten, nicht die notwendigen Kräfte oder Mittel zu haben, um Ihr Vorhaben durchführen zu können. Ob die Dinge wirklich so im argen liegen oder ob Ihre (zweck-)pessimistische Einstellung zu düster ist, zeigt Ihnen die Karte auf Platz 1.

Platz 7

Erkennen Sie, daß Ihnen eine Zeit der Entbehrungen und der Unsicherheit bevorsteht. Dieser Ausblick sollte Sie nicht unbedingt zu einer Umkehr veranlassen. Es kann gut sein, daß es sich hierbei um eine notwendige Durststrecke handelt. Ist Ihre Frage allerdings klar auf ein bestimmtes, ehrgeiziges Projekt bezogen, warnt Sie diese Karte vor finanziellen Einbußen.

Platz 3

Sie fühlen sich arm, verlassen und ungeborgen. Sie sind in seelischer Not und brauchen dringend Hilfe oder Zuspruch, um wieder zu Kräften und zu neuem Selbstvertrauen zu gelangen. Schauen Sie, ob die Karte auf Platz 1 bereits ein Ende der Krise anzeigt. Andernfalls sollten Sie sich einem Ihnen nahestehenden Menschen anvertrauen.

Platz 6

Sie nähern sich einem seelischen Tiefpunkt. Sie stehen in dieser Angelegenheit auf einem brüchigen Fundament und werden sich zumindest streckenweise schutzlos und erbärmlich fühlen. Wenn Sie dabei ein übergeordnetes Ziel verfolgen, sollten Sie sich von diesen Aussichten nicht irritieren lassen. Diese Erfahrung ist Teil eines jeden größeren Wandlungsprozesses, an dessen Ende Sie zu neuer, größerer innerer Festigkeit gelangen.

Platz 4

Sie haben bislang glücklos, verlassen oder armselig gewirkt und einen geradezu mitleiderregenden Eindruck gemacht. Fragen Sie sich, ob Ihre Situation tatsächlich so unglücklich ist oder ob Sie nur an das Mitgefühl anderer appellieren, um einer verantwortungsvollen Klärung Ihrer Angelegenheit aus dem Wege zu gehen.

Platz 5

Zeigen Sie, daß Sie in einer tiefen Krise stecken, sich elend und verlassen fühlen. Spielen Sie nicht den strahlenden Sieger und auch nicht den einsamen Wolf, der alles allein machen muß. Haben Sie dieses Mal den Mut, andere um Hilfe zu bitten.

6 Münzen

Astrologische Entsprechung

Jupiter in Fische als Hilfsbereitschaft, Jupiter in Löwe als Großmut, Jupiter in Wassermann als Toleranz

Mythologisches Bild

Prometheus der Lichtbringer, Freund und Helfer aller, die in der Finsternis leben

I Ging Entsprechung

27 I / Die Mundwinkel, die Ernährung

Die 6 der Münzen steht für die Qualität der Hilfsbereitschaft, des Großmuts und der Toleranz. Sie zeigt, daß wir diese Tugenden leben, kann aber ebenso bedeuten, daß uns selbst Großzügigkeit, Verständnis und hilfreiche Unterstützung zuteil wird. Dabei handelt es sich nicht um den Ausdruck spontaner Geberlaune, die vielleicht schon im nächsten Augenblick versiegt oder um eine als Toleranz verkleidete Gleichgültigkeit, sondern um eine ausgewogene, verläßliche Grundhaltung, die wohlbemessen ist. Auf der Alltagsebene steht diese Karte auch für Belohnung, für sich lohnende Projekte.

Im beruflichen Erleben heißt die 6 der Münzen, daß sich unsere Vorhaben lohnen und Unterstützung finden, daß uns selbst geholfen wird, daß wir gefördert werden. Sie bedeutet, daß unsere Wünsche, Ideen und Vorschläge auf Verständnis und auf ein positives Echo stoßen und uns Möglichkeiten der Verwirklichung offenstehen. Darüber hinaus ist die 6 der Münzen Hinweis, aber auch Aufforderung, selbst diese großzügig-mäzenatische Haltung einzunehmen.

Auf der Ebene unseres Bewußtseins drückt diese Karte aus, daß wir unser Wissen und unsere Erkenntnisse gerne und großzügig zur Verfügung stellen, statt damit zu geizen – aus Angst, andere könnten uns geistig überflügeln oder unsere Ideen »stehlen«. Die Karte zeigt die besonnene und wohltuende Hilfe, die wir Ratsuchenden geben, sowie den umgekehrten Fall, in dem wir die Suchenden sind, denen großzügige Hilfe zuteil wird.

In unseren persönlichen Beziehungen steht die 6 der Münzen ebenfalls für gegenseitige Hilfe und Unterstützung. Sie hat hier vor allem die Bedeutung, daß wir dem anderen Raum geben, ihm viel Verständnis und Toleranz entgegenbringen. Sie zeigt, daß wir einander fördern und Mut machen, daß wir uns in schwierigen Situationen gegenseitig unter die Arme greifen und ein Klima der Großzügigkeit schaffen, in dem wir dem anderen seine Lebensweise, seinen Erfolg und seine Freuden aus tiefem Herzen gönnen.

Platz 2

Sie haben die Angelegenheit bislang großmütig betrachtet und viel Verständnis aufgebracht. Wenn diese Einstellung ehrlich und ausgewogen war, hat sie Ihr Vorhaben sicherlich wesentlich gefördert. Oder haben Sie etwa nur auf großzügige Unterstützung anderer gesetzt?

Platz 7

Erkennen Sie, daß sich Ihr Vorhaben lohnt und daß Sie Unterstützung bekommen. Aber betrachten Sie die Angelegenheit auch selbst freigebig und gönnerhaft. Gehen Sie jovial und großzügig vor. Geben Sie unaufdringlich Rat und Hilfe.

Platz 3

Sie waren bisher weitherzig, mitfühlend und hilfsbereit eingestellt und haben in dieser Angelegenheit Ihre volle innere Unterstützung bewiesen. Haben Sie dabei auch das rechte Gleichmaß beachtet oder entsprang Ihre Haltung nur einer spontanen, verschwenderischen Laune?

Platz 6

Seien Sie nicht kleinlich. Öffnen Sie Ihr Herz, und gehen Sie wohltätig, verständnisvoll und tolerant an Ihr Vorhaben, aber lassen Sie sich nicht zu sentimentalen Gönnerposen hinreißen. Ihr Gefühl muß unaufdringlich, aufrichtig und verläßlich sein.

Platz 4

Sie sind sehr großzügig und wohlwollend aufgetreten und haben viel Verständnis gezeigt. Wenn diese Haltung Ihre innere Einstellung spiegelt, ist sie sicherlich sehr förderlich. Wenn Sie aber Grund haben, Ihre Haltung zu überprüfen, sollten Sie sich fragen, ob Sie Ihre Hilfe anderen wohlmöglich aufgedrängt oder vielleicht etwas herablassend auf sie gewirkt haben?

Platz 5

Zeigen Sie Ihre noble Gesinnung ohne falsche Scham, ohne Attitüden der Eitelkeit. Seien Sie einfach großzügig, hilfsbereit und tolerant. Geben Sie, wo nötig, auch finanzielle Unterstützung.

7 Münzen

Astrologische Entsprechung

Jupiter / Saturn im Sinne von Geduld und langsamem, aber sicherem Wachstum

Mythologisches Bild

Die Horen der Athener, Göttinnen der Jahreszeiten: Thallo (Göttin der Blüte), Auxo (Göttin des Wachstums) und Karpo (Göttin der reifen Frucht)

I Ging Entsprechung

5 Sü / Das Warten

Diese Karte steht für Geduld und langsames Wachstum. Sie fordert uns auf, eine Angelegenheit mit Gelassenheit zu betrachten und ihr genügend Zeit zu lassen, damit sie sich entwickeln und entfalten kann. Ein positives Ergebnis ist gewiß, wenn wir die Entwicklung nicht voreilig oder durch Übereifer störend beeinträchtigen. Die 7 der Münzen gehört zusammen mit dem Gehängten (XII) und der 4 der Schwerter zu den Karten, die zeitliche Verzögerungen anzeigen. Im Gegensatz zu den beiden anderen Karten ist hier jedoch ein kontinuierliches Wachstum zu beobachten.

Im beruflichen Umfeld bedeutet die 7 der Münzen, daß wir uns geduldig auf eine Phase langsamer, aber beständiger Entwicklung einstellen müssen. Dort, wo wir baldige Ergebnisse erhoffen oder erwarten, werden wir sicherlich enttäuscht; und mit dem Versuch, aus Ungeduld oder Überaktivität des Wachstum zu beschleunigen, riskieren wir das Scheitern einer ansonst aussichtsreichen Entwicklung. Gehen wir dagegen mit Langmut vor, dürfen wir uns des positiven und wertbeständigen Ergebnisses sicher sein.

Auf der Ebene des Bewußtseins zeigt diese Karte, daß wir in eine Zeit der Reife eingetreten sind, in der langsam, aber beständig neue Einsichten und Ideen wachsen. Sie fordert uns auf, keine übereilten Entscheidungen zu treffen, sondern uns die Zeit zu nehmen, die es braucht, um diese neuen Gedanken und Erkenntnisse ausreifen zu lassen.

Im partnerschaftlichen Bereich zeigt diese Karte ebenfalls ein langsames, beständiges Wachstum an, mit der Aussicht auf eine erfreuliche Ernte. Sie kann auch für eine Schwangerschaft stehen. Die 7 der Münzen ist eine Aufforderung zu aufmerksamer Geduld, dem *wu wei* der Chinesen, »Handeln im Nicht-Handeln«. Gerade in neuen Verbindungen fordert sie uns auf, nichts zu überstürzen oder durch Ungeduld das gesunde Wachstum zu gefährden.

Platz 2

Sie haben sich mit Geduld auf eine lange Phase des Wachstums eingestellt und sind zuversichtlich, daß Ihr Warten Sie ans Ziel bringen wird. Ob diese Haltung richtig ist oder nur ein Ausdruck versteckter Resignation, sagen Ihnen die Karten auf Platz 1 und 7.

Platz 7

Machen Sie sich bewußt, daß die Verwirklichung Ihres Vorhabens mehr Zeit braucht, als Sie vermutlich gerechnet haben. Wenn Sie sich gedulden, dürfen Sie beim Warten Ihrer Sache sicher sein. Unruhe und Hetzerei gefährden das Gelingen, während ruhige und freundliche Aufmerksamkeit äußerst hilfreich sind.

Platz 3

Sie sind ruhig und beschaulich und spüren, daß Sie viel Geduld brauchen, um Ihr Vorhaben reifen zu lassen. So besonnen diese Haltung zu sein scheint, sollten Sie doch an den Karten 1 und 6 prüfen, ob Sie nicht nur ein Alibi brauchen, um sich vor notwendigen Entscheidungen zu drücken und Ihre Zeit vertrödeln.

Platz 6

Üben Sie sich in Geduld, und stellen Sie sich innerlich auf eine lange Phase langsamen Wachstums ein. Gerade wenn Sie sich von dieser Aussage provoziert fühlen, müssen Sie Ihr Temperament zügeln. Wenn Sie nicht drängen und nichts überstürzen, dürfen Sie gewiß sein, daß die Entwicklung einen erfreulichen Verlauf nimmt.

Platz 4

Sie sind ruhig, gelassen und möglicherweise auch etwas nachdenklich aufgetreten. Ihr Langmut ist eine grundsätzlich positive Haltung. Schauen Sie trotzdem, was Ihnen die Karte auf Platz 5 vorschlägt, Sie könnten sonst vielleicht das Ergebnis verschlafen.

Platz 5

Zeigen Sie Ihre Besonnenheit und daß Sie bereit sind, Ihrem Vorhaben die Zeit einzuräumen, die es braucht, um in Ruhe zu reifen. Sie sollten Ihren Plan hegen und pflegen und keinen Zweifel daran aufkommen lassen, daß Sie notfalls auch genügend Geduld haben, die Sache einfach »auszusitzen«.

8 Münzen

Astrologische Entsprechung

Merkur im 3. Haus im Sinne von
Lerneifer und Geschick

Mythologisches Bild

Talos, Neffe und begabtester Lehrling
des großen Technikers Daidalos

I Ging Entsprechung

17 Sui / Die Nachfolge

Die 8 der Münzen zeigt den Beginn eines aussichtsreichen Vorhabens. Sie ist die Karte des
Lehrlings, der eine langwierige, aber zukunftsreiche Aufgabe anpackt. Insofern verbindet diese
Karte die Anfängersituation mit einer erfreulichen Aussicht. Darüber hinaus zeigt sie, daß wir
gut motiviert sind, Spaß an der Sache haben und
auf die ersten Ergebnisse unseres Tuns stolz sind.
In gewisser Weise bedeutet sie auch Anfänger-
glück.

Im beruflichen Umfeld zeigt diese Karte, daß
wir eine neue Stellung antreten oder neue, bislang
unbekannte Aufgaben übernehmen. Dabei ist es
in der Regel so, daß wir kein einschlägiges Vor-
wissen für diese neue Tätigkeit mitbringen, wohl
aber die Neugier und den Willen, uns mit unserer
Aufgabenstellung vertraut zu machen. Im beruflichen Bereich kann sie für das sogenannte Lehr-
geld stehen, das wir häufig »zahlen« müssen,
wenn wir uns in neue Bereiche einarbeiten; viel
deutlicher aber weist diese Karte auf die erfreulichen Aussichten unserer neuen Tätigkeit hin.

Auf der Ebene unseres Bewußtseins bedeutet
die 8 der Münzen, daß wir tatsächlich oder im
übertragenen Sinne wieder die Schulbank drük-
ken. Sie zeigt, daß wir in einer Lernphase sind, in
der wir entweder systematisch neue Wissensbe-
reiche erschließen oder aber in der »Schule des
Lebens« mit für uns neuen Erfahrungen konfrontiert werden. Je nach innerer Lernbereitschaft
wird diese Phase als belebend und bereichernd
oder aber als mühevoll mit Widerwillen erlebt. In
jedem Fall handelt es sich hierbei um einen wertvollen Zuwachs an Wissen und Erkenntnissen.

Im Bereich unserer persönlichen Beziehungen
zeigt diese Karte des Neuanfangs, daß wir beginnen, eine neue, zukunftsreiche Verbindung aufzu-
bauen. Daneben kann sie auch bedeuten, daß wir
innerhalb einer bestehenden Beziehung neue
Erfahrungen machen und neue Wege gehen, die
in aller Regel weitreichende und erfreuliche Aussichten eröffnen.

Platz 2

Sie wissen, daß Sie noch in der Anfangsphase stehen und Ihre Erfahrungen im Hinblick auf das Vorhaben begrenzt sind. Wenn die Karte auf Platz 1 keinen betont negativen Charakter hat, dürfen Sie davon ausgehen, daß Ihr Unternehmen gelingt, wenn Sie genügend Geduld aufbringen und sich auch weiterhin nicht überschätzen.

Platz 7

Stellen Sie sich darauf ein, daß Sie einen neuen Erfahrungsbereich betreten, zu dem Sie nur wenig Vorkenntnisse mitbringen. Seien Sie aufgeschlossen für das, was Ihnen begegnet, und bereit zu neuem Lernen. Üben Sie sich in Bescheidenheit. Ihr Wissensdurst wird sicherlich gestillt, das Ergebnis wird Sie nicht enttäuschen.

Platz 3

Sie spüren, daß Sie als Anfänger in einem neuen Lernprozeß stehen und sowohl Bescheidenheit als auch Ausdauer von Ihnen verlangt wird. Wenn Sie ein lernfreudiger Mensch sind, werden Sie diese Phase genießen. Vielleicht zeigt Ihnen die Karte auf Platz 6, daß Sie schon weiter sind als Sie glaubten und nun die ersten Früchte ernten dürfen.

Platz 6

Freuen Sie sich auf eine Phase des Neubeginns. Die Zeit des Wartens ist vorüber. Vor Ihnen liegt eine neue Aufbauarbeit, bei der Sie Schritt für Schritt Erfahrungen machen, an denen Sie innerlich wachsen und die zu einem erfreulichen Ergebnis führen.

Platz 4

Sie haben bislang wie ein Anfänger gewirkt. Das ist gut, wenn es sich tatsächlich um einen Bereich handelt, in dem Sie nur wenig Vorkenntnisse haben. Hat man bei Ihnen jedoch mehr vorausgesetzt, so hat Ihr Verhalten enttäuscht.

Platz 5

Zeigen Sie bescheiden, daß Sie von der Angelegenheit soweit wenig verstehen, aber gerne bereit sind, dazuzulernen. Gehen Sie zielstrebig, zuversichtlich und tatenfroh an Ihr Vorhaben. Zeigen Sie Ihren Wissensdurst und Ihren Lerneifer. Sie werden von Ihren neuen Erfahrungen noch lange zehren.

9 Münzen

Astrologische Entsprechung

Jupiter/Venus im 5. Haus als der große Gewinn

Mythologisches Bild

Der unerwartet große Fischzug des Petrus

I Ging Entsprechung

42 I/Die Mehrung

Die 9 der Münzen galt schon in der traditionellen Deutung als die finanzielle Glückskarte, die einen großen, meist unerwarteten Gewinn verspricht. Sie steht damit für überraschend gute Entwicklungen, plötzliche Glücksfälle und für Situationen, von denen der Volksmund sagt, daß wir den großen Fisch an Land ziehen. Neben dieser zweifellos starken Seite, die auf äußere Gewinne gerichtet ist, hat die Karte einen Aspekt, der auch das Erlebnis einer spürbaren inneren Bereicherung ausdrückt.

Im beruflichen Erleben zeigt die 9 der Münzen, daß wir ein sehr erfolgreiches Geschäft, vielleicht sogar einen spektakulären Gewinn vor uns haben. Sie kann ebenso bedeuten, daß wir in eine sehr begehrte und lukrative Position aufrücken, daß unsere Bewerbung einen unerwarteten Erfolg hat oder daß uns Prüfungen erstaunlich gut gelingen. Vor diesem Hintergrund heißt die Karte auch, daß wir von unseren beruflichen Aufgaben erfüllt sind, uns innerlich beglückt und bereichert fühlen.

Auf der Ebene unseres Bewußtseins bedeutet diese Karte die plötzliche Erkenntnis eines inneren, oft genug auch die eines äußeren Reichtums. Sie kann Situationen anzeigen, in denen wir durch eine überraschende Wendung im Alltag oder durch eine entscheidende Begegnung unerwartet zu Einsichten kommen, die uns, zu unserer eigenen Überraschung, vor Augen führen, welche Fähigkeiten in uns stecken und welche Möglichkeiten des Wachstums und der Entfaltung darin liegen. Sie kann ebenso zeigen, daß wir eine entscheidende Bewußtseinswandlung durchmachen und dabei den Durchbruch von einem angsterfüllten und unsicheren Bewußtsein zur Bewußtwerdung unseres Reichtums erleben.

Im Bereich unserer persönlichen Beziehungen bedeutet diese Karte, den »großen Fisch« an Land zu ziehen, was immer das für den einzelnen heißt: eine »gute Partie« zu machen, den Freund fürs Leben zu finden, eine Begegnung zu haben, die zuinnerst beglückt. Aber die Karte weist nicht nur auf neue Kontakte hin. In gewachsenen Verbindungen bedeutet sie glückliche Zeiten, in denen wir den Reichtum der Beziehung erfahren und genießen, wie es vielleicht am schönsten im Bild eines unbeschwerten, ganz auf du und du gestellten Urlaubs zum Ausdruck kommt.

Platz 2

Sie haben in der Angelegenheit eine vielleicht einmalige Gelegenheit gesehen, den großen Gewinn zu machen, oder Sie wissen bereits, daß Ihnen im Zusammenhang mit dem Fragethema das Glück hold war. Ob Ihre Betrachtung richtig ist und wie Sie am besten weiter vorgehen, sagen Ihnen die Karten auf Platz 1 und 7.

Platz 7

Gehen Sie davon aus, daß Sie der glückliche Gewinner sind und daß sich Ihr Vorhaben zu einem unerwartet großen Erfolg entwickelt. Nutzen Sie die Gunst der Stunde, und riskieren Sie mehr als üblich. Ihr Einsatz wird sich lohnen.

Platz 3

Sie haben die große Chance gewittert und möchten den großen Coup landen, oder Sie fühlen sich bereits beschenkt und beglückt und genießen den Luxus und das wohlige Gefühl, vom Schicksal begünstigt zu sein. Schauen Sie, ob die Karte auf Platz 6 Sie weiterhin zu dieser Haltung ermutigt oder ob Sie vielleicht doch zu schwärmerisch waren oder etwas nüchterner werden sollen.

Platz 6

Überwinden Sie Scheu, Hemmungen oder falsche Bescheidenheit, wagen Sie den großen Wurf. Gehen Sie die Wette ein, vertrauen Sie auf Ihr Glück, das Ihnen eine glänzende Gelegenheit bietet, den »großen Fisch« an Land zu ziehen.

Platz 4

Sie haben bislang wie Hans im Glück gewirkt. Wenn dies ehrlicher Ausdruck Ihrer wirklichen Situation ist, kann man Ihnen dazu nur gratulieren. Haben Sie lediglich geblufft, bleibt Ihnen zu wünschen, daß das Glück Sie am Ende nicht im Stich läßt.

Platz 5

Ziehen Sie den großen Trumpf. Zeigen Sie, daß Sie in dieser Angelegenheit ein wahres Glückskind sind und es verstehen, eine günstige Gelegenheit zu nutzen. Wenn auch die Aussagen auf Platz 6 und 7 und insbesondere auf Platz 1 ermutigend sind, können Sie diesmal alles auf eine Karte setzen.

10 Münzen

Astrologische Entsprechung

Jupiter im 2. Haus im Sinne von Fülle und Reichtum

Mythologisches Bild

Der sagenhafte Reichtum König Salomos

I Ging Entsprechung

14 Da Yu / Der Besitz von Großem

Die 10 der Münzen steht für eine Lebensphase der Fülle, für Reichtum, Sicherheit, Stabilität und Unbeschwertheit im Alltagsleben. Dabei zeigt die Symbolik inneren wie äußeren Reichtum. Um zu der inneren Fülle zu kommen, bedarf es jedoch wacher Aufmerksamkeit. Insofern enthält die Karte auch die Aufforderung, nicht aus geschäftigem Bemühen und Übereifer die wesentlicheren inneren Aspekte zu vernachlässigen. Sie zeigt, daß wir unsere Augen nur wirklich öffnen müssen, um auch den angeblich grauen Alltag in dem, was er uns wirklich zu bieten vermag, erleben zu können.

Im beruflichen Umfeld bedeutet das, durch veränderte Aufmerksamkeit auch der Routine des Arbeitsalltages etwas abzugewinnen, ihn als Quelle innerer Bereicherung zu erleben. Dabei können wir Erfahrungen machen, wie sie der Arbeitsmeditation Gurdjieffs entsprechen oder wie sie in Graf Dürckheims Buch »Alltag als Übung«[25] beschrieben werden. Die Karte weist auf die Sicherheit des Arbeitsplatzes hin, auf lohnende Objekte, auf günstige Geschäfte, gute Bezahlung, auf ideellen und gleichermaßen materiellen Erfolg.

Auf der Ebene des Bewußtseins liegt ihre Bedeutung im Gedankenreichtum. Angesichts der Fülle der Gedanken und der damit verbundenen Erkenntnisse erweitern sich unsere Horizonte. Ähnlich einem Puzzle werden Möglichkeiten, die als Teilaspekte schon alle greifbar nahe lagen, plötzlich als zusammengehörig erkannt und vereinen sich zu einem großen Bild, einem möglichen Plan. Dies führt zu einer Bewußtwerdung unseres Reichtums.

In persönlichen Verbindungen kündigt die Fülle dieser Karte sicherlich von einer schönen Zeit, in der die vielen Facetten unserer Beziehung mit Freude erlebt werden. Gerade hier kommt dem subtilen Aspekt des inneren Reichtums eine besondere Bedeutung zu: Er öffnet uns die Augen für die kleinen Gesten, für so manches, was wir aus Gewohnheit oder Blindheit nicht (mehr) wahrgenommen haben.

Platz 2

Sie haben die Fülle der Möglichkeiten gesehen, die in der Sache steckt. Aber vielleicht haben Sie Ihr Augenmerk etwas zu sehr auf den materiellen Erfolg gerichtet, auf das, was am Ende dabei herauskommt, und die dahinterliegenden Werte außer acht gelassen?

Platz 7

Erkennen Sie die Fülle der Möglichkeiten, die vor Ihnen liegt. Machen Sie sich die reichhaltigen Chancen bewußt, und betrachten Sie die Angelegenheit mit aller Zuversicht: Ihr Vorhaben wird von Erfolg gekrönt. Versäumen Sie dabei nicht, auch die vielen scheinbar nebensächlichen Begleiterscheinungen wahrzunehmen.

Platz 3

Sie waren sich Ihrer Sache soweit ganz sicher und haben die zurückliegende Phase in ihrer Fülle als beglückend und bereichernd erlebt. Aber vielleicht war Ihr Herz zu geschäftig und hing zu sehr an äußerem Glanz und Erfolg?

Platz 6

Öffnen Sie Ihr Herz und lassen es von dem Reichtum und der Fülle der auf Sie zukommenden Erfahrungen überfließen. Nehmen Sie sich genügend Zeit, um diese große Gelegenheit zutiefst und beglückt zu genießen. Sie sind auf dem Weg des Erfolges.

Platz 4

Ihr Auftreten war bislang sicher, zuversichtlich und bestimmt. Sie haben keinen Zweifel daran aufkommen lassen, daß Ihr Vorhaben kein »zu großes Rad« für Sie ist. Es könnte sein, daß Sie dabei etwas zu großspurig erschienen und das Auge für das Detail verloren haben.

Platz 5

Treten Sie sicher und erfolgsgewiß auf. Ihr Vorhaben wird sich bestimmt lohnen. Setzen Sie sich dabei keinen zu engen Rahmen, sondern zeigen Sie Ihre Zuversicht, Ihre Fähigkeiten, Ihr Vermögen.

Bube der Münzen

BUBE der MÜNZEN

Astrologische Entsprechung

Uranus und Venus in Verbindung mit Stier als die überraschende, werthaltige Chance

Mythologisches Bild

Ariadne, mit deren wertvoller Hilfe Theseus den Ausweg aus dem Labyrinth fand

I Ging Entsprechung

53 Dsiën / Die Entwicklung, Allmählicher Fortschritt

Der Bube der Münzen kündet von einer Chance, die sich uns bietet, einem Impuls, der unseren Weg kreuzt. Im Sinne des durch die Münzen dargestellten Erdelements handelt es sich dabei um einen konkret machbaren, um einen sehr brauchbaren Vorschlag. Angesichts der Beständigkeit des Erdelements darf dies Angebot als gediegen und verläßlich angesehen werden. Dabei kann es sich je nach Richtung der Frage zum einen um die Chance handeln, ein gutes Geschäft abzuschließen oder mit einer neuen Aufgabe betraut zu werden, zum anderen auch die Aussicht auf eine sinnliche Erfahrung oder aber ein äußerst nützlicher Vorschlag, der uns aus einer Klemme hilft. Das Greifbare, Handfeste ist immer charakteristisch für die Impulse und Gelegenheiten, die durch diese Karte angezeigt werden.

Im beruflichen Erleben geht es dabei um einen guten Auftrag, ein neues Projekt oder um einen Plan, dessen Verwirklichung eine hilfreiche Unterstützung erfährt. Der Bube zeigt die Chance, Arbeit zu finden, Geld zu verdienen, einen neuen Posten angeboten zu bekommen oder ein lukratives Geschäft abzuschließen.

Im Bereich des Bewußtseins zeichnet sich durch diese Karte die Gelegenheit ab, zu greifbaren Ergebnissen zu kommen. Fragen, Unsicherheiten, Überlegungen, die wir lange in uns getragen haben, können nun durch einen substantiellen Impuls von außen Klärung erfahren. Pläne gewinnen Struktur, Vorhaben werden verwirklicht. Ideen, die bislang eher Gedankenspiele waren, werden durch diesen Anstoß in die Tat umgesetzt. Aus dem »Eigentlich müßte ich mal...« oder dem »Irgendann mache ich mal...« kann jetzt, dank eines sinnvollen Vorschlags oder einer guten Gelegenheit, Wirklichkeit werden.

In unseren Beziehungen drückt diese Karte ebenfalls eine gute Gelegenheit aus, zu wertvollen und beständigen Erfahrungen zu kommen. Das Spektrum reicht von einer einmaligen sinnlichen Erfahrung bis zu der Chance, eine dauerhafte Beziehung einzugehen. Der Münzbube kann dabei für die Initiative und den Schritt stehen, der aus einer Liebelei eine beständige Verbindung werden läßt. In bestehenden Beziehungen ist durch diese Karte immer ein handfester Impuls angezeigt, in dem die dauerhafte Klärung bislang strittiger Positionen liegt, wie auch wirksame Impulse für künftige Entwicklungen.

Platz 2

Entweder haben Sie die wertvolle Chance erkannt, die vor Ihnen liegt, oder Sie haben bisher nur auf einen Anstoß von außen gewartet, der Ihnen in Ihrer Angelegenheit weiterhilft. Sie haben dann nach einer konkreten Möglichkeit Ausschau gehalten, die sich Ihnen bieten könnte, um Ihr Vorhaben in die Tat umzusetzen.

Platz 7

Eine gute Gelegenheit zur Verwirklichung Ihrer Pläne wird sich Ihnen zeigen. Ein Mittel, das Ihnen weiterhilft, bietet sich nun. Halten Sie Ihre Augen offen, damit Sie die Chance wahrnehmen, erkennen und nutzen.

Platz 3

Sie haben bisher instinktiv darauf gewartet und in gewisser Weise auch darauf vertraut, daß sich eine passende Gelegenheit ergibt oder daß Ihnen von außen geholfen wird, Ihren Wunsch zu verwirklichen.

Platz 6

Vertrauen Sie ganz auf Ihr Gespür, das Sie zu einer guten Gelegenheit führt, die sich Ihnen in Kürze bieten wird. Sie dürfen mit einem handfesten Vorschlag, einem attraktiven Angebot rechnen. Seien Sie offen und bereit, diese Chance zu nutzen und Hilfe von anderen anzunehmen.

Platz 4

Bisher haben Sie sich passiv verhalten und gezeigt, daß Sie ohne Hilfe und ohne Anstoß anderer nicht weiterkommen. Sie haben auf die richtige Gelegenheit gewartet und vielleicht auch darauf gesetzt, daß man Ihnen das »Startkapital« zur Verfügung stellt.

Platz 5

Wenn Sie mit Ihrem Auftreten zeigen, daß Sie bereit sind, Anregungen, Impulse und auch Hilfe anzunehmen, werden sich diese in Kürze für Sie ergeben. Es geht diesmal nicht darum, daß Sie etwas tun oder selbst initiativ werden, sondern nur um Ihre Bereitschaft, sich helfen oder auch etwas schenken zu lassen.

Ritter der Münzen

Astrologische Entsprechung

Jupiter im Stier als Sinn für beständige, gediegene und gewachsene Werte

RITTER der MÜNZEN

Mythologisches Bild

Die olympische Schmiede des Hephaistos, in der die großen Schätze der Götter gefertigt wurden

I Ging Entsprechung

32 Hong / Die Dauer

Der Ritter der Münzen verkörpert die Stimmung, in der mit Fleiß, Ausdauer und Beharrlichkeit sichtbare und beständige Werte erschaffen werden. Er zeigt den Sinn für das Solide, Gediegene und Haltbare und steht damit für den festen, verläßlichen Boden, für das Fundament, auf das wir vertrauen dürfen und auf das wir bauen können. Er vertritt die Atmosphäre des Erdelements, der körperlichen Wirklichkeit, in der Sicherheit wächst, greifbare Ergebnisse und pragmatische Handlungsweisen zählen, und die nicht zuletzt den Rahmen unserer sinnlichen Erfahrungen bietet. Nur dort, wo diese Haltung übertrieben wird, führt sie zu Sturheit und starrem Festhalten, zu harter Fron oder deren Gegenteil, zu dickfelliger Faulheit und sinnlichen Entgleisungen.

Im beruflichen Erleben steht der Münzritter für eine arbeitsame Atmosphäre, in der mit Konsequenz und Ausdauer solide und ersprießliche Geschäfte gemacht werden. Er zeigt unser gutes Gespür für werthaltige Gelegenheiten und unsere Bereitschaft, erfolgs- und ertragsbewußt zu arbeiten. Die Karte heißt ferner, daß uns eine günstige Zeit bevorsteht, in der wir unsere beruflichen Vorstellungen verwirklichen können und unser Sinn für das Machbare und das Werthaltige geschärft wird. Bei Prüfungen, Verhandlungen und anderen beruflichen Projekten bedeutet der Ritter der Münzen, daß wir mit klaren, greifbaren und dauerhaften Ergebnissen rechnen dürfen.

Auf der Ebene unseres Bewußtseins heißt diese Karte, daß wir unseren Realitätssinn schärfen und nach Wegen suchen, unsere Vorstellungen und Ideen in die Tat umzusetzen. Das kann zur Politik der kleinen Schritte führen, die ein erreichtes Nahziel höher schätzt als ein zwar ideales, aber vorerst unerreichbares Fernziel*. Die Karte zeigt ferner, daß wir uns mit Fragen unserer (materiellen) Sicherheit befassen und unsere Vorhaben

sehr pragmatisch nach Kosten-Nutzen-Relationen bewerten. Nur in seltenen Fällen ist diese Karte eine Warnung vor Übertreibungen wie Uneinsichtigkeit, innerer Verhärtung oder skrupelloser Gier.

In unseren partnerschaftlichen Verbindungen zeigt der Münzritter, daß Beständigkeit, Verläßlichkeit, Dauer, Treue und nicht zuletzt eine warm erlebte Sinnlichkeit unsere Beziehung charakterisieren. Er ist der Inbegriff dessen, was der Volksmund eine »feste Beziehung« nennt, und stellt eine solche Verbindung in Aussicht für den Fall, daß wir zum Fragezeitpunkt allein leben. In der von ihm gekennzeichneten Partnerschaft zählt Vertrautheit mehr als der Reiz des Neuen, Zweisamkeit mehr als Vielseitigkeit und Nestwärme mehr als persönliche Freiheit und Unabhängigkeit.

---

* Mit den Schlagworten der Politik ausgedrückt verkörpert der Münzritter die »Realos«, wohingegen die »Fundamentis« vom Stabritter dargestellt werden.

Platz 2

Sie haben die Angelegenheit sehr realistisch betrachtet und gesehen, daß bei Ihrem Vorhaben Verläßlichkeit, Beständigkeit und Fleiß von großer Bedeutung sind. Vielleicht sind Sie etwas zu nüchtern und phantasielos eingestellt oder beharren etwas zu stur auf einem zu einseitigen Standpunkt?

Platz 7

Erkennen Sie, daß gute, lukrative Gelegenheiten vor Ihnen liegen, bei denen Sie ganz und gar pragmatisch und bodenständig vorgehen sollten. Überlegen Sie, was an Ihrem Vorhaben machbar ist und was in den Bereich der Phantasie und der unerfüllbaren Wünsche gehört. Setzen Sie dann all Ihren Fleiß und Ihre Ausdauer daran, Ihren Plan zu verwirklichen. Beweisen Sie Ihren Geschäftssinn, aber vermeiden Sie jede Art von Spekulation.

Platz 3

Sie besitzen ein starkes Zugehörigkeitsgefühl und haben bislang in einer sicheren, geborgenen Atmosphäre gelebt, oder Sie glauben, mit Ihrem Vorhaben in ein solches Umfeld zu gelangen. Dabei haben Sie ein klar und fest umrissenes Bild von der Sache. Vielleicht haben Sie sich damit etwas zu sehr festgelegt und müssen feststellen, daß Sie bisher nur auf der Stelle getreten sind.

Platz 6

Gehen Sie geduldig und beharrlich an Ihr Vorhaben. Schaffen Sie eine gediegene Atmosphäre, in der Sie sich sicher fühlen, die Ihre Pläne beständig reifen und gedeihen läßt. Seien Sie innerlich konsequent, sachlich und klar, überstürzen Sie nichts und lassen Sie sich vor allem nicht von leichtsinnigen Vorschlägen oder verstiegenen Wunschvorstellungen verlocken.

Platz 4

Sie haben bislang fleißig, tüchtig und geschickt gewirkt und einen zuverlässigen und beständigen Eindruck gemacht. Vielleicht haben Sie aber auch übertrieben, sind nicht von der Stelle gekommen und wirkten unbeweglich, stur oder sogar dickfellig und phlegmatisch.

Platz 5

Zeigen Sie Ihren Sinn für die Realität. Bleiben Sie standhaft, konsequent und wenn nötig auch stur und widerspenstig. Lassen Sie sich in Ihrem Sinn für das Machbare nicht irritieren. Grenzen Sie sich ab, bleiben Sie bodenständig und solide, schaffen Sie eine Atmosphäre, in der mit Fleiß gediegene Geschäfte und beständige Werte gedeihen können.

Königin der Münzen*

Astrologische Entsprechung

Mond in Stier im Sinne von
Bodenständigkeit, Fruchtbarkeit und
Familiensinn

KÖNIGIN der MÜNZEN

Mythologisches Bild

Die mit dem Kopf des Appis-Stieres
dargestellte ägyptische Fruchtbar-
keitsgöttin Isis und ihre griechische
Entsprechung, die kuhgestaltige Io.
Die »breitgesichtige« Europa, Geliebte des Zeus (als der weiße Stier)

I Ging Entsprechung

–

Die Königin der Münzen verkörpert die weibliche Seite des Erdelements und steht für Beständigkeit, Gutmütigkeit, Verläßlichkeit, Realitäts-
nähe, Fleiß, Fruchtbarkeit, Gemüt und Sinnesfreude. Sie hat einen guten Instinkt für die Natur
und den fruchtbaren Boden, wie es am besten am
Bild einer Bäuerin deutlich wird. Sie kann aber
auch ein starkes Gespür für materielle Werte entwickeln, was in Verbindung mit Herbheit und
Mutterwitz durch die Marketenderin »Mutter
Courage« ausgedrückt wird. Ihre Fruchtbarkeit
und ihre Sinnlichkeit lassen sie sowohl zur fürsorglichen Mutter einer Großfamilie werden, zur
talentierten Künstlerin, wie auch zur sinnesfrohen Frau, die für alle Lustbarkeiten des Lebens
offen und empfänglich ist. Die Übertreibung dieser Veranlagung kann zu bitterer Verhärtung führen – oder aber zu dickfelliger, genußsüchtiger
Trägheit.

Im beruflichen Umfeld zeigt diese Karte, daß
wir unsere praktischen Fähigkeiten unter Beweis
stellen, daß wir mit Fleiß und Geduld, aber auch
kreativ unseren Arbeitsalltag erleben und unsere
Aufgaben bewältigen. Die Königin der Münzen
zeigt Verläßlichkeit und Beharrlichkeit, von der
die Arbeitsmethode gekennzeichnet ist wie auch
der berufliche Werdegang. Es geht hier nicht um
spektakuläre Erfolge oder sprunghaftes Vorwärts-
kommen, vielmehr um Beständigkeit und die
Fähigkeit, »geschehen lassen zu können« (C. G.
Jung).

Auf der Ebene unseres Bewußtseins verkörpert
die Münzkönigin, daß wir uns in einer Phase
befinden, in der wir etwas »ausbrüten«, was in
unserem Leben einen beständigen Platz bekommen soll. Dabei sind wir offen für Anregungen

und Impulse anderer, prüfen diese aber kritisch
auf ihre Wirklichkeitsnähe und Machbarkeit. Für
zu abstrakte Konzepte oder modische Trends
sind wir in solchen Zeiten nicht zu begeistern,
wohl aber für praktische Vorschläge und gewachsene Lebensweisheiten. Bei alledem kommt es
nicht zu einer spröden oder kargen Lebenshal-
tung. Im Gegenteil: Die Königin der Münzen verkörpert eine Sinnesfreude, die ihr einen warmen,
lebensfrohen und durchaus üppigen Ausdruck
verleiht.

In unseren persönlichen Beziehungen steht
diese Karte für eine warmherzige Phase froher
Sinnlichkeit und Lebensfreude. Sie zeigt darüber
hinaus Treue, Beständigkeit und unsere Sehn-
sucht nach Wärme und Geborgenheit. Sie kann
auch ein Hinweis sein, daß wir bereit und offen
sind, zu heiraten und eine Familie zu gründen.

* Zu den Besonderheiten der Hofkarten siehe Seite 15.

Platz 2

Sie haben die Angelegenheit bislang besonnen und abwartend betrachtet und dabei einen realistischen Blick bewahrt. Gleichzeitig müßte in Ihnen ein klares Konzept für die weitere Vorgehensweise herangereift sein. Die Karte auf Platz 5 zeigt Ihnen, ob es jetzt an der Zeit ist, diese Überlegungen in die Tat umzusetzen.

Platz 7

Betrachten Sie die Angelegenheit zurückhaltend und mit Besonnenheit. Wahrscheinlich braucht es zunächst noch Zeit und Sie müssen erst weitere Fakten zusammentragen, bis Sie zu einer klaren Haltung kommen und dann danach handeln.

Platz 3

Sie sind im Inneren wohlwollend und gutmütig eingestellt, auch wenn Sie das nicht immer gezeigt haben. Dabei haben Sie ein feines Gespür für das Machbare und Nützliche. Es könnte aber auch sein, daß Sie etwas zu kritisch und zu sehr auf Sicherheit bedacht waren. Schauen Sie, ob die Karte auf Platz 6 Sie nicht zu größerer Risikofreude auffordert.

Platz 6

Lassen Sie sich nicht zu überschwenglichen Gefühlen und voreiligen Handlungen hinreißen. Prüfen Sie Ihre Möglichkeiten behutsam, vorsichtig und kritisch. Nehmen Sie ruhig die Anregungen anderer auf, aber lassen Sie sich dadurch weder beeinflussen noch beirren. Sie brauchen noch etwas Zeit, um zu einer klaren Haltung und zu innerer Sicherheit zu gelangen.

Platz 4

Sie haben sich bislang bodenständig, praktisch und geduldig verhalten und Ihren Fleiß, Ihre Ausdauer, Belastbarkeit oder Ihre Kreativität unter Beweis gestellt. Ihre Besonnenheit war dabei sicherlich von Vorteil. Vielleicht haben Sie auch etwas spröde und hart gewirkt, oder Sie haben im Gegenteil eine sehr sinnliche Ausstrahlung gehabt.

Platz 5

Zeigen Sie Ihre praktische Intelligenz und Ihre Fähigkeit, pragmatisch vorzugehen. Grenzen Sie sich ab gegenüber unrealistischen Forderungen anderer. Aber halten Sie auch eigene überzogene Wünsche und Träume im Zaum. Gehen Sie geduldig den vielleicht etwas nüchternen, aber realistischen Weg des Machbaren. Wahrscheinlich ist es jetzt an der Zeit, die Früchte Ihres Tuns zu ernten.

König der Münzen[*]

Astrologische Entsprechung

Sonne im Stier als Ausdruck von
Besitzstreben, Sinnesfreude und
Sachbezogenheit

KÖNIG der MÜNZEN

Mythologisches Bild

König Minos von Kreta, Sohn des
stiergestaltigen Zeus und der Europa,
Vater des Minotaurus; oder Dionysos, sinnesfroher Gott des Weines und
der Ekstase

I Ging Entsprechung

–

Der König der Münzen verkörpert die männliche
Seite des Erdelements. Er steht damit für unser
Streben nach Besitz, Sicherheit und greifbaren
Werten, verkörpert unseren Sinn für die Realität.
Für ihn zählen Taten, nicht Worte, Wünsche
oder gute Absichten. Er ist Ausdruck unseres
Strebens nach Dauer, Beständigkeit und der verläßlichen Wiederkehr des Vertrauten. Dabei ver-
fügt er über ein Feingespür für das Machbare und
Zweckmäßige wie auch über einen instinktsiche-
ren Sinn für günstige Gelegenheiten, um gute
Geschäfte zu machen. Er steht für unser Zeitbe-
wußtsein, das Wissen, daß beständige Werte nur
langsam reifen, und zeigt damit unsere Bereitschaft, geduldig zu warten und nichts zu übersür-
zen. Darüber hinaus ist der Münzkönig Ausdruck
unserer sinnesfrohen, genußfreudigen Natur und
unserer Suche nach lustvoller Befriedigung. Auf
seiner Schattenseite steht der nimmersatte Lüst-
ling, der herzlose Schacherer und nicht zuletzt
der behäbige Faulpelz, der »Oblomow in uns«,
wie ihn Gontscharow genial beschrieben hat[26].

Im beruflichen Erleben zeigt diese Karte vor
allem unser Streben nach Sicherheit, unseren Sinn
für das Gediegene und Beständige. Sie steht für
Freude an der Arbeit, für einen gesunden
Geschäftssinn, verbunden mit Geduld und großer
Beharrlichkeit, wie es im Bild des Bauern, Hand-
werkers oder Bankiers zum Ausdruck kommt.
Der Münzkönig ist finanziell versiert und Ausdruck eines nachtwandlerischen Instinkts, günstige Okkasionen zu erkennen und zu nutzen,
ebenso wie Angebote von Scharlatanen als solche
zu entlarven und abzulehnen. Er steht für einen
gesunden Teamgeist und ist nur in Ausnahmefäl-
len ein »Einzelkämpfer«.

Auf der Ebene unseres Bewußtseins zeigt diese
Karte, daß wir unseren Sinn auf die Realität aus-
richten und uns am Machbaren orientieren, statt
allzu hochgesteckten edlen Zielen nachzueifern.
Sie steht für eine Zeit, in der wir einerseits um ein
wirklichkeitsnahes und beständiges Weltbild
bemüht sind und andererseits bestrebt sind, unsere
Wünsche und guten Absichten soweit wie möglich in die Tat umzusetzen. Die Karte des bauern-
schlauen Münzkönigs bedeutet, daß die Handlung, das greifbare Ergebnis für uns im Vordergrund stehen, und daß wir mitunter (durchaus
mit Befriedigung) geschickt den Weg der kleinen
Schritte gehen, wenn wir erkennen, daß das große
Ziel (vorerst) nicht anders erreicht werden kann.

In unseren persönlichen Beziehungen bedeutet
diese Karte, daß Beständigkeit, gewachsene
Freundschaft, Verläßlichkeit, Treue und warme
Nähe für uns mehr zählen als Abwechslung oder
der Reiz des Neuen. Gerade in diesem Bereich
kommt der sinnesfrohe und genießerische Aspekt
der Karte besonders zum Ausdruck. Sie zeigt
unser Streben nach einer lustvoll erlebten und
dauerhaften Partnerschaft, in der wir uns sicher
und geborgen fühlen. In manchen Fällen drückt
sie auch den Willen aus, eine Familie zu gründen.
Dort wo das Sicherheitsbedürfnis bedroht ist,
kann diese Karte allerdings auch eine gefährliche
Form von Eifersucht zeigen.

---

[*] Zu den Besonderheiten der Hofkarten siehe Seite 15.

Platz 2

Sie haben die Angelegenheit bislang nüchtern und sachlich betrachtet und einen Sinn für das Machbare bewiesen. Damit haben Sie eine sehr klare und pragmatische Einstellung und schätzen Ihre Möglichkeiten realistisch ein. Vielleicht zeigt Ihnen aber die Karte auf Platz 7, daß Sie bisher zu phantasielos waren oder etwas risikofreudiger sein sollten.

Platz 7

Erkennen Sie, daß in dieser Angelegenheit Ihr Wirklichkeitssinn gefordert ist. Prüfen Sie, ob Ihr Vorhaben machbar und realistisch ist, machen sich klar, wieviel Einsatz es erfordert und ob es sich wirklich lohnt. Überlegen Sie sich auch rechtzeitig, wieviel Zeit Ihr Plan in Anspruch nehmen wird, damit Sie nicht zu kurzfristig planen.

Platz 3

Sie haben Ihre Situation bisher vom genießerischen, lustvollen Standpunkt aus erlebt und sind bestrebt, möglichst viel Freude oder Gewinn aus Ihrem Vorhaben zu ziehen. Vielleicht haben Sie es sich etwas zu behäbig oder bequem eingerichtet, und die Karte auf Platz 6 zeigt Ihnen, daß Sie forscher und zielstrebiger werden müssen.

Platz 6

Gehen Sie lustvoll an Ihr Vorhaben, und wenn es sich um eine berufliche oder finanzielle Angelegenheit handelt, beweisen Sie Ihren zuverlässigen Instinkt für gute, seriöse Geschäfte. Bleiben Sie beständig, bewahren Sie Geduld, und nehmen Sie sich genügend Zeit, damit Sie nicht kurzatmig werden.

Platz 4

Sie sind kompetent, zuverlässig und realistisch aufgetreten und haben versiert und seriös gewirkt. Eigentlich dürfte damit Ihrem Vorhaben nichts im Wege stehen, es sei denn, Sie haben nur so getan oder waren vielleicht etwas zu stur und träge.

Platz 5

Zeigen Sie, daß Sie die Situation klar und realistisch sehen, daß Sie beständig und verläßlich sind und es Ihnen bei Ihrem Vorhaben nicht um einen kurzfristigen Erfolg, sondern um dauerhaftes Wachstum und um langfristige Ziele geht. Zeigen Sie, daß Sie praktisch begabt sind, daß Sie einen gesunden Gemeinschaftssinn besitzen, und wenn es der Situation entspricht, zeigen Sie, daß Sie ein sinnenfroher Genießer sind.

As der Kelche

Astrologische Entsprechung

Neptun/Jupiter in harmonischer
Verbindung zur Sonne als die Gnade
tiefster Erfüllung

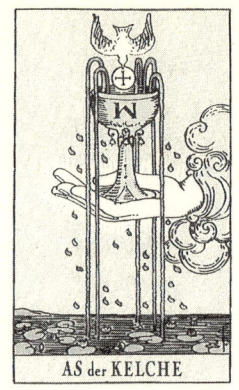

AS der KELCHE

Mythologisches Bild

Der heilige Gral als Inbegriff des
erstrebenswerten höchsten Gutes

I Ging Entsprechung

64 We Dsi/Vor der Vollendung

Das As der Kelche ist eine der größten Glückskarten des Tarot. Es zeigt – wie auch die anderen Asse – eine große Chance, die in uns liegt: in diesem Fall kann sie uns zu tiefster Erfüllung führen. Was das für den einzelnen bedeutet, hängt von der persönlichen Lebenseinstellung ab. Das Spektrum dieser Karte reicht von Freude, Dankbarkeit und Zufriedenheit über äußeres Gelingen, bis hin zu dem tiefsten Glück des Einsseins. Im Vordergrund steht zweifellos das Mysterium der Liebe in all seinen Ausdrucksformen: Nächstenliebe, Elternliebe, sinnlich-erotische Liebe, Selbstliebe und die Liebe zu Gott. Aber natürlich kann diese Karte auch andere, alltäglichere Formen des Glücks ankündigen, wobei die materielle Seite dieses Begriffes eher durch das As der Münzen ausgedrückt wird. In jedem Fall sollten wir uns vor Augen halten, es handelt sich um eine große Chance, die in uns oder für uns in unserem Vorhaben liegt; sie drängt sich nicht auf, sondern will entdeckt und entfaltet werden.

Im beruflichen Erleben bedeutet diese Karte, daß wir auf dem richtigen Weg sind, der uns über die gängigen Vorstellungen von Arbeit und Beruf hinweg zu unserer eigentlichen Berufung führen kann. Damit zeigt das As der Kelche die vielleicht einmalige Chance, den Bereich des Lebensnotwendigen mit der Erfahrung tiefster Erfüllung in harmonischem Einklang zu verbinden. Da dieses Erleben jenseits äußerer Werte liegt, kann damit sowohl der glückliche Straßenfeger wie der in seiner Arbeit aufgehende Urwalddoktor gemeint sein. In alltäglicheren Situationen zeigt diese Karte (Wunsch-)Erfüllungen auf unserer beruflichen Laufbahn. Dazu gehören bestandene Prüfungen, das Gelingen anderer langwieriger Pläne und Projekte etc.

Auf der Ebene unseres Bewußtseins bedeutet das As der Kelche, daß wir in Tiefen vordringen und dort Urvertrauen, Urglauben und Urgeborgenheit finden können als Antwort auf die uns allen gemeinsamen drei Urängste, von denen Graf Dürckheim spricht: der Angst vor Vernichtung, der Verzweiflung am Widersinn und der Trostlosigkeit der Einsamkeit[27]. Damit zeigt diese Karte, daß wir auf dem Weg der Meditation oder anderer uns gemäßer Übungen zu der beglückenden Gewißheit kommen können, die andere als das Berührtwerden vom Numinosen, vom All-Einen zu beschreiben suchten.

Im Bereich unserer persönlichen Beziehungen steht diese Karte der Erfüllung vor allem für die Erfahrung großer Liebe. Die Chance, die sich hier bietet, reicht vom Gefühl spontaner Verliebtheit bis hin zu dem tiefsten Glück reifer Liebe und einer vertrauensvollen Gewißheit der Geborgenheit und des Aufgehobenseins im anderen.

Platz 2

Sie gehen davon aus, daß Sie auf dem richtigen Weg sind und das große Glück Sie erwartet. Die Karte auf Platz 1 kann Ihnen sagen, ob Sie mit dieser Einstellung recht haben, und die auf Platz 7, wie Sie die Chance am besten erkennen und nutzen können.

Platz 7

Erkennen Sie die einmalige Chance, die vor Ihnen liegt. Ihr Vorhaben beinhaltet die Möglichkeit, zu tiefer Erfüllung und großer Freude zu gelangen. Lassen Sie nicht nach, bis Sie zu diesem Punkt gelangt sind. Sie werden mit dem Ergebnis mehr als zufrieden sein.

Platz 3

Sie spüren die große Bedeutung, die Ihre bisherige Situation für Sie hat, und suchen darin die Möglichkeit, zu wahrer Erfüllung zu gelangen. Die Karte auf Platz 1 zeigt Ihnen, ob Sie dabei auf dem richtigen Weg sind, und die auf Platz 6, wie Sie sich innerlich am besten bereit halten.

Platz 6

Sie betreten einen Bereich, in dem Sie tief in Ihrem Inneren berührt werden. Öffnen Sie sich dieser Erfahrung, und lassen Sie sich von dem Gefühl der Seligkeit durchströmen und beglücken. Nutzen Sie diese vielleicht einmalige Chance, zu einem über alle Maßen guten Ziel zu gelangen.

Platz 4

Sie haben bislang gezeigt, daß Sie auf einen erfreulichen und beglückenden Verlauf setzen, daß es Ihnen in dieser Angelegenheit um tiefe Gefühle und um Erfüllung geht. Ob die Entwicklung Ihrem Auftreten recht gibt, zeigt Ihnen die Karte auf Platz 1. Platz 5 kann Ihnen sagen, was Sie am besten tun sollten, um zu Ihrem Ziel zu gelangen.

Platz 5

Zeigen Sie, daß Sie vertrauensvoll auf eine glückliche Entwicklung setzen, daß Sie bereit sind, sich dankbar einer tiefen, auch Sie selbst überwältigenden Erfahrung zu öffnen. Zeigen Sie, daß Sie auf Ihr Gespür vertrauen und sich von Ihrer Intuition auf den richtigen Weg führen lassen.

2 Kelche

Astrologische Entsprechung

Venus am Aszendenten im Sinne der liebevollen Begegnung

Mythologisches Bild

Concordia, römische Göttin der Eintracht

I Ging Entsprechung

31 Hiën / Die Einwirkung, die Werbung

Die 2 der Kelche steht für eine liebevolle Begegnung. Damit kann sie sowohl Vorbote einer sympathischen neuen Bekanntschaft sein wie auch Ausdruck von Versöhnung oder liebevollem Umgang innerhalb einer bestehenden Verbindung. Ihre Hauptbetonung liegt zweifellos im persönlichen Bereich, wo sie Flirts, spontane Verliebtheit, ein glückliches Wiedersehen oder den Beginn einer zärtlichen Beziehung oder Freundschaft anzeigt. Sie kann aber auch zeigen, daß wir auf Reisen, bei beruflichen Unternehmen oder anderen Vorhaben herzlich willkommen sind und mit spontanem Entgegenkommen rechnen dürfen.

Im beruflichen Erleben bedeutet diese Karte einerseits ein angenehmes Umfeld, gute Zusammenarbeit und ein angenehmes bis herzliches Arbeitsklima. Dort, wo sie in Zusammenhang mit beruflichen Veränderungen auftaucht, heißt sie außerdem, daß wir mit Offenheit und Sympathie aufgenommen werden und mit Verständnis und Unterstützung unserer neuen Kollegen und Vorgesetzten rechnen dürfen. Das gleiche gilt für Bewerbungen oder den Aufbau neuer Geschäftsverbindungen, natürlich auch für einzelne Gespräche und Verhandlungen.

Auf der Ebene unseres Bewußtseins zeigt die 2 der Kelche, daß wir uns mit Gedanken der Liebe und der Harmonie befassen und offen auf unsere Mitmenschen zugehen. Nicht selten steht sie für eine lebensfrohe und zutiefst bejahende Weltsicht, die sich als Folge einer Begegnung ergibt, die uns innerlich berührt und gewandelt hat. Sie kann ferner zeigen, daß wir die tiefe Bedeutung der Nächstenliebe erfahren haben und dieses Erleben unser Bewußtsein durchströmt.

Im Bereich unserer persönlichen Beziehungen hat diese Karte zweifellos ihren Bedeutungsschwerpunkt. Sie steht für Phasen der Verliebtheit, des Flirts und damit recht häufig für einen neuen Menschen, der plötzlich in unser Leben tritt. Sie kann aber auch liebevollen Austausch innerhalb einer bestehenden Partnerschaft anzeigen und nicht zuletzt die Versöhnung nach einem Zerwürfnis oder Zeiten des Streites.

Platz 2

Sie haben die Angelegenheit bislang zuversichtlich betrachtet, sind offen auf andere Menschen zugegangen. Vielleicht hat eine sympathische persönliche Begegnung Sie inspiriert und in Ihnen den Gedanken an ein gemeinsames Unternehmen oder eine gemeinsame Zukunft wachgerufen.

Platz 7

Gehen Sie davon aus, daß Sie auf den oder die Menschen treffen werden, die für Ihr Vorhaben wichtig sind. Sie dürfen darauf vertrauen, daß Sie willkommen sind und wirkliches Verständnis finden. Betrachten Sie die Angelegenheit optimistisch und gutgläubig. Sie werden nicht enttäuscht.

Platz 3

Sie sind bislang voller Freude und Begeisterung vorgegangen. Wahrscheinlich sind Sie frisch verliebt oder haben Menschen gefunden, mit denen Sie Ihr Vorhaben verwirklichen wollen. Wohin diese Begegnung führt und wie Sie sich dazu stellen sollen, zeigen Ihnen die Karten auf Platz 1 und 6.

Platz 6

Gehen Sie offen und liebevoll auf Ihre Mitmenschen zu. Sie werden eine sehr erfreuliche Begegnung haben, die je nach Frageumfeld zu Versöhnung, Verliebtheit, Flirt oder zu einer sehr sympathischen Clique, auch einem Arbeitsteam, führen kann. Schenken Sie Liebe, Vertrauen und Verständnis. Sie werden es nicht bereuen.

Platz 4

Sie haben verliebt, charmant oder zärtlich gewirkt. Man hat Ihnen angesehen, daß eine interessante und lebendige Begegnung Sie beflügelt hat. Sie waren offen und ansprechbar und haben sich mit dem oder den Menschen, die für Ihr Vorhaben wichtig sind, gut verstanden.

Platz 5

Seien Sie entgegenkommend, charmant und liebenswürdig. Gehen Sie auf den oder die anderen Menschen zu. Nehmen Sie sich auch den Mut zum ersten Schritt. Sie werden willkommen sein. Je nach Fragehintergrund sollten Sie sich versöhnlich und verständnisvoll zeigen oder aber zärtlich und verführerisch. Beweisen Sie, daß Sie das Flirten nicht verlernt haben.

3 Kelche

Astrologische Entsprechung

Venus als Ausdruck des Frohsinns
und der Dankbarkeit

Mythologisches Bild

Die drei Chariten oder Grazien,
Göttinnen der Anmut: Aglaia
(Glanz), Euphrosyne (Frohsinn) und
Thaleia (Blüte)

I Ging Entsprechung

58 Dui / Das Heitere

Die 3 der Kelche ist Ausdruck von Freude, Unbeschwertheit und Dankbarkeit, wie es am besten im Erleben des Erntedankfestes zum Ausdruck kommt. Sie zeigt, daß wir etwas Wertvolles und Schönes erreicht haben oder geschenkt bekamen und darüber glücklich, zufrieden und dankbar sind. Auf einer inneren Ebene spricht diese Karte damit von Lebensfreude und Erfüllung, auf einer äußeren Ebene zeigt sie ein Freudenfest an.

Im beruflichen Erleben bedeutet sie, daß wir etwas Wesentliches erreicht haben und dieses Ergebnis mit Dankbarkeit feiern. Dabei kann es sich um bestandene Prüfungen handeln, um den Antritt eines interessanten Arbeitsplatzes, um eine Beförderung, Gehaltserhöhung oder den Abschluß eines wichtigen Geschäftes. Daneben steht die Karte auch für ein angenehmes Arbeitsklima und gesellige Unternehmungen im Mitarbeiterkreis.

Auf der Ebene unseres Bewußtseins bedeutet die 3 der Kelche, daß wir beglückt und dankbar den Abschluß einer wichtigen Phase erleben oder über eine angenehme Erkenntnis erfreut sind. Sie kann damit fröhlicher Ausdruck einer Zeit sein, in der wir zufrieden und beruhigt erkennen, daß eine Krise vorüber ist, die uns zwar hart forderte, aber in mancher Hinsicht auch voranbrachte. Natürlich kann sie auch schlicht bedeuten, daß wir dankbar sind, gesund und glücklich unser Leben genießen zu dürfen.

Im Bereich unserer persönlichen Beziehungen deutet diese Karte der Freude auf wahre Hoch-Zeiten hin, in denen wir uns einer liebevollen und harmonischen Partnerschaft hingeben. Sie zeigt die Dankbarkeit, mit der wir diese Verbindung selbst erleben oder mit der wir den »Zuwachs« begrüßen.

Platz 2

Sie haben die Angelegenheit mit dankbarer Zufriedenheit betrachtet. Sie wissen, daß Sie etwas Wertvolles erreicht haben oder geschenkt bekamen und freuen sich nun auf die Zeit des Genießens.

Platz 7

Betrachten Sie die Angelegenheit heiter und fröhlich. Gehen Sie frohen Mutes an Ihr Vorhaben, Sie werden sicherlich nicht enttäuscht. Vor Ihnen liegt eine beglückende Erfahrung, auf die Sie sich freuen dürfen, die Sie dankbar genießen werden.

Platz 3

Sie sind von tiefem Glück und Dankbarkeit erfüllt. Sie haben Ihre Situation bisher genossen und sind vergnügt und guter Laune. Die Karte auf Platz 6 zeigt Ihnen, ob Sie noch auf diesem Freudenfest verweilen dürfen oder ob Sie sich auf neue Aufgaben vorbereiten müssen.

Platz 6

Öffnen Sie sich der Lebensfreude, und gehen Sie mit Frohsinn, Heiterkeit und dem Vorgefühl der Dankbarkeit und der Erfüllung an Ihr Vorhaben. Sie werden eine glückliche Zeit erleben, die Sie genießen und auskosten sollen. Tun Sie etwas, das diese Stimmung fördert. Suchen Sie unbeschwerte Geselligkeit mit guten Freunden, gehen Sie tanzen, machen Sie Urlaub.

Platz 4

Sie haben fröhlich und unbeschwert gewirkt und den Anlaß gebührend gefeiert. Sie haben sich dankbar und erfüllt gezeigt und eine positive Ausstrahlung auf Ihre Mitmenschen gehabt. Wenn die Karten an Platz 2 und 3 zeigen, daß dieses Auftreten Ihrer inneren Haltung entspricht, sollten Sie diese Stimmung nicht aufgeben, sondern Sie nur im Sinne der Karte auf Platz 5 ergänzen.

Platz 5

Lassen Sie andere an Ihrer Freude teilhaben. Zeigen Sie, daß Sie glücklich, dankbar und guter Laune sind. Machen Sie sich ein Fest, und feiern Sie mit Ihren Freunden.

4 Kelche

Astrologische Entsprechung
Mars im Krebs als Ausdruck von
Unmut und Verdrossenheit

Mythologisches Bild
Der schmollende Pelide Achilleus

I Ging Entsprechung
–

Die Stimmung dieser Karte wird am ehesten deutlich durch das Bild einer Übersättigung, eines Völlegefühls. Sie zeigt damit die Unbeständigkeit unserer Gefühle, die uns eben noch etwas sehnlichst erwünschen lassen, um dann im Augenblick (zu) üppiger Erfüllung in das Gegenteil, in Ablehnung, Ekel und Unmut umzuschlagen. Die damit angezeigte Mißstimmung kann von Nörgelei über Stumpfsinn bis hin zu schweren Formen von Hader, Trotz und Verbitterung reichen. In all diesen Fällen ist diese Karte eine warnende Aufforderung, aus Unmut nicht in blinde Apathie zu verfallen und dabei greifbar nahe Chancen und versöhnliche Gesten zu übersehen.

Im beruflichen Erleben zeigt die 4 der Kelche, daß unsere Motivation auf einem Tiefpunkt angelangt ist und sich nun üble Verstimmung, Wut und Verdrossenheit ausbreiten. Sie kann sowohl Stumpfheit angesichts monotoner Routine bedeuten, wie auch Trotz und Beleidigtsein – Folge eines Tadels oder versagter Wünsche. In diesen Situationen sollten wir die Karte als einen wertvollen Hinweis sehen, daß wir Gefahr laufen, über allem fruchtlosen Lamentieren greifbar nahe Chancen zu übersehen.

Auf der Ebene unseres Bewußtseins drückt die 4 der Kelche ein breites Spektrum aus, von geistigem Leerlauf über apathische Trägheit bis zu der Krisis eines unausgefüllten Lebens. Dort, wo es sich um die leichtere Form vorübergehender Faulheit und Interessenlosigkeit handelt, wird bald ein frischer Wind für neuen Schwung sorgen. Bedeutet diese Karte aber wirklichen Lebensüberdruß, muß sie als dringende Aufforderung verstanden werden, die Gelegenheit zu erkennen und zu nutzen, die uns aus unserem Abseits wieder in die Mitte des Lebens zurückholt. Dabei kann es sich um sportliche Aktivitäten handeln, bei denen wir einen Großteil der inneren Spannungen und der Verdrossenheit ausschwitzen, bis wir körperlich wieder fit – mit frischer Kraft an die Bewältigung der unser Lebensgefühl lähmenden Probleme gehen.

Im Bereich unserer persönlichen Beziehungen bedeutet diese Karte »dicke Luft«, wenn nicht eine wirklich vergiftete Atmosphäre. Sie zeigt, daß wir vor Eifersucht blind oder aus anderer Empfindsamkeit verletzt und »sauer« sind und nun im Schmollwinkel vor uns hinbrüten, den anderen »ausschweigen« und ihn dabei gezielt übersehen. Es liegt nahe, daß wir in dieser Haltung auch die versöhnlichen und gütlichen Gesten nicht wahrnehmen. Die Karte fordert uns auf, unsere Apathie zu überwinden und uns den versöhnlichen Impulsen zu öffnen. Ist der Trotz jedoch beidseitig, so daß sich ein Stellungskrieg abzeichnet, empfehle ich das Partnerspiel (Seite 179) oder dessen Version »Der Gordische Knoten«[28], wodurch schon manch klärendes Gewitter herbeigeführt wurde.

Platz 2

Sie haben etwas in den falschen Hals bekommen und sind nun verärgert, mürrisch und enttäuscht. Bevor Sie sich verdrossen abwenden, sollten Sie der Sache noch eine letzte Chance geben. Wenn Sie Ihre Umgebung offen und aufmerksam betrachten, werden Sie schnell eine gute Gelegenheit wahrnehmen. Die Karte auf Platz 1 kann Ihnen vielleicht einen wichtigen Hinweis dazu geben.

Platz 3

Sie sind innerlich verstimmt, vielleicht sogar erbittert und vergrämt. Offenbar hat Sie etwas verletzt, und Sie sind nun »sauer« oder beleidigt. Achten Sie darauf, daß Sie sich nicht dieser Stimmung überlassen. Sie könnten dabei wertvolle Gelegenheiten übersehen, die Sie aus Ihrem seelischen Tief herausbrächten.

Platz 4

Sie wirken griesgrämig und verdrossen. Offenbar hat man Ihnen auf den Fuß getreten, und Sie zeigen sich mürrisch und pikiert. Vielleicht sind Sie aber einfach nur apathisch und interesselos. Verlassen Sie diesen Gefühlssumpf. Schauen Sie sich um: Eine gute Chance ist greifbar nahe.

Platz 7

Machen Sie sich bewußt, daß Ihr Vorhaben Ärger und viel Frustration für Sie bedeutet. Fragen Sie sich, inwieweit Sie bereit sind, diese Belastungen auf sich zu nehmen. Die Karte auf Platz 1 kann Ihnen sagen, ob es sich lohnt. Wenn Sie entschlossen sind weiterzumachen, müssen Sie darauf achten, nicht in Trägheit oder Apathie zu verfallen, weil sonst die besten Chancen ungenutzt an Ihnen vorüberziehen.

Platz 6

Sie kommen in eine Situation, in der Sie sich interesselos und unausgefüllt erleben oder zutiefst mißgestimmt und mürrisch werden. Wenn Ihnen die Aussicht der Karte auf Platz 1 Grund genug ist, ein solches Tief zu durchqueren, sollten Sie die Zähne zusammenbeißen und die Augen offenhalten, um keine hilfreiche Geste oder gute Gelegenheit zu übersehen. Andernfalls sollten Sie von Ihrem Vorhaben ablassen.

Platz 5

Zeigen Sie, daß Sie verletzt und gekränkt sind. Stehen Sie zu diesem Gefühl, auch wenn Sie sonst lieber gute Miene zum bösen Spiel machen. Diesmal sollten Sie Ihre ganze Verärgerung zum Ausdruck bringen. Dabei wird sich Ihnen eine gute Chance bieten.

5 Kelche

Astrologische Entsprechung

Saturn / Venus oder Saturn / Mond als Ausdruck von Abschied, Schmerz, Kummer und Bedrückung

Mythologisches Bild

Der Schmerz der Psyche, die durch ihre Neugierde Eros vertrieb und glaubte, ihn für immer verloren zu haben

I Ging Entsprechung

54 Gui Me / Das heiratende Mädchen

Die 5 der Kelche ist die Karte der Kümmernis, des Schmerzes, der Trauer und Melancholie. Sie zeigt, daß etwas zerbrochen ist, das uns bislang viel bedeutete. Sie besagt auch, daß wir mit unserem Schmerz nicht allein gelassen sind und auf die verständnisvolle und einfühlsame Unterstützung von Freunden rechnen dürfen. Dieser tröstende Aspekt sollte jedoch nicht als Hinweis mißgedeutet werden, daß die Ursache unseres Schmerzes nur scheinbar ist und wir mit einer baldigen Rückkehr heiterer Gefühle rechnen dürfen. Nicht selten ist diese Karte ein Hinweis auf unsere eigene Leichtfertigkeit, durch die wir etwas Wertvolles gering geschätzt und zerstört haben. In jedem Fall zeigt sie, daß es einen Ausweg gibt. Sie fordert uns auf, nicht unnötig lang an dem düsteren Ort zu verweilen.

Im beruflichen Erleben steht die 5 der Kelche für Enttäuschung und Schmerz angesichts eines gescheiterten Projektes. Sie kann bedeuten, daß wir Prüfungen nicht bestehen, unsere Bewerbungen abgelehnt werden oder Geschäfte, von denen wir uns viel erhofften, mit Verlusten enden. Dabei fordert uns die Karte auf, nach den Ursachen dieser Fehlentwicklung zu forschen, zu erkennen, inwieweit Leichtsinn, Uneinsichtigkeit oder Unmut und Verdrossenheit ausschlaggebend waren.

Auf der Ebene unseres Bewußtseins bedeutet die 5 der Kelche, daß wir Enttäuschungen und Kummer erlebt haben und nun mit den Konsequenzen konfrontiert werden. Dabei kann es sein, daß wir zu einer reiferen, pragmatischeren Lebenseinstellung gelangen und manche zu naive oder idealistische Erwartung aufgeben. Ihre tiefe Bedeutung hat die Karte dort, wo wir eigene Fahrlässigkeit, Unachtsamkeit oder eigenen Mißmut als Ursache unserer betrüblichen Erfahrung erkennen oder der Schmerz dieses Erlebens uns dazu bringt, bisherige Verhaltensformen in Frage zu stellen und zu neuen Einsichten und Lebensweisen zu gelangen.

Im Bereich unserer persönlichen Beziehungen bedeutet die 5 der Kelche in aller Regel, daß eine wichtige Verbindung gescheitert ist oder wir in einem vielversprechenden Kontakt enttäuscht wurden. Wenn es sich um das betrübliche Ende einer liebevollen Partnerschaft handelt, sollten wir uns fragen, was unser Beitrag zu dieser Fehlentwicklung war. Häufig müssen wir dabei feststellen, daß ein der Langeweile entspringender Übermut eine der ausschlaggebenden Ursachen war. Nur wenn wir diese Gründe erkennen, haben wir die Chance, aus der Erfahrung zu lernen, statt sie wiederholen zu müssen.

Platz 2

Sie stehen noch voll unter dem Eindruck einer schmerzvollen Erfahrung. Sie wissen, daß solche Wunden nur langsam verheilen und Sie Zeit brauchen, aus dem Geschehenen zu lernen. Trotzdem sollten Sie erkennen, daß Sie frei sind, den Ort der betrüblichen Erfahrung jederzeit zu verlassen.

Platz 7

Machen Sie sich bewußt, daß Sie eine schmerzvolle Erfahrung vor sich haben und Ihre Erwartungen enttäuscht werden. Weichen Sie diesem Erlebnis nicht aus. Versuchen Sie es in aller Klarheit zu durchleben. Suchen Sie nach der wichtigen Erkenntnis, die diese Erfahrung für Sie bereit hält. Nur wenn Sie daraus lernen, wird Ihnen die Wiederholung erspart bleiben.

Platz 3

Sie haben eine tiefe Enttäuschung erlebt, sind aufgerührt und voller Kummer. Nehmen Sie Trost und verständnisvolle Hilfe Ihnen naher Menschen an, ohne zu hoffen, daß das Zerbrochene wieder heil wird. Die Karte auf Platz 6 kann Ihnen zeigen, in welche Richtung Sie Ihre Gefühle lenken sollten.

Platz 6

Seien Sie gefaßt: Ihre Gefühle werden enttäuscht, und eine schwierige Phase, voll Schmerz und Kummer, steht Ihnen bevor. Versuchen Sie nicht davonzulaufen oder sich darüber hinwegzutäuschen. Gehen Sie durch das Tal der Tränen. Vertrauen Sie auf das Verständnis und die liebevolle Unterstützung Ihnen nahestehender Menschen. Am Ende werden Sie den Bannkreis des Leidens verlassen und zu unbekannten, neuen Horizonten gelangen.

Platz 4

Man kann Ihnen Ihre Trauer, Ihre Schmerzen und Ihre Enttäuschung ansehen. Sicherlich liegt eine schwere Zeit hinter Ihnen. Vielleicht machen Sie auch den Eindruck, daß Sie sich mit Ihrem Leid abgefunden haben und nicht wirklich darum bemüht sind, über dessen Schwelle zu treten und wieder Freude am Leben zu finden.

Platz 5

Zeigen Sie Ihren Kummer, Ihre Bedrückungen und Schmerzen. Versuchen Sie weder mit zusammengebissenen Zähnen noch mit zwanghaftem Grinsen über Ihre wahren Gefühle hinwegzutäuschen. Lassen Sie Ihrer Betroffenheit freien Lauf. Nehmen Sie Trost und Hilfe von Ihren Freunden an.

6 Kelche

Astrologische Entsprechung

Mond in Fischen als Ausdruck sehnsuchtsvoller, wehmütiger Erinnerung, oder Mond in Krebs als romantische Verträumtheit

Mythologisches Bild

Die Titanin Mnemosyne, Göttin der Erinnerung, Geliebte des Zeus und Mutter der neun Musen

I Ging Entsprechung

–

Diese Karte führt in die Vergangenheit. Sie zeigt, daß Erinnerungen in uns wach werden, denen wir entweder romantisch verträumt oder sehnsüchtig nostalgisch nachhängen. Diese wehmütige, sentimentale Sicht der Dinge kann unsere Wahrnehmung der Gegenwart erfreulich steigern oder verzerren und trüben. Da die Karte häufig für Bilder aus alter Zeit steht, kann sie bei entsprechender Fragestellung auch Hinweis auf unsere Kindheit und unsere frühkindlichen Prägungen sein.

Im beruflichen Erleben bedeutet die 6 der Kelche, daß wir eher romantisch verträumt als sachlich und zielgerichtet unseren beruflichen Alltag erleben. Das kann in kreativen Berufen eine Bereicherung sein; wo aber klarer Sachverstand gefordert wird, ist diese Phase für uns und andere eher irritierend. In Zeiten beruflicher Unsicherheit oder Neuorientierung zeigt diese Karte, daß wir uns der Wünsche und Träume unserer Kindheit erinnern, von dem, was wir eines Tages alles tun würden, wären wir nur erst einmal groß. Je nachdem, was aus diesen Wünschen geworden ist, kann uns diese Erinnerung bedrücken oder neue Energien freisetzen. Vor dem Hintergrund beruflicher Alltagsschwierigkeiten kann sie auch bedeuten, daß wir uns gerne an Zeiten oder an frühere Arbeitsverhältnisse erinnern, in denen es uns schlicht besser ging.

Auf der Ebene unseres Bewußtseins zeigt die 6 der Kelche, daß wir zurückschauen – besonders auf unsere Kindheit – oder daß wir verträumten, vielleicht auch wehmütigen Gedanken nachhängen. Die Kraft dieser Bilder kann inspirieren, diese Gefühle in Verse, Malerei und anderen Künsten auszudrücken. Sie kann aber auch zur Weltflucht führen oder zu läppischer Albernheit. Philipp Metman sagt dazu: »Wer alle Glücksphantasien der Kindheit ins erwachsene Leben hinüber retten will, wird nie ein reifer Mensch. Doch wer sie abwürgt, bevor sie durch Erlebnisse aufgelöst oder beseitigt worden sind, wird zum Greis«.[29]

In unseren persönlichen Beziehungen kann diese Karte für warme Geborgenheit und für eine Phase märchenhafter Verliebtheit stehen. Häufig zeigt sie mehr die Erinnerung als die Gegenwart solcher Zeiten. Gerade in diesem Bereich kann das wehmütige, manchmal kitschig Sentimentale dieser Karte zum Ausdruck kommen, aber auch ihre starke poetische und romantische Seite.

Platz 2

Sie haben die Blicke rückwärts gerichtet und hängen in Gedanken alten Zeiten nach. Vielleicht können diese Bilder Sie inspirieren und Ihnen neue Kraft geben. Wenn Sie jedoch nur vor der Wirklichkeit fliehen, sollten Sie Ihr Augenmerk jetzt in Richtung der Karte auf Platz 7 lenken, statt alles weiter auf die lange Bank zu schieben.

Platz 7

Gehen Sie in Ihren Gedanken zurück, und suchen Sie nach Bildern, die für Ihre jetzige Situation bezeichnend sind und Ihnen weiterhelfen können. Vielleicht erkennen Sie, daß weit zurückliegende, frühkindliche Erfahrungen für Ihr heutiges Vorhaben wichtig sind oder ursächliche Bedeutung haben.

Platz 3

Sie sind verträumt und haben sich tiefen Gefühlen überlassen. Vielleicht schauen Sie auch wehmütig auf die verblühten Träume früherer Zeiten zurück. Schöpfen Sie aus diesen Gefühlen, aber vergessen Sie nicht, Ihre Aufmerksamkeit wieder auf die Gegenwart zu richten. Schauen Sie, was die Karte auf Platz 6 dazu sagt.

Platz 6

Wenden Sie sich Ihren Träumen, Ihren unausgelebten Phantasien zu. Schwelgen Sie in diesen Bildern. Gehen Sie in eine Ausstellung, schauen Sie sich einen alten Spielfilm an, lesen Sie ein fesselndes Buch. Ihre Seele lebt von Bildern. Geben Sie Ihr diese Nahrung, bis sie satt ist. Sie werden bald wieder eine frische, belebende Kraft in sich spüren.

Platz 4

Sie haben sich entweder vergangenheitsbezogen und ziemlich verträumt gezeigt oder sogar etwas weltfremd, versponnen und kindlich naiv. Vielleicht waren Sie einfach müde, immer erwachsen zu sein. Schauen Sie, ob Sie sich weiter erholen dürfen oder ob die Karte auf Platz 5 Sie zur Aktivität in die Gegenwart zurückruft.

Platz 5

Zeigen Sie Ihre Sehnsüchte, Ihre Wünsche und Träume. Seien Sie ruhig etwas verspielt und unrealistisch. Machen Sie keinen Hehl aus Ihren wehmütigen, nostalgischen Gefühlen. Gewinnen Sie mit dem Charme des traurigen Clowns.

7 Kelche

Astrologische Entsprechung

Neptun als Ausdruck von Täuschung, Illusion und Weltflucht

Mythologisches Bild

Ate, griechische Göttin der Verblendung. Die Lotophagen (Lotos-Esser), deren Speise die Gefährten des Odysseus in »das Land des Vergessens« führte

I Ging Entsprechung

—

Die 7 der Kelche ist die Karte der Täuschung und der Illusion, der Fata Morgana, des Zwielichts. Sie zeigt, daß wir uns falsche Hoffnungen und Vorstellungen machen, daß wir uns täuschen und täuschen lassen. In aller Regel ist sie Vorbote einer Ent-täuschung und muß als dringende Warnung vor Trugbildern verstanden werden. Die Karte hat aber auch einen erfreulichen Aspekt: Sie verspricht unerwartete Hilfe, wenn wir bereit sind, uns von der Fülle unserer Hoffnungen und Wunschbilder zu lösen und uns auf ein einzelnes realistisches Vorhaben zu konzentrieren.

Im beruflichen Umfeld zeigt diese Karte, daß wir Luftschlösser bauen, Illusionen nachlaufen und in eine gefährliche Phase schwärmerischer Täuschung und unkritischer Verführbarkeit geraten, wenn wir nicht beginnen, die Dinge zu sehen, wie sie sind, unsere Erwartungen herabzuschrauben und uns auf das Machbare zu beschränken. Sie ist Ausdruck von Scheingeschäften, trügerischen Zielen und in manchen Fällen eine Warnung vor unsauberen Machenschaften und unlauterem Verhalten. Daneben kann sie Träumerei und Schluderei am Arbeitsplatz anzeigen und entsprechend zu größerer Nüchternheit und Systematik auffordern.

Auf der Ebene unseres Bewußtseins ist diese Karte ein Hinweis auf verträumte Zeiten und den Blick durch die rosarote Brille. Falls wir uns des trügerischen Scheins bewußt sind, bringt eine solche Zeit rauschhaftes Erleben ohne böses Erwachen. Lassen wir uns aber von dem Schein betören, nehmen wir ihn als Wirklichkeit, bleibt uns die herbe Ernüchterung nicht erspart. In ihrer verhängnisvollsten Form zeigt die 7 der Kelche die Weltflucht an, den haltlosen Sprung ins Irrationale, die Auflösung vertrauter Strukturen und die daraus resultierende wahnwitzige Umdichtung der Wirklichkeit in uns genehme Traumbilder, die später wie Seifenblasen zerplatzen.

Im Bereich unserer persönlichen Beziehungen kann diese Karte den Rausch der Verliebtheit anzeigen, warnt jedoch vor der Härte des ernüchterten Erwachens. Sie sagt nicht, daß die von ihr gekennzeichnete Verbindung völlig auf Sand gebaut ist, daß wir aber viel zu hohe Erwartungen haben, die in dieser Form ganz sicher enttäuscht werden. Sie ist eine Aufforderung, unseren wachen Verstand nicht einzuschläfern, sondern die Beziehung mit gesunder Skepsis zu betrachten.

Platz 2

Sie haben sich von Trugbildern täuschen lassen, sind Opfer falscher Versprechungen, Lügen oder enttäuschter Erwartungen geworden. Sie waren zu unkritisch oder wollten die Wahrheit auch nur verschwommen wahrnehmen. Wenn nun die Seifenblasen platzen, ist es Zeit, aus all Ihren Wünschen und Erwartungen eine realistische Idee herauszugreifen und sich ganz darauf zu konzentrieren. Bei der Verwirklichung werden Sie unerwartete Unterstützung finden.

Platz 7

Wagen Sie eine kühne Vision. Lassen Sie sich von den Bildern Ihrer Phantasie und Ihrer Träume inspirieren, ohne Opfer Ihrer Zauberkünste zu werden. Entscheiden Sie sich für eines dieser Bilder, um es mit aller Beharrlichkeit in die Wirklichkeit umzusetzen. Sie dürfen dabei mit der spontanen Hilfe anderer rechnen.

Platz 3

Sie haben sich Ihren Träumen und Schwärmereien hingegeben, sich betören und ein bißchen blauen Dunst vorgaukeln lassen. Wahrscheinlich neigen sie dazu, alles in freundlichsten Farben zu sehen und sind bereits Opfer des schönen Scheins geworden. Wachen Sie auf, bevor Sie sich noch tiefer im Labyrinth Ihrer Illusionen verirren.

Platz 6

Sie dürfen eine Zeitlang in den bezaubernden Bildern Ihrer Träume schwelgen und auf Wolken schweben. Geben Sie sich Ihren Sehnsüchten hin, reisen Sie in der Phantasie zu den Inseln der Seligen. Schöpfen Sie aus der Kraft dieser Bilder. Sie werden eine Idee haben, die Sie verwirklichen sollten. Aber konzentrieren Sie sich wirklich nur auf diese eine Idee. Sie wird guten Anklang finden.

Platz 4

Sie haben auf andere wie ein Schwärmer gewirkt und sich in der Fülle versponnener Hoffnungen und verschwommener Träume verzettelt. Wahrscheinlich haben Sie sich täuschen oder verführen lassen und sind nun Opfer Ihrer Leichtgläubigkeit. Oder sind Sie selbst zwielichtig als Blender oder Heuchler aufgetreten?

Platz 5

Zeigen Sie Ihre Phantasie, Ihren trunkenen Sinn für das Wunderbare. Schaffen Sie eine märchenhafte, verzauberte Atmosphäre, in der Sie selbst als Circe oder Merlin erscheinen. Aber werden Sie nicht Opfer dieser Fata Morgana.

8 Kelche

Astrologische Entsprechung

Saturn / Mond als der Abschied
schweren Herzens

Mythologisches Bild

Lot, der seine Heimatstadt Sodom
verläßt

I Ging Entsprechung

56 Lü / Der Wanderer

Die 8 der Kelche ist eine der drei Aufbruchskarten des Tarot und steht für den Abschied schweren Herzens[30]. Sie zeigt, daß wir uns aus einem gewohnten Umfeld lösen, uns von Menschen oder Dingen trennen, die uns am Herzen lagen, und uns auf den Weg in eine ungewisse Zukunft begeben. In allen Fällen bedeutet sie, daß wir nicht vertrieben werden[31], sondern aus freien Stücken gehen, wobei es allerdings sein kann, daß uns keine andere Wahl blieb. Die besondere Schwere dieser Karte liegt in ihrem doppelt belastenden Aspekt: Wir müssen etwas aufgeben, das uns viel bedeutet hat, und wir wissen nicht, wohin unser Weg führt.

Im beruflichen Erleben zeigt diese Karte vor allem den Abschied vom Arbeitsplatz. Dabei kann es sich um den Abschied vom Berufsleben handeln, sei es aus Altersgründen oder aus dem Entschluß, sich ganz der Familie zu widmen, oder um den Verlust der bisherigen Tätigkeit infolge von Arbeitsplatzstillegungen oder ähnlichem. Hier verbindet sich die Trennung vom Gewohnten mit dem Gefühl der Ungewißheit über das, was morgen ist. Die Karte kann aber auch für weniger weitreichende Veränderungen stehen, für den Verlust einzelner Aufgabenbereiche oder die schmerzvolle Einsicht, von bestimmten Projekten, Plänen oder Erwartungen Abschied nehmen zu müssen. Auch dann bedeutet sie, daß wir zunächst ratlos sind, nicht wissen, in welche Richtung wir uns wenden sollen und wie es weitergeht.

Auf der Ebene unseres Bewußtseins steht diese Karte für eine Phase tiefer Erkenntnis, in der uns klar wird, daß wir Vorlieben, Lebenshaltungen oder Teile unserer vertrauten Anschauungen aufgeben müssen. Sie steht für das Erlebnis des Älterwerdens und ist Ausdruck unserer Erfahrung des großen Loslassens, wie ihn die Zen-Philosophie lehrt. Gerade die schwierige Übung des Nicht-Anhaftens zielt direkt auf die Dinge und Verhaltensweisen, die uns viel bedeuteten, deren Loslassen aber häufig mit dem Gefühl von Ausweglosigkeit und Angst verbunden ist. Dies sind die schweren Schritte auf dem Weg zu neuer Freiheit.

In unseren persönlichen Verbindungen zeigt die 8 der Kelche den Abschied von einem Menschen oder von Gefährten, die uns in unserem bisherigen Leben viel bedeuteten. Sie steht für die Gabelung, an der sich unsere Wege trennen, und fordert uns auf, dankbar Lebewohl zu sagen, uns – wo nötig – abzunabeln, um in eigener Richtung weiterzugehen. Auf einer tiefen Ebene kann die Karte den Abschied von verträumten Partnervorstellungen bedeuten, die Einsicht, daß es den Märchenprinzen oder die Traumfrau in der naiv geträumten Form nicht gibt, daß wir uns mit einer Realität anfreunden müssen, die uns scheinbar verschweigt, wie wir diese Traumgestalten erschaffen können.

Platz 2

Sie stehen in einem wichtigen Loslösungsprozeß und können bis jetzt nur erkennen, was Sie aufgegeben haben. Der weitere Weg in die Zukunft erscheint Ihnen noch sehr ungewiß. Die Karte auf Platz 1 zeigt Ihnen, was Sie als nächstes erwartet, und die auf Platz 7, wie Sie sich dazu stellen sollten.

Platz 7

Erkennen Sie, daß Sie Ihre eigenen Wege gehen müssen, auch wenn das, was Sie zurücklassen, Ihnen viel bedeutet hat. Geben Sie Ihren bisherigen Standpunkt auf, ohne ihn gleich durch einen neuen zu ersetzen. Sie müssen noch etwas in Ungewißheit leben, bevor Ihre innere Stimme Sie zu neuen Horizonten führt.

Platz 3

Sie fühlen den Abschiedsschmerz und sind auf einem unbekannten Weg, von dem Sie nicht wissen, wohin er führt. Lassen Sie sich nicht entmutigen, gehen Sie weiter, wenn auch mit weichen Knien. Sie werden bald spüren, wie Ihre Schritte immer fester werden. Die Karte auf Platz 1 zeigt Ihnen, wohin Sie als nächstes gelangen, und die auf Platz 6, was Sie dabei empfinden können.

Platz 6

Machen Sie sich innerlich bereit, Lebewohl zu sagen, sich von dem zu trennen, was Ihnen viel bedeutet hat. Lernen Sie unabhängig zu werden, auf eigenen Füßen zu stehen und tief innerlich loszulassen, um dadurch wirklich frei zu werden.

Platz 4

Sie haben sich getrennt und sich allein auf den Weg gemacht. Man sieht, daß Sie schweren Herzens gegangen sind und etwas Wertvolles zurückgelassen haben. Die Karte auf Platz 3 zeigt, wie sehr Sie noch daran hängen, und die Karte auf Platz 1 kann Ihnen sagen, ob Ihr Aufbruch richtig war.

Platz 5

Lassen Sie zurück, was Sie noch festhält, auch wenn es Ihnen sehr am Herzen liegt. Machen Sie (auch sich selbst) unmißverständlich klar, daß Sie Ihren eigenen unabhängigen Weg gehen. Zeigen Sie ruhig, wie schwer Ihnen dieser Schritt fällt, wie weh er Ihnen tut. Sie brauchen nicht den unerschrockenen Helden zu spielen.

9 Kelche

Astrologische Entsprechung

Mond in Stier im Sinne von
Genießen und Geselligkeit

Mythologisches Bild

König Artus' Tafelrunde

I Ging Entsprechung

—

Die 9 der Kelche steht für eine Zeit, die wir tief auskosten, die wir von Herzen genießen. Zwar kann diese Lebenslust auch in gelegentlichen Übertreibungen zu Lebenslüsternheit und Lebensgier ausufern, im wesentlichen zeigt sich diese Karte jedoch von ihrer angenehm unbeschwerten Seite: als Lebensfreude, Sorglosigkeit, Geselligkeit und »Spaß an der Freude«.

Im beruflichen Erleben wird dadurch eine Phase angezeigt, in der uns die Arbeit Spaß macht und leicht von der Hand geht. Geselligkeit und kollegialer Teamgeist stehen im Vordergrund. Leichtigkeit und gute Laune lassen Mißklänge und Streitigkeiten der Vergangenheit vergessen. Geht allerdings das rechte Maß verloren, zeigt die Karte unangenehme Begleiterscheinungen, wie anbiedernde Verbrüderungen oder dickfellige Trägheit, unter denen das Arbeitsergebnis leidet.

Auf der Ebene unseres Bewußtseins steht die 9 der Kelche für eine Zeit genußorientierter Weltsicht. Der Hedonist, dessen Lebensprinzip im größtmöglichen Lustgewinn liegt, oder der Epikureer, der dem Sinnesgenuß ergebene Mensch, sind extreme Ausformungen dieses Weltbildes. In der gemäßigten Form zeigt diese Karte Humor und eine Zeit unbeschwerter Daseinsfreude, in der wir unsere Augen den schönen Dingen der Welt zuwenden, uns des Lebens freuen und unbesorgt den Tag erleben.

In unseren persönlichen Beziehungen weist diese Karte auf eine glückliche Zeit frohen Genießens hin. Phantasien, die sonst nur mit Urlaubserlebnissen oder dem Traum von der einsamen Insel in Verbindung gebracht wurden, werden jetzt gelebte Alltagswirklichkeit. Auch hier mag die Karte dezent vor den Übertreibungen warnen, die aus ungetrübtem Erleben vergnügungssüchtige Manie oder abgestumpftes Genußleben werden lassen.

Platz 2

Sie haben die Angelegenheit von einem lustorientierten Standpunkt aus betrachtet und möchten sich auch jetzt eine gute Zeit machen. Ihre positive Grundeinstellung und Ihre Freude sind hilfreich. Vielleicht zeigt Ihnen die Karte auf Platz 7 dennoch, daß Sie selbstdisziplinierter und pragmatischer vorgehen müssen.

Platz 7

Erkennen Sie den großen Reiz, der für Sie in der Sache liegt. Betrachten Sie die Angelegenheit mit viel Humor. Stellen Sie sich auf eine Zeit fröhlichen und leichten Genießens ein. Das wird Ihnen guttun und weiterhelfen.

Platz 3

Sie haben sich eine gute Zeit gemacht und Ihre Situation genossen. Wenn Ihnen diese Aussage absurd erscheint, gilt für Sie die Nebenbedeutung der Karte, die leider besagt, daß Sie bislang zu träge und zu faul waren, etwas zu ändern.

Platz 6

Ihnen steht eine gute Zeit bevor, auf die Sie sich aus ganzem Herzen freuen dürfen. Leiten Sie diese schöne Phase ein, indem Sie etwas tun, das Sie sich schon lange wünschten, aber noch nicht verwirklicht haben. Entspannen Sie und genießen Sie diese Zeit in vollen Zügen.

Platz 4

Sie haben sich als geselliger, genußfroher Mensch erwiesen und Ihren Humor entfaltet. Sie haben gezeigt, daß es Ihnen gutgeht und fröhlich und selbstzufrieden gewirkt. Oder sind Sie etwas zu bequem geworden und erscheinen anderen zu sehr als Lebemann?

Platz 5

Zeigen Sie sich von Ihrer gemütvollen, geselligen Seite. Zeigen Sie, daß Sie Humor besitzen und über sich selbst lachen können. Lassen Sie sich nicht verdrießen, und machen Sie sich eine vergnügliche Zeit. Laden Sie Freunde ein, gehen Sie gemeinsam essen, schenken Sie sich selbst und anderen etwas – schenken Sie Freude.

10 Kelche

Astrologische Entsprechung

Jupiter / Mond als Ausdruck von
Geborgenheit und beglückender
Nähe

Mythologisches Bild

Die Hochzeit von Kadmos und Har-
monia auf der Mysterieninsel Samo-
thrake, zu der selbst die Götter den
Olymp verließen, um dem Brautpaar
ihre Hochzeitsgaben zu überreichen

I Ging Entsprechung

37 Gia Jen / Die Sippe

Diese Karte ist höchster Ausdruck eines harmonischen Einklangs und tiefer, beglückender Liebe.
Sie zeigt, daß wir uns sicher und geborgen fühlen,
daß unsere Gefühle echt sind und wir keiner Täuschung oder Illusion erliegen. Sie steht für eine
freundliche Grundstimmung, gutnachbarschaftli-
che Kontakte, Liebe und Freude im Umgang mit
nahestehenden Menschen, für tiefes Glück und
Dankbarkeit in Partnerschaft oder Familie.

Im beruflichen Umfeld weist sie auf ein gutes
kollegiales Verhältnis hin, auf ein harmonisches
Team. Sie zeigt freundlichen oder freundschaft-
lichen Umgang mit Vorgesetzten, Mitarbeitern,
Ausbildern und Kollegen. Interessante neue
Geschäftsverbindungen werden von dieser Karte
ebenso angezeigt wie andere erfreuliche Kontakte, die sich für das Berufsleben als wichtig erweisen.

Auf der Ebene unseres Bewußtseins bedeutet
die 10 der Kelche, daß wir durch eine friedvolle,
beglückende Stimmung wohltuende Impulse
erhalten, wodurch zermürbende, destruktive
oder quälende Gedanken verfliegen. An ihrer
Stelle kehren innerer Friede und Sorglosigkeit
ein. Auf tiefer Ebene kann sie Ausdruck einer
umfassenden Menschenliebe sein.

Im Bereich unserer persönlichen Beziehungen
zeigt diese Karte Geborgenheit und das Gefühl,
»aufgehoben« zu sein. Damit kündet sie von einer
Zeit, in der Schwierigkeiten der Vergangenheit
verblassen, Krisen abklingen, Hemmungen überwunden werden und statt dessen Freude, Dankbarkeit und Zufriedenheit einkehren. Im Beziehungsleben stehen schönste Zeiten bevor, in
denen Liebe, Vertrauen und Gefühlsreichtum
dankbar erlebt werden dürfen. Häufig ist sie Bote
einer neuen dauerhaften Freundschaft und nicht
selten ein Hinweis auf Heiratspläne.

Platz 2

Ihre bisherige Betrachtung ist von starker Harmonie und Friedfertigkeit gekennzeichnet. Sie wissen die positiven Seiten Ihrer Situation zu schätzen und geben sich weitgehend sorglos. Wenn Sie Grund haben, diese sehr wünschenswerte Einstellung zu überprüfen, sollten Sie sich fragen, ob Ihr Wunsch nach Harmonie Sie vielleicht zu allzu großer Kompromißbereitschaft geführt hat.

Platz 7

Die Situation, der Sie gegenüberstehen, ist ungefährlich. Richten Sie Ihr ganzes Bewußtsein auf freundliches, fröhliches Erleben ein. Die Menschen, die im Fragezusammenhang wichtig sind, werden Ihnen sympathisch sein und Ihnen aufgeschlossen begegnen. Sie werden die Kontakte finden, die Sie brauchen, und willkommen sein.

Platz 3

Ihr Gefühlsleben ist von Dankbarkeit und tiefer Verbundenheit gekennzeichnet. Sie sind innerlich frei von Sorgen und fühlen sich sicher in wohltuender Geborgenheit einer Gemeinschaft Ihnen lieber und wertvoller Menschen. Vielleicht kommen Sie nun in eine Phase, in der Sie die Kräfte, die Sie hier sammeln durften, »draußen« unter Beweis stellen müssen.

Platz 6

Öffnen Sie sich für Ihre Mitmenschen, Ihre Freunde, Ihre Lebensgefährten. Genießen Sie ohne Sorgen das beglückende Gefühl der Einheit und Geborgenheit. Lassen Sie Ihre warmen Gefühle der Sympathie und der Verbundenheit wachsen. Überwinden Sie Scheu und Hemmungen: Es droht Ihnen keine Gefahr. Fassen Sie Vertrauen zu den Mitmenschen, die Ihnen begegnen.

Platz 4

Sie haben sich sehr liebenswürdig gezeigt, ausgeglichen und mit sich selbst im reinen. Wenn dieses Auftreten Ihrer inneren Haltung entspricht, dürften Sie keinen Grund haben, daran etwas zu ändern.

Platz 5

Treten Sie sorglos auf. Zeigen Sie sich friedlich, liebenswürdig und – wo nötig – auch kompromißbereit. Öffnen Sie sich Ihren Mitmenschen, auch wenn diese gerade erst in Ihr Leben getreten sind. Grenzen Sie sich nicht ab: Harmonie und Dankbarkeit führen Sie zum Ziel.

Bube der Kelche

Astrologische Entsprechung

Venus im 1. Haus als ein versöhnlicher Impuls oder im 5. Haus als spielerisches Vergnügen

BUBE der KELCHE

Mythologisches Bild

Die großmütige Versöhnungsgeste des Esau, mit der er Jakob den Betrug verzieh, durch den ihn dieser um den Segen Isaaks geprellt hatte

I Ging Entsprechung

57 Sun / Das Sanfte, das Eindringliche

Wie auch die anderen drei Buben zeigt der Kelchbube einen Impuls, eine Gelegenheit, eine Chance. In diesem Fall ist es entweder eine Einladung zu einem vergnüglichen Unternehmen oder eine Geste der Liebe oder Versöhnung. In allen Fällen geht dieser Impuls von anderen aus, ist an unsere Gefühle gerichtet und wird von uns dankbar und zufrieden aufgenommen. Die Karte zeigt das Friedensangebot nach Phasen von Streit und Zwietracht, das Mitgefühl, das uns zuteil wird in Zeiten des Schmerzes und nicht zuletzt eine liebevolle Berührung, eine Situation, in der wir uns verlieben. Dieser Impuls ist in aller Regel gut und ehrlich und sollte nur in Fällen, in denen die Mehrzahl der übrigen Karten bedenklich ist, mit Skepsis betrachtet werden.

Im beruflichen Erleben zeigt der Kelchbube, daß uns eine Erfahrung bevorsteht, die uns guttut, behagt, vielleicht auch schmeichelt. Das kann Lob und Anerkennung sein, ein wohlverdientes Kompliment oder die erfreuliche Nachricht, daß sich in unserem Beruf eine angenehme Besserung ergibt. Häufig ist diese Karte Hinweis auf Einladungen zu geselligen Unternehmen im Kollegenkreis oder Ausdruck größerer Vertrautheit, wenn z.B. neuen Mitarbeitern von älteren das Du angeboten wird. Nicht zuletzt steht sie für den gutgemeinten Rat und die freundlich gewährte Hilfe bei der Bewältigung unserer Aufgaben.

Auf der Ebene unseres Bewußtseins bedeutet der Bube der Kelche, daß wir wohlgemeinte freundschaftliche Anregungen und Impulse bekommen, die uns in unserer Situation wohltuend helfen. Dabei kann es sich um Trost und Zuspruch in kummervollen Zeiten handeln, um Verständnis für unsere Sorgen und Nöte oder um spontane Gesten, die uns innerlich berühren und eine wichtige Entwicklung in uns auslösen. Im Sinne des durch die Kelche symbolisierten Wasserelements kann es sich auch um den weisen Rat und in manchen Fällen um eine mediale Botschaft handeln.

In unseren partnerschaftlichen Verbindungen zeigt der Kelchbube vor allem die freundliche, einfühlende, versöhnliche Geste unseres Partners. Damit bedeutet er die angenehme, warme Brise nach Phasen von Streit und Kälte oder eine spontane Geste der Zuneigung. Auf der Ereignisebene steht diese Karte auch für den Heiratsantrag.

Platz 2

Sie rechnen bei Ihrem Vorhaben mit freundlicher Unterstützung, Verständnis und Wohlwollen anderer oder sehen bereits, daß Ihnen geholfen wird und man Ihnen wohlgesonnen ist. Nur wenn auf Platz 1 oder 7 eine Schwertkarte, der Teufel (XV) oder der Mond (XVIII) liegt, sollten Sie vorsichtig und kritisch sein. In allen anderen Fällen dürfen Sie vertrauensvoll die Ihnen gebotene Hilfe annehmen.

Platz 7

Seien Sie offen für Impulse und Anregungen anderer, für einen wohlgemeinten Rat oder eine versöhnliche Geste. Sie werden darin den Schlüssel für Ihr weiteres Vorgehen finden. Selbst wenn Ihnen diese Geste etwas unbeholfen oder sentimental erscheint, sollten Sie sich darüber nicht lustig machen.

Platz 3

Sie waren offen für spontane Vorschläge und Zuwendungen oder haben vielleicht auf ein Zeichen der Versöhnung gewartet. Wenn nichts dergleichen geschehen ist, liegt es wahrscheinlich an Ihnen, den ersten Schritt zu tun. Prüfen Sie dazu die Aussage der Karte auf Platz 5.

Platz 6

Gehen Sie frohen Mutes an Ihr Vorhaben: Sie werden willkommen sein, man wird Ihnen mit Verständnis und Wohlwollen begegnen. In Fällen von Streit und Ärger werden Sie Aussöhnung und Verzeihung finden. Öffnen Sie sich für eine gutgemeinte, freundliche Geste. Seien Sie ganz arglos, es sei denn, auf Platz 1 liegt eine bedenkliche Karte.

Platz 4

Sie haben gezeigt, daß Sie ohne freundliche Unterstützung, Hilfe oder Zuneigung anderer nicht weiterkommen oder daß Sie auf einen versöhnlichen, verständnisvollen Impuls, eine freundschaftliche Geste warten. Schauen Sie, ob Ihnen die Karte auf Platz 5 sagt, wie Sie dieses Ziel erreichen können, oder ob Sie doch aus eigener Kraft weitergehen müssen.

Platz 5

Zeigen Sie, daß Sie Zuneigung, Verständnis und Wärme brauchen. Versuchen Sie nicht den ungeliebten einsamen Wolf zu spielen, der alles allein machen muß. Zeigen Sie Ihre Bereitschaft, Hilfe anzunehmen, und seien Sie dankbar für jedes Entgegenkommen.

Ritter der Kelche

RITTER der KELCHE

Astrologische Entsprechung
Venus / Mond als Ausdruck von
Innigkeit und guter Laune

Mythologisches Bild
Zephyros, der sanfte, manchmal
eifersüchtige Westwind, der Psyche
auffing und sie auf das Schloß Amors
trug

I Ging Entsprechung
11 Tai / Der Friede

Der Ritter der Kelche steht für eine liebevolle, friedliche Atmosphäre, für gute Laune und die Weisheit des Lächelns. Er kennzeichnet beschauliche Stunden, harmonischen Einklang, romantische Träumereien und die Stimmung, in der wir uns verlieben. Wo zuvor Konflikte oder Zwietracht herrschten, zeigt diese Karte Aussöhnung und Frieden. Daneben steht er für entspannte Mußestunden, Zeiten, in denen wir Phantasien nachhängen, uns der Schönheit des Lebens, der Kunst und besonders der Musik erfreuen.

Im beruflichen Erleben bedeutet diese Karte ein gutes Arbeitsklima, eine ruhige und entspannte Atmosphäre, in der wir gutgelaunt und fast spielerisch unsere Aufgaben nachkommen. Bei beruflicher Neuorientierung zeigt der Kelchritter, daß unsere musischen Interessen in den Vordergrund rücken. Ob wir uns tatsächlich zu einem solchen Schritt entschließen, kann nur aus den anderen Karten beurteilt werden. Der Kelchritter kennzeichnet mehr die Art und Weise, wie wir arbeiten, er sagt weniger über den Inhalt aus.

Auf der Ebene unseres Bewußtseins heißt diese Karte, daß wir unseren Gefühlen nachgehen und eine verträumte Sicht der Welt haben. Sie zeigt, daß wir infolge erfreulicher Erlebnisse zu einer eher überschwenglichen Haltung neigen und die Welt durch eine rosarote Brille sehen. Sie kann bedeuten, daß wir unser Bewußtsein der Welt der Bilder öffnen, uns mit Märchen, Mythen und Träumen befassen. In allen Fällen bleibt es aber beim gefälligen Spiel an der Oberfläche. In die Tiefen führen uns nur die Hohepriesterin (II) oder der Mond (XVIII).

Im Bereich unserer persönlichen Beziehungen gewinnt der Kelchritter seine größte Bedeutung. Er steht für eine fröhlich verliebte Zeit, für Anschmiegsamkeit, Geborgenheit und den sorglosen Frühling einer Beziehung. Er ist auch die Karte der Aussöhnung und drückt ein tiefes, gegenseitiges Verstehen aus, das fast keiner Worte bedarf.

Platz 2

Sie haben die Angelegenheit ruhig und friedfertig betrachtet. Sie sind guten Mutes und anderen wohlgesonnen. Schauen Sie, ob die Karte auf Platz 7 Ihnen rät, so weiterzumachen oder vielleicht doch etwas engagierter, eindeutiger oder konfliktbereiter an Ihr Vorhaben zu gehen.

Platz 7

Nehmen Sie die Angelegenheit gelassen, und betrachten Sie Ihr Vorhaben liebevoll. Lassen Sie dieses Mal Ihren kritischen Verstand aus dem Spiel, und sehen Sie die Dinge von ihrer heiteren, verträumten Seite. Seien Sie unbesorgt: Sie laufen nicht in Gefahr.

Platz 3

Sie sind von dieser Angelegenheit innerlich berührt und sehen Ihrem Vorhaben liebevoll und gutgelaunt entgegen. Wenn die Karte auf Platz 1 keine Warnung enthält, haben Sie auch nichts zu befürchten.

Platz 6

Seien Sie sanft und versöhnlich, öffnen Sie sich der Freude und der Liebe. Sollte Ihnen angesichts Ihrer Situation nicht danach zumute sein, widmen Sie sich der alten japanischen Lebenskunst »Bushido«, der Weisheit, immer zu lächeln und sich jeden Augenblick klarzumachen, daß es nur Glück gibt und alles Unglücklichsein auf Irrtum und Mißverstehen beruht.

Platz 4

Sie wirken gut gelaunt. Wenn dieses Auftreten Ihrer inneren Haltung (Platz 2 und 3) entspricht, sollten Sie daran nichts ändern. Zwingen Sie sich aber nur zu einem freundlichen Gesicht, so wäre es besser, Sie zeigten, wie Ihnen wirklich zumute ist. Die Karte auf Platz 5 kann Ihnen dazu eine wichtige Anregung geben.

Platz 5

Treten Sie friedlich und versöhnlich auf, schaffen Sie eine liebevolle Atmosphäre. Zeigen Sie Ihre Gefühle, Ihre Zuneigung, Ihre Sympathie, Ihre Verliebtheit. Und wenn Ihnen jemand ohne ein Lächeln begegnet, schenken Sie ihm Ihres.

Königin der Kelche*

Astrologische Entsprechung

Mond in Fischen als Ausdruck von
Feingefühl, Hilfsbereitschaft und
Medialität

KÖNIGIN der KELCHE

Mythologisches Bild

Die Seherinnen Kassandra, Pythia
und Sibylle oder die dunkle Herrin
vom See in mittelalterlichen Mythen

I Ging Entsprechung

–

Die Königin der Kelche verkörpert die weibliche
Seite des Wasserelements und steht für Feingefühl, Einfühlungsvermögen, Medialität und
Opferbereitschaft. Sie ist Ausdruck helfender,
heilender Kräfte wie auch der inneren Schau. Als
solche ist sie die Herrscherin über unsere unbewußten Seelenkräfte, die gute Fee und weise Zau-
berin in uns, die hellsichtige Deuterin unserer
Träume und die Nebel durchdringende Seherin.
Sie wird als die Dunkle, Geheimnisvolle beschrieben, weil die Quellen ihrer Weisheit im Verbor-
genen fließen und sich dem Zugriff wissenschaft-
licher Vernunft entziehen.

Im beruflichen Umfeld bedeutet diese Karte,
daß wir uns in einer stillen, abwartenden Phase
befinden, in der wir nach innen lauschen, um
Klarheit über unsere weiteren beruflichen Wün-
sche und Pläne zu erhalten. Oder daß wir unsere
Medialität selbst zu einem Beruf werden lassen:
Damit kann alles gemeint sein, was wir als
Medien bezeichnen, wie Film, Fernsehen, Funk,
Bücher, Zeitungswesen, oder die Bereiche der
Esoterik und des Okkulten und nicht zuletzt die
Welt der Kunst – hier vor allem die Musik.

Auf der Ebene unseres Bewußtseins zeigt die
Kelchkönigin, daß wir uns den Bildern des Unbewußten öffnen, unseren Wünschen und Ahnungen nachgehen, aber auch unseren Alpträumen
und Ängsten. Sie kann eine Quelle steter Inspira-
tion sein, die vor allem für unser künstlerisches
Schaffen zum Segen wird. Auf einer tiefen Ebene
kann die Karte Hinweis dafür sein, daß wir uns
auf dem Weg der Ganzwerdung unserer dunklen
Seite nähern, wie sie C. G. Jung in seinem Buch
»Traumsymbole des Individuationsprozesses«[32]
beschrieben hat.

Im Bereich unserer persönlichen Beziehungen
steht diese Karte für eine geheimnisvolle Zeit fein-
fühliger und liebevoller Nähe, der anschmieg-
samen Hingabebereitschaft und des miteinander
Versponnenseins. Daneben kann sie ein Hinweis
auf die Tiefe unserer Sehnsüchte und Ausdruck
eines großen Anlehnungsbedürfnisses sein.

---

* Zu den Besonderheiten der Hofkarten siehe Seite 15.

Platz 2

Sie haben die Angelegenheit ruhig und abwartend betrachtet und sich überwiegend von Ihrem Gefühl leiten lassen. Vielleicht waren Sie etwas zu verträumt und haben sich hinter das Licht führen lassen. Fragen Sie sich auch, inwieweit Sie selbst aufrichtig waren.

Platz 7

Betrachten Sie die Angelegenheit mit Nachsicht und Verständnis. Fassen Sie sich in Geduld, und hören Sie aufmerksam auf Ihre innere Stimme. Tief in Ihrem Inneren wissen Sie genau, was Sie tun müssen und was auf Sie zukommt. Lassen Sie sich darin nicht beirren.

Platz 3

Sie haben Feingefühl für Ihre Situation bewiesen. Sie waren gutherzig und hilfsbereit, vielleicht etwas zu zart besaitet. Oder Sie haben sich zu sehr von anderen beeinflussen lassen. Geben Sie acht, daß Sie nicht in eine Intrige geraten.

Platz 6

Geben Sie Ihrer Sensibilität und Ihrem Feingespür Raum. Hören Sie auf Ihre hellsichtige, mediale Stimme, achten Sie auf die Botschaften Ihrer Träume. Auch wenn Ihnen noch manches rätselhaft erscheint, wissen Sie in Ihrem Innersten schon alles, was Sie wissen müssen. Lassen Sie sich von Musik durchfluten. Sie wird Ihnen helfen, das Geheimnis zu lüften.

Platz 4

Sie sind zurückhaltend, vorsichtig und scheu aufgetreten. Vielleicht haben Sie auf andere auch schwach, unsicher, ängstlich, rätselhaft oder merkwürdig entrückt gewirkt. Im ungünstigsten Fall wurden Sie für einen Intriganten gehalten.

Platz 5

Zeigen Sie Ihre Sensibilität, Ihr Anlehnungsbedürfnis, Ihre Hingabebereitschaft. Bringen Sie Mitgefühl, Verständnis und Hilfsbereitschaft, aber auch Ihre geheimnisvolle Medialität zum Ausdruck. Wenn Sie schüchtern sind, sollten Sie daraus keinen Hehl machen, sich aber dennoch nicht von Ihrem Vorhaben abbringen lassen.

König der Kelche*

Astrologische Entsprechung

Sonne in Fische als Ausdruck von
Medialität, intuitivem Wissen und
Hilfsbereitschaft

KÖNIG der KELCHE

Mythologisches Bild

Der unter vielen Namen bekannte
»Alte vom Meer«, der Weisheitsgott
Nerseus, Proteus oder Phorkys, der
durch ständige Wandlung seiner
Gestalt zu entkommen sucht, aber
dem, der ihn fängt, die Zukunft
prophezeihen muß

I Ging Entsprechung

—

Der König der Kelche verkörpert die männliche
Seite des Wasserelements, unsere Suche nach
transzendenter Erfahrung, Erlösung und mysti-
scher Einswerdung mit dem Urgrund, dem
Numinosen oder wie immer die Sprache das
Unbenennbare zu umschreiben versucht. Er hat
das Wissen, daß dieser Bereich für immer dem
intellektuellen Zugang verschlossen bleibt und
nur von dem erfahren werden kann, der sich der
intuitiven Schau öffnet und bereit ist, sich finden
und berühren zu lassen. Darüber hinaus steht der
Kelchkönig für den Willen, unseren Gefühlen
und unseren medialen Fähigkeiten Raum zu
geben, indem wir den Schwingungen, die wir
empfangen, in Form von Musik, Dichtung und
anderen Künsten Gestalt verleihen, nicht zuletzt
auch in der Heilkunst. Dort aber, wo mit diesen
Kräften dilettantisch oder einfach unbedacht
umgegangen wird, entsteht das Zerrbild in Form
des lächerlichen Stümpers, des weltfremden Spin-
ners und des hochgradig unzuverlässigen, nicht
selten auch unaufrichtigen Menschen; aufgrund
eines mangelnden Abgrenzungsvermögens ist dieser eher ein Spielball der Kräfte, der in manche
ungute Verstrickung und Intrige hineingezogen
wird.

Im beruflichen Erleben zeigt der Kelchkönig,
daß wir in einer Phase sind, in der wir unseren
Seelenkräften Ausdruck verleihen wollen. Wir
versuchen verstärkt, Gefühle in unserem Arbeitsalltag auszuleben, indem wir uns über Schranken
hinwegsetzen und spontane Ideen und Wünsche
in unser Tun einfließen lassen – auch, indem wir
einfach lustbezogener an unsere Aufgaben herangehen. Die Karte kann ebenso zeigen, daß wir vor
einer Berufswahl oder einem Neubeginn stehen,
die uns zu Aufgaben führen, in denen wir unserer

medialen Fähigkeit eher entsprechen können.
Hier geht es vor allem um musische, therapeuti-
sche und soziale Berufe.

Auf der Ebene unseres Bewußtseins bedeutet
der König der Kelche, daß wir uns gezielt unserem Innenleben zuwenden und die Kräfte des
Unbewußten erfahren und entfalten. Die Karte
zeigt das Gewahrwerden und die Verfeinerung
unserer medialen Veranlagung und steht auch für
intensive Auseinandersetzung mit spirituellen,
vielleicht okkulten Sphären. Sie kann Hinweis
sein, daß wir uns die Bilderwelt der Seele erschließen, indem wir uns unseren eigenen Träumen
widmen oder den Mythen, den Traumbildern des
kollektiven Unbewußten.

Im Bereich unserer persönlichen Beziehungen
steht diese Karte für eine gefühlsbetonte Zeit, in
der wir uns mehr als sonst in die Wünsche, Sehnsüchte, aber auch in die Ängste unseres Partners
einfühlen können und ihm ein verständnisvoller,
hilfsbereiter Freund sind. Damit weist der Kelchkönig oft auf eine romantische Zeit hin, in der
wir unsere eigenen Gefühle zeigen und für tiefe
Erfahrungen, in manchen Fällen auch für sentimentale Träumereien, offen sind.

* Zu den Besonderheiten der Hofkarten siehe Seite 15.

Platz 2

Sie haben sich bislang auf Ihre Intuition verlassen und in dieser Angelegenheit Ihre Gefühle offen gezeigt. Sie haben die Situation besonnen und weitgehend gelassen betrachtet. Vielleicht waren Sie etwas zu nachsichtig oder beeinflußbar?

Platz 7

Sie müssen bei Ihrem Vorhaben ganz und gar auf Ihr Gefühl, auf Ihren siebten Sinn vertrauen und dürfen sich weder von eigenen Zweifeln noch von Einwänden anderer irritieren lassen. Lassen Sie dieses Mal Ihren kritischen Verstand außer acht, und versuchen Sie die Angelegenheit nur im Sinne der Karte auf Platz 6 zu lösen.

Platz 3

Sie sind mit vollem Herzen bei der Sache und haben versucht, Ihre Emotionen oder Ihre musische Veranlagung voll zum Ausdruck zu bringen. Wenn Sie auch sonst ein gutes Feingefühl haben, wird es Sie auch diesmal nicht im Stich lassen. Trotzdem sollten Sie prüfen, ob Ihnen die anderen Karten nicht zeigen, daß Sie zu schwärmerisch, sentimental oder beeinflußbar sind.

Platz 6

Folgen Sie der Stimme Ihres Herzens. Zeigen Sie, was Sie innerlich bewegt, gleichgültig ob es sich um Gefühle von Schmerz oder Freude handelt. Sie haben ein verläßliches Gespür, eine gute Nase für diese Angelegenheit. Lassen Sie sich davon leiten.

Platz 4

Sie haben sich verständnisvoll, gütig und nachsichtig gezeigt; Sie wirkten weich, gefühlvoll, vielleicht auch etwas verträumt und weltfremd. Es kann sein, daß Sie in den Augen anderer zu schwärmerisch, zu beeinflußbar oder sogar süßlich und glatt erscheinen.

Platz 5

Stehen Sie zu Ihren Gefühlen. Zeigen Sie Ihr Herz, Ihr Mitgefühl und Ihre aktive Hilfsbereitschaft, aber auch Ihr Leid und Ihre ungestillten Sehnsüchte. Seien Sie wohlwollend, nachgiebig, verständnisvoll und verzeihend. Wenn möglich sollten Sie bei Ihrem Vorhaben auch Ihre musische oder mediale Begabung einbringen.

Weitere Legesysteme

Sieben weitere Spiele

Mit den Tarotkarten lassen sich auch viele andere Spiele legen. Sie unterscheiden sich nach der Zielrichtung der jeweiligen Frage zunächst in die folgenden vier Hauptgruppen:

1. Spiele, die die jeweilige Situation beschreiben und damit eine aufhellende Aussage über unsere gegenwärtigen Erfahrungen in den verschiedenen Lebensbereichen geben. Zum Beispiel: Der astrologische Kreis, das Beziehungsspiel, das Partnerspiel.

2. Spiele, die Trendverläufe anzeigen und uns damit einen Blick in die Zukunft ermöglichen. Zum Beispiel: Das Geheimnis der Hohenpriesterin, das Keltische Kreuz, die Tür, das Narrenspiel.

3. Selbsterfahrungsspiele, die uns eine Aussage über uns selbst und unsere Wachstumsmöglichkeiten geben. Zum Beispiel: Inannas Abstieg in die Unterwelt, das Planetenspiel, der blinde Fleck.

4. Spiele, die uns Vorschläge machen, wie wir uns angesichts einer bestimmten Situation verhalten sollen. Zum Beispiel: Das Kreuz, das Entscheidungsspiel und natürlich das hier ausführlich beschriebene Spiel »Der Weg«.

Mit den Erklärungen der Karten in diesem Buch können auch andere Spiele verstanden und gedeutet werden, die ich deshalb auf den folgenden Seiten gerne vorstelle. Manche Spiele verlangen jedoch ein tieferes Verständnis der Karten. Ich habe sie ausführlich mit vielen Variationen und einer Fülle von Beispielen in meinem Buch »Tarot-Spiele« beschrieben.

Für die Deutung der nachstehenden Spiele ist es ratsam, die Aussage der jeweiligen Karte dem allgemeinen Text zu dieser Karte zu entnehmen, sie auf das jeweilige Fragethema zu übertragen und sie dann mit der Bedeutung der einzelnen Plätze in sinnvolle Verbindung zu bringen. Das ist anfangs sicherlich etwas mühsam, wird aber mit zunehmender Vertrautheit der Karten leichter und auch aussagekräftiger.

Das Kreuz

Dieses Spiel macht uns ebenfalls Vorschläge, wie wir uns in bestimmten Situationen verhalten oder wie wir uns entscheiden sollen. Dazu ziehen Sie insgesamt vier Karten, die wie folgt ausgelegt werden:

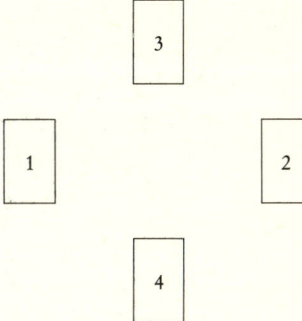

Die Bedeutung der einzelnen Plätze ist dabei:

1 = Darum geht es
2 = Dieser Weg reizt zwar, sollte aber gemieden werden
3 = Dieser Weg ist richtig
4 = Dorthin führt er

oder:

1 = Ihr Thema
2 = Das fordert Sie heraus
3 = So reagieren Sie oder so sollten Sie reagieren
4 = So kommt es.

Der blinde Fleck

Das folgende Spiel habe ich aus dem in der Psychologie als das Johari-Fenster[33] bekannten Schema abgeleitet. Es gibt Auskunft darüber, wie sich unsere Selbstwahrnehmung von der Art, wie uns die anderen sehen, unterscheidet. Dazu werden insgesamt vier Karten gezogen und wie folgt ausgelegt:

Zum besseren Verständnis der einzelnen Bedeutungen hier ein Schaubild:

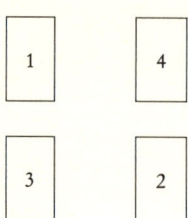

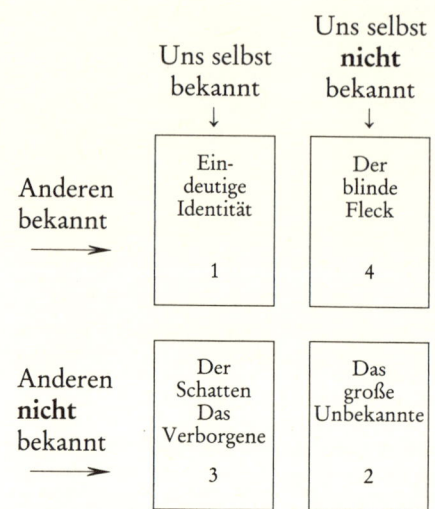

Die Bedeutung der einzelnen Plätze ist dabei wie folgt:

1 = **Eindeutige Identität.** Im Themenbereich dieser Karte nehmen wir uns selbst in gleicher Weise wahr, wie uns die anderen sehen.

2 = **Das große Unbekannte.** Unbewußte Prozesse, die wirksam sind, ohne uns selbst noch anderen an uns bekannt zu sein.

3 = **Der Schatten, das Verborgene.** Wesensseiten, die uns zwar bekannt sind, die wir aber vor den Augen anderer verbergen.

4 = **Der blinde Fleck.** Verhaltensweisen, die andere an uns wahrnehmen, ohne daß wir sie selbst kennen.‾

Das Partnerspiel

Ein weiteres Spiel, das gut geeignet ist, vom Laien zunächst nur mit den 22 Karten der Großen Arkana gespielt zu werden, ist das Partnerspiel. Es gibt Auskunft über den Stand einer Beziehung. Da es mit dem Partner gemeinsam gespielt wird, hat es neben der Aussage, wie sich die Beziehung aus der Sicht jedes der beiden Partner darstellt häufig den Effekt, ein wertvolles Gespräch einzuleiten.

Aus den verdeckten, fächerartig ausgebreiteten Karten zieht jeder der beiden Partner gleichzeitig, dreimal hintereinander, eine Karte, die er dem anderen präsentiert mit den Worten:

1. So sehe ich dich.
2. So sehe ich mich.
3. So sehe ich unsere Beziehung.

Dabei werden die Karten wie folgt ausgelegt:

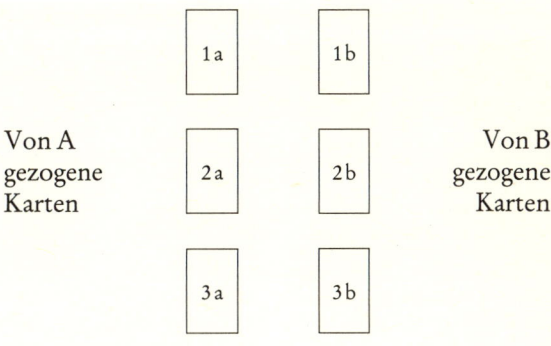

und bedeuten:

1a = So sieht A B.
1b = So sieht B A.
2a = So sieht A sich selbst.
2b = So sieht B sich selbst.
3a = So sieht A die Beziehung.
3b = So sieht B die Beziehung.

Wenn Sie die Deutungstexte dieses Buches auf das Partnerspiel anwenden möchten, schlagen Sie die jeweilige Karte nach und nehmen zur Deutung der Plätze 1a, 1b, 2a und 2b die gemeinsame Aussage der Plätze 4 und 5. Für die Karten auf Platz 3a und 3b nehmen Sie die jeweils letzte Rubrik auf der linken Seite unter der betreffenden Karte (In unseren persönlichen Beziehungen...).

Dieses Spiel kann in jeder Form von Beziehung gespielt werden, sei sie familiär, freundschaftlich, beruflich, eine Partnerschaft oder eine Ehe.

Das Beziehungsspiel

Dieses Spiel zeigt, wie sich zwei Menschen in einer Beziehung gegenüberstehen. Im Gegensatz zum Partnerspiel wird es vom Frager allein gespielt. Dazu werden aus den verdeckten Karten insgesamt 7 ausgewählt und in der gezogenen Reihenfolge wie folgt ausgelegt:

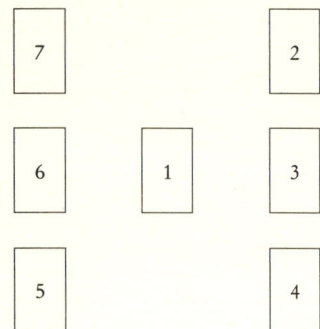

Die Deutung:

1 =   Der Signifikator zeigt die Situation, in der sich die Beziehung befindet; das Thema, das die Beziehung regiert. Die Deutung können Sie dem letzten Textblock auf der jeweils linken Buchseite unter der entsprechenden Karte entnehmen.

Die **linke Säule (7, 6, 5)** steht für den/die Frager(in), die **rechte Säule (2, 3, 4)** für den/die Partner(in).

7 + 2 =   Diese beiden oberen Karten zeigen die bewußte Ebene, auf der sich die Partner **begegnen**. Es ist das, was sich jeder denkt, was jeder im Kopf hat und wie jeder die Beziehung bewußt einschätzt. Bei der Deutung helfen Ihnen die Texte unter Platz 2 und 7 im Deutungsteil der jeweiligen Karte, die Sie zu einer gemeinsamen Aussage verbinden müssen.

6 + 3 =   Die mittleren zwei Karten stehen für den seelischen Bereich der Beziehung und zeigen, was jeder fühlt, empfindet, ersehnt oder befürchtet. Zur Deutung können Sie die gemeinsame Aussage der Plätze 3 und 6 aus dem Deutungsteil dieses Buches heranziehen.

5 + 4 =   Die unteren Karten stehen für das Auftreten, die nach außen gezeigte Haltung, eben das, was jeder der beiden zeigt,

unabhängig von den dahinterliegenden Gedanken (oberste Ebene 7 + 2) und Empfindungen (mittlere Ebene 6 + 3). Sie können interessante Hinweise geben, was sich hinter der nach außen gezeigten Fassade verbergen kann.

Die Deutung der *Hofkarten* bedarf bei diesem Spiel eines etwas anderen Verständnisses als im Hauptteil beschrieben:

Könige und Königinnen stehen hier in jedem Fall für Männer und Frauen.

Fällt eine *gegengeschlechtliche* Karte in eine der beiden Säulen (7, 6, 5 oder 2, 3, 4), ist das ein Hinweis, daß die betreffende Person mit einem anderen Menschen im entsprechenden Bereich zu tun hat. Die *eigengeschlechtliche* Karte in einer Säule ist weniger eindeutig, zeigt aber eventuell die Sorge an, der Partner könne sich für einen dritten mit eben diesen Charaktermerkmalen interessieren. Das ist zumindest dann wahrscheinlich, wenn die Karte auf der 1. oder 2. Ebene liegt. Dagegen veranschaulicht sie auf der 3. Ebene, wie sich der betreffende Partner nach außen gibt. Das kann bei eigengeschlechtlichen Hofkarten auch auf der 1. und 2. Ebene der Fall sein. Als *Signifikator* (Platz 1) bedeutet ein König oder eine Königin entweder, daß eine solche Person ganz offenbar in die Beziehung getreten ist, oder – und dafür habe ich leider keine Erklärung – sie bedeutet an dieser Stelle schlicht gar nichts.

Ritter zeigen in der üblichen Weise Stimmungen an und werden damit wie auch in anderen Spielen gedeutet.

Buben stehen für Impulse von außen. Auch hier gibt es keine Eindeutigkeit. Sie zeigen entweder, was der eine vom anderen haben will (obere Ebene), sich ersehnt (mittlere Ebene) oder bekommt (untere Ebene), oder aber, daß ihm die entsprechenden Möglichkeiten außerhalb der Beziehung offenstehen. Das gilt vor allem, wenn ein Bube auf der unteren Ebene auftaucht.

Als Signifikator (Platz 1) bedeutet der Bube, daß die Beziehung einen dem Element des Buben entsprechenden Impuls von außen bekommt. Das ist in der Regel eine bereichernde Erfahrung.

Das Entscheidungsspiel

Das Entscheidungsspiel nimmt uns keine Entscheidungen ab, sondern erhellt den Hintergrund in Entscheidungssituationen. Natürlich kann es nicht mit »Ja« oder »Nein« antworten. Es zeigt vielmehr die Aussichten, die mit den einzelnen Alternativen verbunden sind. Wenn Sie vor einer komplexeren Entscheidung stehen, ist es ratsam, diesen Fragezusammenhang zunächst in Einzelsegmente aufzuteilen und das Entscheidungsspiel für jede einzelne Alternative zu legen. Die Frage, die Sie dabei vor Augen haben sollten, muß in etwa lauten: »Soll ich ›dies und das‹ tun?« Die Karten werden Ihnen dann zeigen, was passiert, wenn Sie »dies und das« tun und was passiert, wenn Sie »dies und das« nicht tun.

Nachdem Sie die Frage klar formuliert haben, ziehen Sie aus den verdeckten Karten insgesamt 7, die Sie in der gezogenen Reihenfolge wie folgt auslegen:

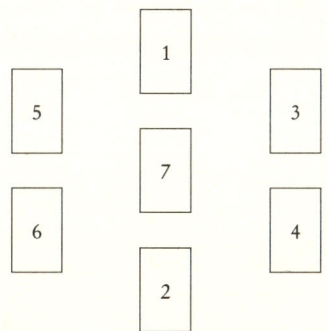

Entgegen früherer Ansichten gehe ich jetzt davon aus, daß die Karten bei diesem Spiel auch eine zeitliche Abfolge zeigen, wenn man sie von links nach rechts deutet (also 5, 1, 3 und 6, 2, 4). Zum Verständnis dieser Karten gibt es leider keine Möglichkeit, Texte aus dem Deutungsteil eindeutig zuzuordnen. Die jeweilige Bedeutung kann nur der Gesamtaussage entnommen werden.

Die folgenden 5 Karten haben bei diesem Spiel eine Schlüsselbedeutung:

1. Taucht die Karte der **Liebe und Entscheidung (VI)** auf, ist das ein Hinweis, daß die Entscheidung schon (unbewußt) zugunsten der Seite getroffen wurde, auf der diese Karte liegt.

2. **Das Schicksalsrad (X)** zeigt, daß der Frager in seiner Entscheidungsfreiheit soweit beschränkt ist, daß sich die Angelegenheit – auch wenn er es lieber anders hätte – in Richtung der Seite entwickelt, auf der diese Karte liegt.

3. **Die Welt (XXI)** zeigt den Platz, »auf den der Frager gehört«. Da dies im eigentlichen Sinne sein wahrer Platz ist, sollte dieser Seite in jedem Fall der Vorzug gegeben werden. Auch eventuelle negative Begleitkarten sollten dabei in Kauf genommen werden. Ähnliches gilt für

4. **den Stern (XVII),** dort liegt seine Zukunft, und für

5. **das Gericht (XX),** dort kann er seinen Schatz finden.

Deutung:

7   Der Signifikator. Er gibt eine bildhafte Darstellung des Fragehintergrundes, des Problems oder auch der Art, wie der Frager zu der Entscheidung steht. Sie können hierzu aus dem Deutungsteil den der Fragerichtung entsprechenden Textblock auf der jeweils linken Buchseite unter den einzelnen Karten entnehmen.

1, 3, 5   Diese Karten zeigen, was passiert, wenn Sie »dies und das« tun und

2, 4, 6   zeigen, was passiert, wenn Sie »dies und das« nicht tun.

Das Keltische Kreuz

Das Keltische Kreuz ist die bekannteste und wohl eine der ältesten Methoden, Karten zu legen. Es ist ein ausgezeichnetes Legesystem, das sich für alle Frageformen eignet. Es zeigt Trendverläufe, dient zur Aufhellung eines Hintergrundes, als Vorausschau und zur Ursachenerforschung. Wenn Sie sich nicht sicher sind, welches Legesystem für eine bestimmte Fragestellung am besten geeignet ist, nehmen Sie das Keltische Kreuz. Die Deutung setzt allerdings einige Vertrautheit mit den Karten voraus, zumal es aus den einzelnen Punkten aus dem Hauptteil dieses Buches keine klare Zuordnung zu den 10 Plätzen dieses Spieles gibt.

Nachdem Sie eine Frage klar formuliert haben, ziehen Sie aus den verdeckten Karten insgesamt 10, die Sie in der gezogenen Reihenfolge wie folgt auslegen:

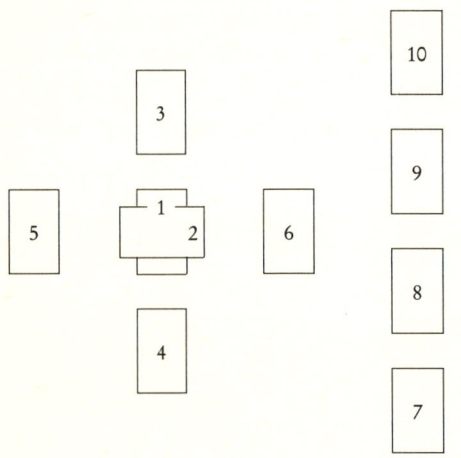

Hierzu können die folgenden Worte gesprochen werden:

1 = Das ist es
2 = Das kreuzt es
3 = Das krönt es
4 = Darauf ruht es
5 = Das war zuvor
6 = Das kommt danach
7 = Das ist der Frager
8 = Dort findet es statt
9 = Das sind die Hoffnungen und Ängste
10 = Dorthin führt es

oder weniger magisch:

1 = Darum geht es
2 = Das kommt hinzu
3 = Das wird erkannt
4 = Das wird gespürt
5 = Das hat dahin geführt
6 = So geht es weiter
7 = So sieht es der Frager
8 = So sehen es die anderen, oder dort findet es statt
9 = Das erwartet oder befürchtet der Frager
10 = Dorthin führt es.

Die Bedeutungen im einzelnen:

1 = Die Ausgangssituation.

2 = Der hinzutretende Impuls, der förderlich oder auch hinderlich sein kann.

In diesen beiden Karten finden Sie eine Hauptantwort auf das, was ist. Die nächsten drei Karten geben Ihnen Hintergrundinformationen:

3 = Die bewußte Ebene. Was dem Frager im Umgang mit dem Thema klar ist, was er erkennt und sieht und was er eventuell auch bewußt anstrebt.

4 = Der Bereich des Unbewußten. Diese Karte drückt das Fundament aus und wird dabei häufig unterschätzt. Sie hat eine tragende Funktion und ist bei weitem wichtiger als die Bedeutung von Platz 3. Stabile Karten an dieser Stelle zeigen, daß genügend Vertrauen, Beharrlichkeit und Kraft vorhanden ist, auch schwierige Hürden zu bewältigen. Kritische Karten dagegen (z. B. alle Schwertkarten mit Ausnahme von As, 6, König und Königin) zeigen ein bedenkliches, schwaches Fundament und mindern die Aussage auch bei einem erfreulichen Gesamteindruck aller übrigen Karten.

5 = Die zeitlich zurückführende Karte zeigt die jüngste Vergangenheit und damit häufig auch die Ursachen der jetzigen Situation.

6 = Die erste in die Zukunft weisende Karte gibt einen Ausblick auf die nahe Zukunft.

7 = Diese Karte zeigt den Frager*, seine Einstellung zum Thema (den Karten 1 und 2) und/oder auch wie es ihm dabei geht.

8 = Das Umfeld. Hier kann sowohl der Ort des Ereignisses wie auch der Einfluß anderer Personen auf das Thema dargestellt sein.

9 = Hoffnungen und Ängste. Die Bedeutung dieser Karte wird ebenfalls häufig unterschätzt, weil sie keinen prognostischen Charakter hat für das, was tatsächlich kommen wird. Dabei gibt sie Ihnen vor allem dann wertvolle Informationen, wenn Sie die Karten für jemanden deuten, den Sie nicht kennen, oder Ihnen die Frage nicht mitgeteilt wurde. Hier spiegeln sich die Erwartungen oder die Befürchtungen wieder.

10 = Die zweite in die Zukunft weisende Karte gibt den langfristigen Ausblick und zeigt eventuell auch den Höhepunkt, auf den das Fragethema hinführt.

* Wenn die Karten für eine nicht anwesende Person befragt werden, müssen Sie sich zuvor darüber klar werden, ob dieser Platz die Haltung des anwesenden Fragers oder die des Betroffenen spiegeln soll. Im Zweifelsfall zeigt sie die Einstellung des Fragers.

Damit liegen die prognostischen Karten ausschließlich an den Plätzen 6 und 10. Alle anderen Karten geben zusätzliche, erklärende Hinweise über Umfeld und Hintergründe des Fragekomplexes.

Der Name dieses Spiels geht wohl auf eine ältere Legeform zurück, bei der nur die Karten 1 bis 6 ausgelegt wurden, wobei die 4 äußeren Karten (3 bis 6) quer zum Kreuz in der Mitte lagen. Damit bildeten sie das keltische Kreuz, das wie folgt aussieht:

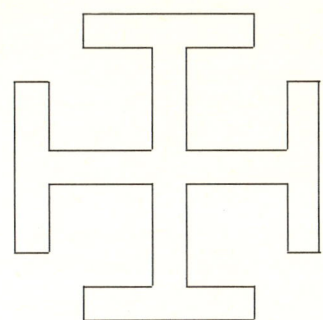

Das Geheimnis der Hohenpriesterin

Als Alternative zu dem eben besprochenen Keltischen Kreuz habe ich aus dem Motiv der Karte »Die Hohepriesterin« die folgende Legemethode entwickelt. Der Reiz dieses Spiels liegt in der letzten Karte, die bis zum Schluß verdeckt bleibt und eventuell ein zusätzliches Geheimnis lüftet.

Für dieses Spiel wählen Sie aus den verdeckten Karten insgesamt 9 und legen diese offen, die letzte Karte aber verdeckt auf die folgenden Plätze:

Die beiden Säulen an ihrer Seite stehen für

6   Was im Dunkeln ist. Das heißt, was da ist, aber nicht bewußt wahrgenommen wird, jedoch vielleicht schon geahnt oder befürchtet wird.

7   Was im Lichte ist. Das heißt, was klar erkannt und üblicherweise auch geschätzt wird.

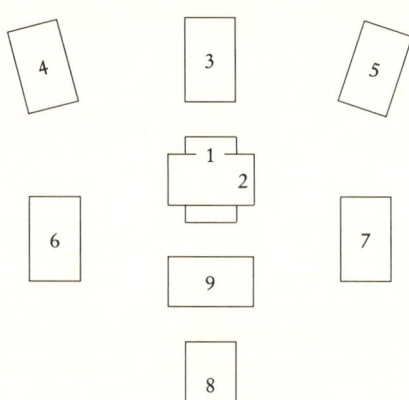

Anhand der Abbildung der Hohenpriesterin können Sie erkennen, welche Hauptsymbole dieser Karte für dieses Legesystem ausgewählt wurden.

Die Karten werden wie folgt gedeutet:

1+2 Das Kreuz auf ihrer Brust zeigt das Thema, um das es geht, in Form von zwei Hauptimpulsen, die einander verstärken oder behindern können. (Das ist es. Das kreuzt es.)

4 + 3 + 5, die Karten der drei Mondphasen ihrer Krone, zeigen die Einflußkräfte, die auf das Thema wirken:

3   Der Vollmond steht für den gegenwärtigen Haupteinfluß.

4   Der zunehmende Mond ist die an Einfluß gewinnende Kraft.

5   Der abnehmende Mond zeigt die an Einfluß verlierende Kraft.

Die Mondbarke zu ihren Füßen zeigt

8   Wohin die Reise geht. Das heißt, was als nächstes kommt.

Die 9. Karte, das Buch des geheimen Wissens in ihrem Schoß, wird zunächst verdeckt ausgelegt. Erst wenn alle anderen Karten gedeutet wurden, darf diese Karte angesehen werden. Ist es eine Karte der Großen Arkana, enthüllt die Hohepriesterin damit Ihr Geheimnis, und die Karte wird offen ausgelegt. Diese Karte sagt uns dann etwas über die tiefen Beweggründe, das Warum und Wozu. Ist es eine Karte der Kleinen Arkana, wird sie wieder verdeckt. In diesem Fall hat die Hohepriesterin ihr Geheimnis für sich behalten. Die 9. Karte hat dann keine Bedeutung, alle anderen Karten behalten jedoch ihre Aussagegultigkeit.

Anhang

Anmerkungen

1. Hajo Banzhaf, Das Tarot-Handbuch, München 1988 (Heinrich Hugendubel)

2. Athor oder Athyr bedeutet »Mutter Nacht« oder »Haus des Horus« und verkörpert das anfängliche Chaos in der ägyptischen Kosmogenie

3. Dr. Oskar Adler, Das Testament der Astrologie, Bd. IV/2 Seite 12, unveröffentlichtes Manuskript

4. Zusammen mit dem Hohenpriester (V) und dem Stern (XVII)

5. Rider Haggard, Sie, Zürich 1970 (Diogenes)

6. Gustav Meyrink, Der Engel vom westlichen Fenster, München 1975 (Knaur)

7. C. G. Jung, Heros und Mutterarchetyp, Grundwerk 8, Olten 1985 (Walter), Seite 166

8. Zusammen mit der Hohenpriesterin (II) und dem Stern (XVII)

9. Die Gesellschaft, die sich stets eine Vielzahl von Möglichkeiten offenhält

10. Erich Fromm, Die Kunst des Liebens, Frankfurt/Berlin 1980 (Ullstein), Seite 14

11. C. G. Jung, Traumsymbole des Individuationsprozesses, Grundwerk Bd. 5, Olten 1984 (Walter), Seite 174/175

12. C. G. Jung, Traumsymbole des Individuationsprozesses, Grundwerk Band 5, Olten 1984 (Walter), Seite 12

13. Jiddu Krishnamurti, Einbruch in die Freiheit, Frankfurt/Berlin 1984 (Ullstein), Seite 67/68

14. Richard Wilhelm und C. G. Jung, Geheimnis der Goldenen Blüte, Köln 1986 (Eugen Diederichs), Seite 53

15. Jiddu Krishnamurti, Einbruch in die Freiheit, Frankfurt/Berlin 1984 (Ullstein)

16. Zusammen mit der Hohenpriesterin (II) und dem Hohenpriester (V)

17. Hajo Banzhaf, Tarot-Spiele, München 1988 (Heinrich Hugendubel), Seite 162

18. siehe Viktor Frankl, Im Anfang war der Sinn, München 1986 (Piper)

19. Karlfried Graf Dürckheim, Meditieren – wozu und wie, Freiburg 1976 (Herder), Seite 42 ff.

20. Heinrich Zimmer, Abenteuer und Fahrten der Seele, Köln 1987 (Eugen Diederichs), Seite 97

21. In manchen Fällen sind auch der Wagen (VII) und der Turm (XVI) Hinweis auf ein baldiges Eintreten von Ereignissen, bei letzterem eher als unangenehme Überraschung.

22. Fritz Riemann, Grundformen der Angst, München 1982 (Ernst Reinhardt), Seite 113

23. Reverend Ike, How to get your but(t) out of your way, Tonbandaufzeichnung, New York

24. Milan Kundera, Die unerträgliche Leichtigkeit des Seins, München 1987 (Hanser)

25. Karlfried Graf Dürckheim, Der Alltag als Übung, Bern 1984 (Hans Huber)

26. Iwan Aleksandrowitsch Gontscharow, Oblomow, Zürich 1960 (Manesse)

27. Karlfried Graf Dürckheim, Meditieren – wozu und wie, Freiburg 1976 (Herder), Seite 36

28. Hajo Banzhaf, Tarot-Spiele, München 1988 (Heinrich Hugendubel), Seite 266

29. Philipp Metman, Mythos und Schicksal, Leipzig 1936 (Deutsches Bibliographisches Institut), Seite 5

30. Die beiden anderen Karten sind: Der Wagen (VII), der den freudigen Aufbruch zeigt, und die 6 der Schwerter, die für den unsicheren Aufbruch zu neuen Ufern steht.

31. Das wäre eine Nebenbedeutung der 6 der Schwerter.

32. C. G. Jung, Grundwerk Band 5, Olten 1984 (Walter)

33. J. Luft, Einführung in die Gruppendynamik, Stuttgart 1971

Informationen über Tarotkurse und sonstige Anfragen beim Autor unter folgender Adresse:

Hajo Banzhaf
Mauerkircherstr. 29/IV
8000 München 80

Benutzte und empfehlenswerte Literatur

1. Tarot

Bill Butler	Dictionary of the Tarot. New York 1975 (Schocken)
Richard Cavendish	The Tarot. London 1986 (Chancellor)
Alberto Cousté	El Tarot o la Maquina de imaginar. Barcelona 1971 (Barral)
Liz Green/	
Juliet Sharman-Burke	Delphisches Tarot. München 1986 (Hugendubel)
Stuart R. Kaplan	Der Tarot. München 1984 (Hugendubel)
Sallie Nichols	Die Psychologie des Tarot. Interlaken 1984 (Ansanta)
Rachel Pollack	Tarot. 78 Stufen der Weisheit. München 1985 (Knaur)
Mary Steiner-Geringer	Tarot als Selbsterfahrung. Köln 1986 (Diederichs)

2. I Ging

Richard Wilhelm (Hrsg.)	I Ging. Das Buch der Wandlungen. Köln 1956 (Diederichs)
R. L. Wing	Das Arbeitsbuch zum I Ging. Köln 1986 (Diederichs)
Ulf Diederichs (Hrsg.)	Erfahrungen mit dem I Ging. Köln 1987 (Diederichs)
Lama Anagarika Govinda	Die innere Struktur des I Ging. Freiburg 1983 (Aurum)

3. Mythologie

Joseph Campbell	Der Heros in tausend Gestalten. Frankfurt 1978 (Suhrkamp)
James George Frazer	Der goldene Zweig (2 Bände). Frankfurt 1977 (Ullstein)
Herbert Gottschalk	Lexikon der Mythologie. München 1985 (Heyne)
Michael Grant/J. Hazel	Lexikon der antiken Mythen und Gestalten. München 1980 (dtv)
Ester Harding	Frauenmysterien einst und jetzt. Berlin 1982 (Schwarze Katz)
Herbert Hunger	Lexikon der griechischen und römischen Mythologie. Reinbek 1974 (Rowohlt)
Karl Kerényi	Die Mythologie der Griechen (2 Bände). München 1966 (dtv)
Klaus Koch u. a. (Hrsg.)	Reclams Bibellexikon. Stuttgart 1978 (Reclam)
Robert von Ranke-Graves	Hebräische Mythologie. Reinbek 1986 (Rowohlt)
derselbe	Griechische Mythologie. Reinbek 1984 (Rowohlt)
derselbe	Die weiße Göttin. Berlin 1981 (Medusa)
Herman Weidelener	Die Götter in uns. München o. J. (Goldmann)
Heinrich Zimmer	Abenteuer und Fahrten der Seele. Köln 1987 (Diederichs)

Tarot zum Kennenlernen – und für Fortgeschrittene!

Alfred Douglas

Ursprung und Praxis des Tarot

Aus dem Englischen übersetzt von Günter Hager
Band 62. 256 Seiten mit zahlr. Abb.

Dies ist ein verläßlicher Führer in die geheimnisvolle Welt des Tarots. Alles, was der Leser von einem kompetenten Tarotkenner wissen will – Bedeutung des Tarotsystems wie der einzelnen Karten, Symbolik, Esoterik, auch die historische Tiefendimension – bekommt er übersichtlich geboten.

Im Praxisteil, der sich am Rider-Waite-Deck orientiert, werden alle 78 Karten sorgfältig gedeutet, in ihrer aufrechten und umgekehrten Position. Ausführlich sind die verschiedenen Legearten beschrieben. Tarot erweist sich, bei Einzel- wie Gruppenmeditation, als »Fokus« des Bewußtseins.

Mary Steiner-Geringer

Tarot als Selbsterfahrung

Band 55. Mit 22 Tarotbildern von Heiri Steiner. 240 Seiten

Erstmals wird hier in das gesamte esoterische Wissen um *Tarot* eingeführt: in Kosmologie und Kabbala, Alchemie und Freimaurertum, Zenbuddhismus und die Psychologie des Unbewußten.

Die renommierte Schweizer Psychologin erläutert den Sinngehalt und die Symbolik jeder Spielkarte von den unterschiedlichen Ansätzen her. Sie erschließt uns die Konstellation der 22 großen Arkana. Sie zeigt – in einer klaren, praxisnahen Sprache – wie *Tarotspielen* zu einer Begegnung mit sich selbst führen kann.

Bücher von Hajo Banzhaf
im Heinrich Hugendubel Verlag

Hajo Banzhaf

Tarot-Spiele
Methodik – Legesysteme – Deutungsbeispiele

250 Seiten mit zahlreichen Abbildungen

Eine ausführliche und detaillierte Einführung in die Praxis der Kartendeutung mit über 70 Deutungsbeispielen, die die Frage- und Aussagemöglichkeiten der Karten zeigen und veranschaulichen. Insgesamt 13, teilweise bekannte, aber auch neue Legesysteme werden vorgestellt und durch mehrfache Variationen ihrer Grundstruktur um weitere Verwendungsmöglichkeiten bereichert.

Hajo Banzhaf

Das Tarot-Handbuch

260 Seiten mit über 100 Abbildungen

Die 12 vorgestellten Legesysteme ermöglichen es, die Karten zu Themen aller Lebensbereiche gezielt zu befragen. Deutungsvorschläge und Interpretationsmöglichkeiten werden aus dem Themenkreis der jeweiligen Karte heraus erarbeitet und zusätzlich durch traditionelle Deutung ergänzt.

Bücher zum Tarot
im Heinrich Hugendubel Verlag

Stuart R. Kaplan

Der Tarot
Geschichte – Deutung – Legesysteme

*252 Seiten mit zahlreichen Abbildungen. Paperback
und als Set mit vollständigem Tarot Classic von 78 farbigen Karten.*

Ein praktisches Arbeitsbuch über
– den Ursprung der Tarotkarten mit Abbildungen vieler verschiedener Spiele,
– die klare und prägnante Beschreibung der kleinen und großen Arkana,
– die verschiedenen Legemethoden.

Liz Greene / Juliet Sharman-Burke

Delphisches Tarot

Orakel aus der griechischen Götterwelt.

*252 Seiten mit zahlreichen Abbildungen.
Leinen, zusammen mit Tarotdeck aus 78 vierfarbigen Karten
und schwarzem Stofftuch
mit aufgeprägten Kartenpositionen in Pappbox.*

Unter Beobachtung ihrer grundsätzlichen Bedeutung werden die 78 Karten durch Illustrationen mit antiken mythologischen Gestalten und Handlungsabläufen zu »neuem« Leben erweckt. Mit einem ausführlichen Buch, 78 Karten und einem Legetuch enthält dieses Set alles, was zum Verständnis des Tarot-Systems und seiner praktischen Umsetzung zum Zwecke der Weissagung notwendig ist.